集人文社科之思 刊专业学术之声

刊　　名：比较政治学研究
主办单位：上海师范大学《比较政治学研究》编辑部
主　　编：李路曲
执行编辑：陈　媛　　李　辛　　吕同舟　　周幼平

Comparative Politics Studies No.14

学术委员会（中方学术委员以姓氏笔画为序）

宁　骚（北京大学）

张小劲（清华大学）

李路曲（上海师范大学）

杨光斌（中国人民大学）

杨雪冬（中共中央编译局）

陈　峰（香港浸会大学）

周淑真（中国人民大学）

徐湘林（北京大学）

曹沛霖（复旦大学）

常士䦃（天津师范大学）

景跃进（清华大学）

谭君久（武汉大学）

〔英〕克特·理查德·路德 Kurt Richard Luther （英国基尔大学）

2018年第1辑　　总第14辑

集刊序列号：PIJ-2018-305

中国集刊网：http://www.jikan.com.cn/

集刊投约稿平台：http://iedol.ssap.com.cn/

中文社会科学引文索引（CSSCI）来源集刊

总第 14 辑

2018年
第 1 辑

比较政治学研究

COMPARATIVE POLITICS STUDIES No.14

主编　李路曲

主办　上海师范大学《比较政治学研究》编辑部

社会科学文献出版社
SOCIAL SCIENCES ACADEMIC PRESS (CHINA)

卷首语

本辑是《比较政治学研究》2018 年第 1 辑（总第十四辑），共收录了十二篇文章。从主题上看，既有关于学科史、研究路径、研究方法等问题的理论观察，也有围绕国家自主性、民主理论的系统反思，还有立足国别问题的具体研究。

自 20 世纪 70 年代以来，政治科学中的新制度主义取得了突破性进展，诸多学科领域的学者纷纷汇聚到新制度主义政治学的旗帜下，形成了纷繁绚烂的学科图景。为了全景式地进行展现，马雪松将新制度主义政治学置于社会科学演进及各学科交融的脉络之中，通过考察经济学、社会学与政治学中新旧制度主义路径的演变历程，以及新制度主义四个主要流派在政治科学中的确立过程，跟踪评价了新制度主义政治学的议题深化、理论建构与方法更新，并对其发展前景做出了整体把握。

现代比较政治研究以世界各国实现现代性的途径为问题核心，通过比较方法在"共时性"因果分析与"历时性"次序组合之间取得平衡结果，寻找与价值关联相一致的发展之路。邢瑞磊立足于比较政治学的"理论自觉"维度，剖析了当前比较政治学结构主义、文化主义和理性主义三大理论范式的内在逻辑，进而探讨在确立现代性道路这个核心问题的引导下比较政治学"三大理论范式"融合的必然性。

关于比较政治研究方法的探讨一直是学界关注的重点。当前社会科学方法论中关于定性与定量"两种传承"的争论长期存在，但立足同一议题下对两种方法进行对比的文章倒不多见。释启鹏、陆屹州关注到这一点，以欧洲极右翼政党的兴起为研究对象，提出了五个相关假设，分别用定性比较分析与逻辑斯蒂回归进行检验，并得出结论：在中等规模样本的研究中，定性比较分析在识别必要条件以及条件组合上具有独特优势。这对于强化两种方法的理论认识具有参考价值。

国家自主性作为国家回归理论的核心概念被提出以来，作为国家中心理论范式进行社会政治分析的重要理论范畴，被广泛地应用于政治科学分析的诸领域。曹胜对国家自主性的理论变革进行梳理，提出其经历了从"分殊"到"嵌入"的变革历程，前者主张"凌驾于社会之上"的国家，凸显国家与社会在组织特质上的差异对立；后者则在国家与社会分殊基础上，考察国家对社会的嵌入，强调国家的嵌入式自主能够有效推动经济社会发展。

罗伯特·达尔是当代西方民主理论研究领域的经典学者。牟硕经过观察发现，学界当前主要关注达尔的多头政体理论，但对其程序民主理论的关注偏少。因此，他对这一理论进行了通盘审视，重点描述了狭义的程序民主、有着民众的程序民主、有着民众并考虑到议程的程序民主以及完全的程序民主四种类型，为学界全面了解达尔的民主理论提供了素材。

在国别政治研究领域，诸多学者围绕政治发展、民族共同体建构、异质化社会转型等问题展开了多视角的阐释。谭融、王子涵梳理了印度探寻政治发展道路的历史脉络，结合自由主义之路探寻、社会主义之路探寻及本土政治发展模式探寻几方面解析其政治发展路径，进而揭示印度乃至后发国家政治发展的特殊性及内在逻辑。

赵银亮、岳晓璐以缅甸为个案，挖掘地区一体化、立宪主义和国内政治发展之间的关联性。研究发现，地区一体化的深入发展，带来外部市场准入的变化，而这些变化通过对一国政治经济联盟的影响，改变了执政联盟对于财富分配、政治结构、个人权利等制度性变革的预期，并最终推动政治发展。

李江、储建国将马来西亚巫统与联盟其他成员党之间的协商方式界定为非对称协商，发现这种方式对妥善地解决成员党间利益矛盾、实现联盟在不同阶段的共同利益发挥了重要作用，同时还对该方式的运作、特点及优势进行了深入描述。

彭庆军认为哈萨克斯坦民族共同体建构的过程，就是在族群民族主义与公民民族主义之间寻求平衡的过程，前者试图通过"哈萨克化"

建构哈萨克族的哈萨克斯坦共和国，后者试图通过"哈萨克斯坦化"建构新的包含所有哈萨克斯坦公民的"哈萨克斯坦人"。当前，包括哈萨克斯坦在内的所有多民族国家均或多或少地面临着类似的困境。

徐国冲、霍龙霞以土耳其新宪法为依据，在马修·S.舒加特、约翰·M.凯里等学者量化测量方法的基础上形成量表评估了土耳其总统的权力，并将其与美、俄、法、韩等国进行比较，梳理了土耳其总统制的特点。这一研究为理解土耳其政治制度及其运行提供了素材。

马正义以"族群分裂社会何以实现平稳民主转型"为追问，立足南非进行案例分析发现，政治精英的理性引导、渐进的转型速度、转型过程中各方的参与、武装力量的有效整合以及理性的制度设计等因素是其避免大规模政治冲突、实现和平转型的内在逻辑，也为其他族群分裂国家提供了可能的借鉴。

此外，2017年12月16~17日，本刊编辑部和天津师范大学政治与行政学院共同主办的"'比较政治学的新发展'暨第七届比较政治学论坛"在天津召开。杨端程对此次会议的过程和学者观点进行了细致的梳理，为读者了解此次会议提供了经验材料。

《比较政治学研究》编辑部
2018年6月

目　录

比较政治学研究　2018年第1辑　总第14辑
第001~036页
© SSAP, 2018

社会科学中的新制度主义政治学：
一项学科史考察[*]

马雪松[**]

内容摘要　新制度主义政治学不仅应当从自身学科的范式转换和新旧嬗变角度加以考察，而且其产生和发展历程还处于社会科学演进及各学科交融的脉络之中，多学科与多源流的分析视野有助于理解新制度主义在推进前沿发展、延展研究范围、更新研究方法方面的有益成果。现实主义取向的理性与经验的划分、实证主义取向的解释与诠释的划分、个体主义取向的结构与能动的划分构成了社会科学的研究背景，并在塑造新制度主义政治学形态和格局的同时为其提供了动力。通过考察经济学、社会学与政治学中新旧制度主义路径的演变历程，以及新制度主义四个主要流派在政治科学中的确立过程，可以就新制度主义政治学的议题深化、理论建构与方法更新进行跟踪及评价，并对其发展前景做出整体把握。

关键词　新制度主义；社会科学；政治科学；学科史

一　引言

政治科学中的新制度主义自20世纪70年代以来取得了突破性的进

---

　　* 本文系国家社会科学基金青年项目"当代新制度主义政治学理论建构研究"（项目编号：14CZZ036）的研究成果。

　** 马雪松，政治学博士，吉林大学行政学院政治学系副主任，教授，博士生导师，研究方向为比较政治学、新制度主义理论与方法。

展，比较政治学、比较政治经济学、制度经济学、组织社会学、国际关系学、公共政策学等研究领域的学者及相关成果，日益汇聚到新制度主义政治学的旗帜下。尽管新制度主义不同流派之间一直存在内容深化与内在分化伴生、互相争鸣与互为借鉴交织的情形，但是对于政治学、社会学和经济学的许多制度研究者来说，新制度主义政治学这一身份共识已经形成并不断得到巩固，其对现实问题的解释能力也促进了理论建构水平的提升。然而，新制度主义政治学者在扩展研究领域并深化研究主题时，对一些核心议题缺乏系统全面的回顾反思，特别是同早期阶段相比，从社会科学发展以及多学科交融贯通角度对新制度主义进行审视的研究旨趣依然有限，导致不少问题有待澄清或深入阐释。

举其要者，新制度主义政治学各流派在制度范畴与研究路径上的歧异见解和多重取向，并未按照先前奠基者或集大成者在各自宣言中预测的那样实现充分融合；新制度主义理论范式对自身新陈代谢过程中新颖性的强调，往往掩盖或割裂了它们同此前发展阶段以及宏观学科背景的内在关联；新制度主义政治学的研究群体分布于政治学、社会学、经济学之下的多个分支学科，就当前丰富的理论成果与持续扩展的应用研究而言，不同学科和相异领域的研究者能否一概归入政治科学中的新制度主义，仍存一定疑义；社会科学尤其是社会学与组织理论先后经历了观念转向、认知转向、语言转向，但这并未受到新制度主义政治学各流派同等程度的关注和积极回应。针对以上问题，从社会科学自身发展的内在脉络与多学科的板块运动角度审视新制度主义政治学，避免将分析视域局限于政治科学内部，这样的尝试无疑能够提供富于启发性的认识，还有可能消释以往研究中的某些成规定见。

事实上，关注新制度主义政治学内容更新与流派演进的一些学者，在界定制度内涵和制度主义研究取向时表现出了开放的态度，这为社会科学分析视角的运用奠定了必要基础。例如，马奇（James March）与欧森（Johan Olsen）在《牛津政治制度手册》的序章中指出，政治科学中的制度主义主要指政治制度研究的一般路径，包含关于制度特征同政治能动性、偏好及变迁之间关系的一套理论观点和假设，制度主义强调政治制度的内生属性与社会建构的特点，主张制度不是追逐私利并工于算计的个体行动者维系相互均衡的一纸约定，也不是社会各派势力彼此争雄的竞技场，而是政治生活中由结构、规则、标准运作程序构成的能够部分发挥自主作用的混合体。① 兰恩（Jan-Erik Lane）与厄尔逊（Svante Ersson）在《新制度主义政治学的偏好与后果》中指出，新制度主义作为社会科学的一种分析框架，它在推进理论发展的意义上类似自然科学的范式革命，"通过向社会科学提供新的研究模型而塑造社会科学的各类概念"。②

一方面，部分政治学者意识到新制度主义政治学不仅应当从自身学科的范式转换和新旧嬗变角度加以考察，而且其产生和演进的历程实际上处于社会科学的广泛背景之下。在这个意义上，古丁（Robert Goodin）与克林格曼（Hans-Dieter Klingemann）基于学科整体发展视角认为，政治科学的新制度主义运动代表了行为主义研究传统与受到经济学影响的理性选择分析相结合的发展趋势，同时也建立在反对理性选择分析的组织社会学与历史社会学研究路径的基础上，新制度主义的多样性"有能力提出一个整合性的研究框架"。③ 法尔（James Farr）与艾德考克（Robert Adcock）等学者从英美政治科学的发展历程和内在联系角度，探讨了行为主义、理性选择与新制度主义在现代主义与实证主义的社会科学系统当中如何相互影响。④

另一方面，从事制度研究的部分社会学者与经济学者意识到多学科视野的重要性，并在推进前沿发展、延展研究范围、更新研究方法上积极探索。举例而言，一些社会学者与比较政治经济学者基于社会科学的整体视域，关注政治生活中观念的角色和功能。⑤ 倪志伟（Victor Nee）

① R. A. W. Rhodes, Sarah A. Binder and Bert A. Rockman, *The Oxford Handbook of Political Institutions*, Oxford: Oxford University Press, 2006, p. 4.
② Jan-Erik Lane and Svante Ersson, *The New Institutional Politics: Performance and Outcomes*, New York: Routledge, 2000, p. 1.
③ Robert E. Goodin and Hans-Dieter Klingemann, *A New Handbook of Political Science*, Oxford: Oxford University Press, 1996, pp. 24 – 25.
④ Robert Adcock, Mark Bevir and Shannon C. Stimson, *Modern Political Science: Anglo-American Exchanges since 1880*, Princeton: Princeton University Press, 2007.
⑤ Daniel Beland and Robert Henry Cox, *Ideas and Politics in Social Science Research*, Oxford: Oxford University Press, 2011.

与布林顿（Mary Brinton）等关切经济学成果的社会学者，主张应从社会学本身而非组织分析出发吸纳经济学的方法论个体主义，从而扩展古典社会学与当前新制度主义的研究范围。① 社会学者阿布卢廷（Seth Abrutyn）通过梳理古典社会学以及功能主义与演化制度理论的研究议题，指出社会学的制度主义应回归宏观社会学传统并切实回应行动者的选择问题。② 以坎贝尔（John Campbell）为代表的社会学者与比较政治经济学者，关注比较制度分析与新制度主义自欧洲经济社会学与英美政治科学内部发展至今的演进动力，并从历史进程的宏阔视野强调将资本主义议题再度纳入制度研究。③ 制度经济学者霍奇逊（Geoffrey Hodgson）从社会科学一般性理论与特定性理论的关系角度，论述了新制度经济学与演化经济学由于忽视早期经济学特别是传统制度经济学所关注的历史特性，而无法有效解释那些具有历史根源的现实问题。④

二　制度研究的社会科学背景与脉络

社会科学建立在现代性开启以后的思想分工和知识体系之上，它的产生和发展是对现代人类社会知识问题与现实议题的关照和回应。现代主义构成了社会科学的逻辑起点，提供系统性、预测性与批判性知识也是社会科学众多分支学科的远大抱负。社会科学在体制化和学科化的历程中，很大程度上同自然科学一道保留了先前自然哲学与道德哲学对客观世界及人类社会具有唯一确定性、精准性与真实性的追求，而且呈现出强烈的二元论倾向。社会科学各学科在主体与客体、理性与情感、意

① Mary C. Brinton and Victor Nee, *The New Institutionalism in Sociology*, Stanford：Stanford University Press, 1998.

② Seth Abrutyn, *Revisiting Institutionalism in Sociology：Putting the "Institution" Back in Institutional Analysis*, New York：Routledge, 2014.

③ Glenn Morgan, John L. Campbell, Colin Crouch, Ove Kaj Pedersen and Richard Whitley, *The Oxford Handbook of Comparative Institutional Analysis*, Oxford：Oxford University Press, 2010.

④ Geoffrey M. Hodgson, *How Economics Forgot History：The Problem of Historical Specificity in Social Science*, London：Routledge, 2001.

识与经验、文化与自然、事实与价值、宏观与微观、结构与能动、整体与个体、同一与差异、连续与断裂、中心与边缘、内在与外界、公共与私人等议题上表现出具有持续性的张力，这种张力在塑造社会科学形态和格局的同时也为其发展提供了动力。将新制度主义置于社会科学脉络之中，可以发现社会科学富于重要性和启发意义的研究背景主要有三个方面，分别是现实主义取向的理性与经验的划分、实证主义取向的解释与诠释的划分、个体主义取向的结构与能动的划分。

（一）现实主义取向的理性与经验的划分

近代的理性主义和经验主义传统，以笛卡尔（Rene Descartes）与培根（Francis Bacon）各自对中世纪经院哲学的信仰主义和先验主义的攻讦作为发端。理性主义主张具有思维能力的个人可以凭借直觉意识、演绎推理和分析归类而辨别真实并增进知识，这不仅为启蒙运动提供了道德鼓舞力量，还巩固了科学研究的基础。经验主义源自古希腊自然哲学传统，通过伽利略、开普勒、牛顿等人革命性的科学定理而发扬光大，定量化的观察实验与数学化的论证分析也衍生为现代主义的科学方法，使自然科学区别于并逐渐摆脱自然哲学。理论或定律往往首先出自某种直觉和相应假设，从而启动后续的观察和实验，所以科学方法也被视为对于直觉的证实、否定或补充，兼有理性主义的直觉性与经验主义的实验性。然而，社会科学中的理性主义与经验主义长期存在难以调和的冲突，"经验主义批评理性主义离开官感的认知越来越远而几近荒谬，理性主义批判经验主义对官感认知越来越依赖而几近牵强，现代西方来个炒什锦，用上了理性主义的数学范式和经验主义的致用导向，使求真变成了一项数据化的功利活动"。①

近代科学事业在理性与经验的张力之间向前发展，但社会科学的现实主义取向日益占据要津，强调社会科学不能满足于仅仅提出某些有趣的推测，而应当致力于成为经验性的研究，理论与解释必须基于真实世

① 〔加〕梁鹤年：《西方文明的文化基因》，第 217、242 页，生活·读书·新知三联书店，2014 年版。

界的可靠观察，并以自然科学作为效法的楷模。① 社会科学的现实主义运动在批判自然科学的沙文主义并支持自身方法的特殊性时，也经常强调社会科学作为客观的经验科学应拒绝运用直觉方法。② 在经验主义的量化分析当中，研究者试图严格分析现象之间的关联，尽管"对硬数据的要求可能会使研究问题产生偏离，且限制了研究者的理解和感知能力"。③ 在经验主义凯歌高奏的背景下，由于通过动机来理解行动十分困难，研究者更多地将合理行动界定为依据有效经验来确立合适目标或选取恰当手段，并由此实现既定目标。这也意味着作为内在统率力量与主体自省能力的理性（reason），其含义在经验意义上被替换为合理性（rationality）。

（二）实证主义取向的解释与诠释的划分

科学解释与人文诠释的二元论图式，可以追溯到狄尔泰（Wilhelm Dilthey）论述的人类可理解性模式与事物可理解性模式之间的对立，这实际上反映了精神科学或人文科学同自然科学的根本差异。对于把人的行动和思维作为研究对象的社会科学来说，"人类行为可以被理解，是因为这些行为是理性的或者至少是有意的，人类行为是根据目的对方式进行的选择，无法用原因和规律来解释它，但是却可以理解它"。④ 脱胎于古典社会学并因涂尔干（Emile Durkheim）的卓越贡献而趋于成熟的实证主义社会学，不仅像自然科学那样对世间万物的一致性规律满怀向往，而且认为社会现象同自然现象并无本质区别，两者遵循相似的方法论准则因而"都可以用普遍的因果律加以说明"，这也要求"社会科学在理论取向上应以自然科学为标准模式，建立统一的知识

① Steve Bruce, *Sociology*: *A Very Short Introduction*, Oxford: Oxford University Press, 1999, p. 98.

② 〔德〕马克斯·韦伯：《社会科学方法论》，韩水法、莫茜译，第 ix 页，商务印书馆，2013 年版。

③ 〔法〕马太·杜甘：《国家的比较——为什么比较，如何比较，拿什么比较》，文强译，第 26 页，社会科学文献出版社，2010 年版。

④ 〔法〕安托万·普罗斯特：《历史学十二讲》，王春华译，第 134 页，北京大学出版社，2012 年版。

体系"。① 打上实证主义烙印的社会科学的任务，在于观察人类世界丰富现象和复杂事件所蕴含的为数众多的变量，借助科学研究手段以探究原因并揭示规律，而这一点又得到逻辑实证主义以及调查统计方法和数学模拟方法的强化。

与之相对，韦伯（Max Weber）发扬新康德主义哲学思想并强调古典社会学的诠释性传统，主张"不依赖于特定的和片面的观点而对社会生活或者社会现象绝对客观的科学分析是不存在的"，"所有社会科学研究的认识目的的特点是超越对社会群体规范的纯粹形式的考察"。② 韦伯的理解性社会学认为，狄尔泰完全否定人类行动存在客观规律与因果联结机制的看法并不准确，进而指出社会学与社会科学的科学化旨在"对社会行动进行诠释性的理解，并对社会行动过程及结果予以因果性的解释"。③ 尽管如此，狄尔泰与韦伯的诠释性学说均强调包括直觉、观念、情感、记忆、欲望在内的人类生活的时间结构，关注能够引发他人情感共鸣的交往行动。之后在逻辑实证主义声势大振的时期，舒茨（Alfred Schutz）开创性地将胡塞尔（Edmund Husserl）的现象学与韦伯的理解性社会学予以结合，主张"社会科学本身也只有在社会世界一般生活领域才有可能"，"社会科学建构的理念型特别是理解社会学建构的理念型，都必须同时符合因果适当性与意义适当性的要求"。④ 伯格（Peter Berger）与乐格曼（Thomas Luckmann）在继承舒茨知识社会学的基础上借鉴文化人类学、社会心理学的核心观点，指出社会实在同时具有主观意义和客观真实这两重特性，知识对于个体的身份建构以及个体同社会结构的互动能够发挥关键影响，而两人的学术成果也成为社会

---

① 〔英〕安东尼·吉登斯：《社会学方法的新规则》，田佑中、刘江涛译，第2页，社会科学文献出版社，2003年版。

② 〔德〕马克斯·韦伯：《社会科学方法论》，第25页。

③ 〔德〕马克斯·韦伯：《社会学的基本概念》，顾忠华译，第42页，广西师范大学出版社，2005年版。

④ 〔奥〕阿尔弗雷德·舒茨：《社会世界的意义构成》，游淙祺译，第314、318页，商务印书馆，2012年版。

科学中建构主义的滥觞，对因果性逻辑予以极大挑战。[①]

（三）个体主义取向的结构与能动的划分

社会科学的一个核心问题是结构与能动的关系，它涉及究竟是个体还是整体在社会事实的确立中起到主导作用。[②] 笛卡尔关于精神与物质、思想与身体、自我与外界的二分法，最早描摹了具有内在思维活动和外在行为能力的现代主义个体的形象，为方法论个体主义赋予了原初形态，指出"社会不是独立的存在体，只是很多个人聚在一起而已"，"社会不可能做出行动，因为行动需要有意图，而意图只是个人的事"。[③] 社会科学的方法论个体主义一方面由坚持客观化与个体化取向的行为主义心理学所巩固，另一方面由于契合了正统经济学的个人行为与心理基础而广泛传扬。杰文斯（William Jevons）、瓦尔拉斯（Leon Walras）、门格尔（Carl Menger）的边际效用理论和均衡分析方法，在奠定近代新经济学基石的同时，还为当代经济学赋予了个人主观偏好这一微观分析基础。

社会学的先驱者斯宾塞（Herbert Spencer）接纳了霍布斯（Thomas Hobbes）意义上的社会有机体模型，认为它同生物有机体高度相似，都是漫长演化和无意识发展的结果，因而将整个社会想象为包括大量个体子集的复杂结构，相互联结的各个社会结构对于社会这一躯体发挥着类似器官的功能。[④] 涂尔干的实证主义社会学方法论同当时的心理学和经济学研究相抵牾，方法论整体主义在其知识遗产中独树一帜，认为社会秩序并非个体行动的汇聚，社会事实或社会结构才是社会秩序的构成要

① Peter L. Berger and Thomas Luckmann, *The Social Construction of Reality: A Treatise in the Sociology of Knowledge*, Garden City: Doubleday, 1966, p. 176.

② 马雪松：《政治世界的制度逻辑——新制度主义政治学理论研究》，第 62 页，光明日报出版社，2013 年版。

③ 〔加〕梁鹤年：《西方文明的文化基因》，第 217、382 页。

④ 〔英〕杰西·洛佩兹、约翰·斯科特：《社会结构》，允春喜译，第 17、19 页，吉林人民出版社，2007 年版。

素。① 在此意义上，经济学者杜森伯利（James Duesenberry）于半个世纪前曾提到，经济学与社会学分别对应人们如何做出选择与没有选择可做。② 这一评语流传甚广，然而并不完全准确。事实上，以门格尔为代表的奥地利学派提出的个体主观偏好虽然具有反实证主义和反理性主义的倾向，但是奥地利学派与德国古典学派同样关注制度以及经济活动组织的相关理论，不仅采取因果起源方法追溯有效制度的出现，还运用了某种形式的比较制度方法。哈耶克（Friedrich Hayek）批评新古典主义正统学说中的均衡分析，反对笛卡尔主义从明确前提与给定假设中进行逻辑演绎的理性概念，他从苏格兰启蒙哲学中汲取灵感和素材，主张理性意味着个人具有认识真理的能力。哈耶克据此强调理性近似于学习活动和遵循规则的行为，规范与制度能够约束行动，甚至还可能部分地决定行动。③

从宏观角度将社会科学的背景概括为以上三个方面，实际上无法涵括社会科学及其分支学科发展演进的具体历程，也未涉及社会科学同现实情境复杂变化之间的内在联系，这里仅是审视和理解了近代以来知识领域分化以及科学化研究取向的整体趋势和一般特点。就制度研究而言，许多成果往往以社会科学或政治科学的制度概念与制度路径作为切入点，由此指出目前制度研究有理性行动者、文化共同体、制度主义这三种并不完全相斥但又难以严格区分的视角，三者各自关注政治生活的不同侧面与相异的解释因素，在运用何种策略以改良政治体系的问题上聚讼不已。④ 与之相似，利希巴赫（Mark Lichbach）与朱克曼（Alan Zuckerman）等政治学者指出比较政治研究存在理性主义、文化主义、结构主义三种范式，它们之间的摩擦推动了研究议题的深化与分析方法

---

① Mary C. Brinton and Victor Nee, *The New Institutionalism in Sociology*, pp. 3 - 4.

② J. P. Duesenberry and L. E. Preston, *Cases and Problems in Economics*, London: George Allen & Unwin Ltd., 1960, p. 223.

③ 〔丹〕尼古莱·福斯:《奥地利学派与现代经济学》，朱海就等译，第 55、166 页，中国社会科学出版社，2013 年版。

④ R. A. W. Rhodes, Sarah A. Binder and Bert A. Rockman, *The Oxford Handbook of Political Institutions*, p. 4.

的发展，两人在共同主编著作的最新版本中进一步指出，当前向文化主义发起挑战的建构主义具有成为新范式的潜在实力。① 需要强调的是，现实主义取向的理性与经验的划分、实证主义取向的解释与诠释的划分、个体主义取向的结构与能动的划分，与政治制度研究的理性行动者、文化共同体、制度主义三种视角之间，以及比较政治研究的理性主义、文化主义、结构主义三种范式之间并非简单对应的关系。实际上，前者从更为广阔的跨学科角度关注理性、规则、惯例、关系、意义、建构等制度要素的联结脉络，并为思考新制度主义政治学的本体性、认识性和方法性问题，以及新旧嬗变和视域交融问题提供了助益。

三 社会科学中新旧制度主义的源流与嬗变

制度分析贯穿社会科学的发展历程，并在不同时期居于各分支学科的重要领域。它集中反映了各学科制度理论建构水平及制度方法凝练程度的制度主义研究路径，因视域和侧重的差异而存在新旧分野。从社会科学发展以及多学科交融贯通的角度审视新制度主义政治学，不仅需要在社会科学整体背景下考察各类制度因素，还需要考察规制性、规范性、文化性与认知性等多重要素，如何在社会科学不同学科中被当作制度分析的对象而加以研究的历程。经济学、社会学与政治学是当代制度主义研究最重要的学科领域，其中存在取向各异的制度分析路径，它们之间纷繁复杂且难做定论的交互影响也表现为发生于三个学科内部并发挥溢出效应的制度主义新旧嬗变过程。如图 1 所示，组织理论学者斯科特（Richard Scott）从制度要素与分析层次的角度，直观呈现了目前制度研究涉及的不同学科领域，但是还应从学科演进及其相互影响的角度予以补充。对此下文分别从经济学、社会学、政治学展开论述，顺序安

---

① Mark Irving Lichbach and Alan S. Zuckerman, *Comparative Politics: Rationality, Culture, and Structure*, Cambridge: Polity Press, 2009, pp. 1 – 2.

排上除了考虑三个学科对制度研究发挥影响力的大小，还考虑到各学科当中制度主义及新制度主义被提出的先后。

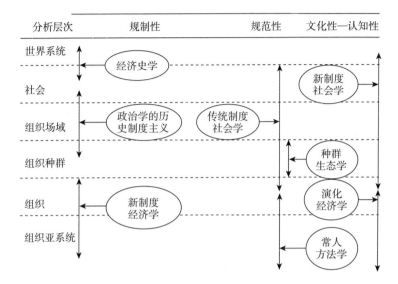

图1　制度的基础要素与各种分析层次及其研究学派

资料来源：W. Richard Scott, *Institutions and Organizations：Ideas, Interests, and Identities*, London：Sage Publication Ltd., 2014, p. 106。

（一）经济学中的新旧制度主义

社会科学中的制度主义（institutionalism）最早由经济学者汉密尔顿（Walton Hamilton）于 1918 年提出，用来指由凡勃伦（Thorstein Veblen）开创的并包括米切尔（Wesley Mitchell）、克拉克（John Maurice Clark）、康芒斯（John Commons）、艾尔斯（Clarence Ayres）等学者在内的旧制度经济学研究传统。经济学的旧制度主义路径于 19 世纪末期兴起，受到德国历史学派与进化生物学的深刻影响，重视关键社会制度的性质与演化以及它们对经济生活的影响，并运用本能习惯心理分析与实用主义哲学等多学科视角理解制度如何塑造个体倾向和认知。该学派批评占据主流地位的新古典经济学的原子式个人主义、一般均衡与既定偏好等假设，主张个体偏好和策略手段形成于社会规范、文化环境等制度脉络与历史变迁之中。[①] 旧制度主义经济学对法经济学、产业经济学、农业经济学、组织社会学、经济史学产生重要影响，社会学旧制度主义代表学者斯廷施凯姆（Arthur Stinchcombe）曾提到自己的学术认同受到凡勃伦、克拉克、康芒斯著作的塑造，旧制度经济学对现实问题与宏观社会背景的关注也为其提供了方向及动力。[②] 该流派长期处于经济学的边缘地带，20 世纪 70 年代之前致力于推进旧制度主义研究的经济学者仅有波兰尼（Karl Polanyi）、加尔布雷思（John Galbraith）、熊彼特（Joseph Schumpeter）等少数几人，近年来虽有施密德（Alan Schmid）、霍奇逊等学者在行为经济学、演化经济学中重拾旧制度主义路径，但无法改变其影响力日益式微的现实。

　　作为经济学新制度主义范式的新制度经济学兴起于 20 世纪 50 年代和 60 年代，包括产权和习惯法、公共选择和分配联盟以及组织分析等多重取向，并在博弈论、交易成本、经济制度史研究中得到系统应用。新制度经济学的奠基者科斯（Ronald Coase）否认新旧制度主义之间存在渊源，其他源自新古典主义或奥地利学派的新制度经济学者则批评旧制度经济学甚少理论建树，采用行为主义而非理性选择的研究框架，留意琐细事实而不关注集体决策与制度设计中发挥重要作用的非预期后果及演进过程，并将旧制度主义的缺点概括为描述主义、反形式主义、整体主义、行为主义和集体主义。[③] 总体而言，经济学的新制度主义保留了新古典经济学理性人假设的微观基础和分析模型，通过修正理性内涵与信息的完备程度以期提高现实解释力和理论建构水平。[④]

　　对于政治学来说，积极扮演经济学帝国主义者角色的非理性选择理论莫属。理性选择理论的代表人物阿罗（Kenneth Arrow）、唐斯（An-

① 〔美〕杰弗里·霍奇逊：《制度经济学的演化——美国制度主义中的能动性、结构和达尔文主义》，杨虎涛等译，第 6~7 页，北京大学出版社，2012 年版。
② Arthur Stinchcombe, "On the Virtue of Old Institutionalisms", *Annual Review of Sociology*, Vol. 23, pp. 1–18.
③ 〔英〕马尔科姆·卢瑟福：《经济学中的制度——老制度主义和新制度主义》，陈建波、郁仲莉译，第 4~5 页，中国社会科学出版社，1999 年版。
④ 〔韩〕河连燮：《制度分析——理论与争议》，李秀峰、柴宝勇译，第 18 页，中国人民大学出版社，2014 年版。

thony Downs)、布坎南（James Buchanan）、塔洛克（Gordon Tullock）、贝克尔（Gary Becker）、奥尔森（Mancur Olson）等将理性人假设、方法论个体主义、市场交易行动理论运用于社会和政治领域。经济学和政治学的公共选择学派自 20 世纪 60 年代起更新了选民投票、科层组织、利益集团、政治决策、政党关系、官员寻租及民主转型等议题，布坎南提出了"经济理论已经获得了确立的与合法的地位，成为了唯一具有真正预见性的社会科学"，"发展出一种有预见性的'政治科学'的可能性"。① 贝克尔也强调经济学因为研究方法的科学性而有别于其他社会科学分支学科，并以自信口吻写下经济学帝国主义的宣言书，"经济分析是一种统一的方法，适用于解释全部人类行为"。②

（二）社会学中的新旧制度主义

社会学的方法论整体主义与现实主义取向，令这门学科始终注重针对社会制度的比较研究，强调现代工业主义确立以来的社会形式。③ 韦伯揭示了文化价值与社会当中包括制度在内的正式结构之间的直接联系，指出现代社会的理性化趋势塑造了科层组织的形态和功能。涂尔干关切制度在政治社会生活中的功能，考察社会力量与制度性质的因果关联，并指出社会学是一门同制度密切相关的科学。④

对于社会学制度研究的学科化和体制化而言，具有师承关系的四代学者帕森斯（Talcott Parsons）、默顿（Robert Merton）、塞尔兹尼克（Philip Selzinick）、斯廷施凯姆具有深远的影响。帕森斯对社会行动结构的研究以及由此衍生的结构功能主义流派，反对当时社会学的实证主义与非理论化取向，在兼顾行动目的性与环境约束性的基础上指出系统由价值模式构成，个体可以将这些价值模式内化为共同规范并作为自身

---

① 〔美〕戈登·塔洛克：《官僚体制的政治》，柏克、郑景胜译，"前言"，第 9 页，商务印书馆，2012 年版。
② 〔美〕加里·贝克尔：《人类行为的经济分析》，王业宇等译，第 11 页，上海三联书店，1995 年版。
③ 马雪松：《国外新制度主义政治学研究述评》，《上海行政学院学报》，2012 年第 2 期。
④ B. Guy Peters, *Institutional Theory in Political Science：The New Institutionalism*, London：Continuum, 2011, p. 129.

行动的阶石。他认为任何行动系统的需要和功能均具有适应、目标达成、整合、潜在维持状态这四种先决条件，而且像生物进化那样发生演化变迁。① 帕森斯的唯意志论倾向与抽象理论研究在其组织分析中被弱化，并且主要关注组织结构的客观性维度，而默顿在把他老师的宏大理论改造为中程理论的同时，还积极说明那些可观察到的社会行为与社会组织的变迁，从而将统一性理论的抱负运用于组织分析。在默顿及其学生的推动下，组织研究逐渐确立为社会学的独立领域，侧重考察目的行动的意外后果，以及科层组织中情绪、情感及象征符号对合理性技术手段的超越。② 默顿的学生塞尔兹尼克在其经典作品中揭示出在制度背景或系统的约束下，组织行动会偏离初始目标而产生诸多非预期性影响，制度环境不断向技术导向的组织渗入价值观并使其成为制度化的组织。③ 塞尔兹尼克的学生斯廷施凯姆进一步将制度界定为"权势者在其中致力于实现某种价值或利益的结构"，申明了权力及其运用对于制度化过程的重要意义。④

在结构功能主义与以塞尔兹尼克为中坚力量的组织分析蓬勃发展的同时，作为卡耐基学派领军人物的西蒙（Herbert Simon）在管理行为、有限理性、微观经济学诸多领域取得了开创性成就。西蒙认为，"人类理性更多是一种探究人类具体需要和特定问题的工具，而不是对整个世界的一般均衡进行预测和模型化，或创建一个能够同时考虑所有变量的复杂模型的工具"。⑤ 值得一提的是，为新制度经济学命名的威廉姆森（Oliver Williamson）在卡耐基梅隆大学获得博士学位，其研究思路受到卡耐基学派特别是西蒙的行为科学与组织社会学的影响。西蒙较早将个

---

① Patrick Baert and Filipe Carreira da Silva, *Social Theory in the Twentieth Century and Beyond*, Cambridge: Polity Press, 2010, pp. 81 – 87.

② W. Richard Scott, *Institutions and Organizations: Ideas, Interests, and Identities*, London: Sage Publication Ltd., 2014, pp. 22 – 23.

③ 〔美〕菲利普·塞尔兹尼克：《田纳西河流域管理局与草根组织——一个正式组织的社会学研究》，李学译，第 164 页，重庆大学出版社，2014 年版。

④ Arthur Stinchcombe, *Constructing Social Theories*, Chicago: University of Chicago Press, 1968, p. 107.

⑤ 〔美〕赫伯特·西蒙：《人类活动中的理性》，胡怀国、冯科译，第 125 页，广西师范大学出版社，2016 年版。

体认知能力的限度同组织结构联系起来，认为组织结构的约束性对组织中个体的决策行为发挥着协调性功能，组织的规程和习惯也会影响个体对于手段和结果之间关联的认识。西蒙与马奇还共同探讨了组织能够影响其参与者的行为方式，并为早期制度研究提供了微观特征与功能说明。①

　　社会学与组织理论中新制度主义的诞生，以迈耶（John Meyer）与罗恩（Brian Rowan）、迪马吉奥（Paul DiMaggio）与鲍威尔（Walter Powell）发表的两篇经典论文作为标志。20 世纪 60 年代和 70 年代，组织理论与管理科学基本脱离了韦伯式理性化和科层制的研究框架，认识到组织的性质与结构取决于宏观环境和制度背景，但是随之有待解答的问题是，为何现代条件下的各类组织不仅有科层制的结构，而且在形式上呈现出趋同化的倾向。迈耶与罗恩发表于 1977 年的论文《制度化的组织——作为神话与仪式的正式结构》，揭示了科层制这一正式结构形式其实是组织在环境中的适应性结果。科层制在多数情况下并没有被组织当作解决问题的有效手段，当它被大家广为认可并在文化背景下成为一种规范性要求和正当性标准时，关于科层制的神话会促使组织以类似仪式的方式采取这种形态。② 迪马吉奥与鲍威尔发表于 1983 年的论文《重新思考铁的牢笼——组织场域的制度趋同性与集体理性》同样关注组织趋同化问题，但两人主要从组织所处场域的视角考察组织之间的相互作用，并从中程理论与概念操作角度概括出强制性、模仿性与规范性三种趋同化机制。③ 1991 年，鲍威尔与迪马吉奥正式对组织理论的新制度主义的含义、对象及研究取向进行界定，指出这一新制度主义路径反对各种理性行动者模型，而是将制度当作独立变量并对其做出认知解释和文化解释，它的关注对象是产业、国家与国际领域的组织结构及制度

---

① W. Richard Scott, *Institutions and Organizations: Ideas, Interests, and Identities*, p. 29.
② John W. Meyer and Brian Rowan, "Institutionalized Organizations: Formal Structure as Myth and Ceremony", *American Journal of Sociology*, Vol. 83, No. 2, 1977, pp. 340 – 363.
③ Paul DiMaggio and Walter Powell, "The Iron Cage Revisited: Institutional Isomorphism and Collective Rationality in Organizational Fields", *American Sociological Review*, Vol. 42, No. 2, 1983, pp. 147 – 160.

化过程，致力于探讨制度对利益与政治的塑造作用、制度变迁的外生性根源、制度理论对竞争与效率的解释等问题。①

（三）政治学中的新旧制度主义

政治科学作为一门学科确立至今不过一百余年，并在早期阶段受到哲学、历史学与法学广泛而深刻的影响，注重以历史学研究方法为基础对政治哲学、公法、政府与行政展开研究。出于对当时形式主义研究的反动，本特利（Arthur Bentley）开创了聚焦于权力竞争和利益集团活动的政治过程研究，梅里亚姆（Charles Merriam）与拉斯维尔（Harold Lasswell）主导的早期行为主义运动旨在探寻政治研究的科学基础，强调政治科学的侧重点应从先验哲学和演绎推理转向经验主义，从历史研究转向政治体制发展研究，因而在比较描述政治体制和观察政府实际过程的同时，更多运用调查工具采集数据并注重心理学方法的应用。② 行为主义怀有建立真正政治科学的抱负，相信新政治科学只能建立在心理学基础上，主张以科学主义手段处理社会及政治问题。20 世纪 50 年代和 60 年代，社会科学各主要分支学科均受到行为主义范式主导，分化为现实主义、多元主义、精英主义取向的行为主义研究路径也占据政治学的主导地位，在宏大理论与科学方法使命的诉求下批判传统的国家研究、政治理论中的历史主义、经验分析中的极端事实主义。③ 60 年代以后，行为主义受到政治学多个流派更为激烈的挑战，继而开启了方法论多元化的后行为主义时代。正是从那时起，公共选择理论与历史社会学同行为主义发生了极为复杂的联系，它们共同塑造了政治科学以及制度主义的研究内容和发展方向。

就政治学中的公共选择理论而言，由赖克（William Riker）奠基的

---

① 〔美〕沃尔特·鲍威尔、保罗·迪马吉奥主编：《组织分析的新制度主义》，姚伟译，第 10～11 页，上海人民出版社，2008 年版。

② 〔美〕格里高里·斯科特、斯蒂芬·加里森：《政治学学习手册》，顾肃、张圆译，第 35～37 页，中国人民大学出版社，2013 年版。

③ 〔美〕特伦斯·鲍尔、〔英〕理查德·贝拉米主编：《剑桥二十世纪政治思想史》，任军锋、徐卫翔译，第 371、380 页，商务印书馆，2016 年版。

罗彻斯特学派在行为主义研究背景下主动回应理性选择理论对政治学的渗透，基于理性人假设将个人决策视为政治生活的源头和基石，运用数学模型、统计分析、系统论、博弈论等多种实证方法，试图从现实政治经验中提炼出理论化的一般规律。以奥斯特罗姆夫妇（Elinor and Vincent Ostrom）为代表的印第安纳学派，运用跨学科方法研究公共池塘的自主治理等公共政策与公共治理问题，并对影响博弈结构的规则形式与制度因素进行了富有创见性的分析。此外，经济学与政治学的理性选择理论学者在考察政治生活时，受新制度经济学相关成果影响而重视制度研究，并揭示出权力分布及运用方式对议程设定与决策结果产生重要影响。政治领域的冲突与竞争还为理性选择理论提供了不可或缺的视角，莫伊（Terry Moe）、尼斯坎兰（William Niskanen）、温加斯特（Barry Weingast）等学者在此意义上强调制度既是合作结构也是权力结构。谢普斯勒（Kenneth Shepsle）指出理性选择理论无法对偏好形成与信仰来源这类问题进行充分解释，而且在制度不存在或不发挥作用的条件下，难以对原子化的个体行动提供必要的联结机制，因此他于 1988 年正式提出理性选择制度主义，并将其界定为关注结构诱致均衡的研究路径。[1]

就与政治学研究发生交叠的历史社会学而言，60 年代和 70 年代迅速发展的历史社会学持续批判了反历史主义的宏大理论与抽象的经验主义，从而对社会学的结构功能主义与政治学的行为主义发起有力挑战。例如，摩尔（Barrington Moore）通过考察历史情境并注重长时段社会结构下的时间序列与因果链条，指出严格意义上的行为主义是绝对错误的，因为它"反对人们用观念或者文化倾向来进行解释"，结构功能主义的缺陷则集中体现为不重视社会的结构转型和变迁模式。[2] 承袭了摩尔学术衣钵的斯考切波（Theda Skocpol）对政治科学中新制度主义路径的形成和演进，发挥了无可替代的关键性影响。斯考切波在 1979 年出

[1] 马雪松：《政治世界的制度逻辑——新制度主义政治学理论研究》，第 21～22、44～45 页。

[2] 〔美〕巴林顿·摩尔：《专制与民主的社会起源——现代世界形成过程中的地主和农民》，王苗、顾洁译，第 501～502 页，上海译文出版社，2012 年版。

版的《国家与社会革命》中指出，比较历史分析的使命是"发现涵盖各种历史场景的因果规律的一般性论点"，"只有通过观察阶级与国家结构的特定互动关系，观察国内和国际形势的长期复杂的相互作用，才能理解革命的成因"。① 在出版于 1984 年的会议论文集《历史社会学的视野与方法》的序言中，斯考切波概括了历史社会学研究的四个特征，分别是基于时空思考社会结构和过程问题，强调过程并在时序性场景下解释结果，侧重有意义的行动与结构背景的交互作用以呈现个人生活与社会转型中的预期及意外后果，关注特殊类型的社会结构和变迁模式。② 斯考切波在 1985 年出版的会议论文集《找回国家》中，强调国家制定的政策以及国家与社会集团的模式化关系会影响政治和社会过程，但是较宏观的社会科学视角无益于推进国家研究，只有比较历史分析才能对处于不同社会背景与跨国环境中的国家结构和行为提供理想的研究工具。③ 值得注意的是，马奇与欧森于 1984 年发表的经典论文《新制度主义——政治生活中的组织因素》，致力于将组织理论的观点与解释逻辑推广到政治学领域，但它在客观上推动了包括理性选择理论与新国家主义在内的政治学者形成新制度主义的认同意识。④ 具有某种巧合性，与斯考切波同为新国家主义理论代表人物的克拉斯纳（Stephan Krasner），也于 1984 年发表了《通往国家的诸种路径——替代概念与历史动力》一文，论述了制度因素在历史影响下对个体发挥的约束作用，并从生物学进化论中提炼出断续均衡这一历史模式。⑤ 在 1990 年

---

① 〔美〕西达·斯考切波：《国家与社会革命——对法国、俄国和中国的比较分析》，何俊志、王学东译，第 xviii、xx 页，上海人民出版社，2007 年版。

② 〔美〕西达·斯考切波编：《历史社会学的视野与方法》，封积文等译，第 2 页，上海人民出版社，2007 年版。

③ Peter Evans, Dietrich Rueschemeyer and Theda Skocpol, *Bringing the State Back in*, New York: Cambridge University Press, 1985, p. 323.

④ James G. March and Johan P. Olsen, "The New Institutionalism: Organizational Factors in Political Science", *American Political Science Review*, Vol. 78, No. 3, 1984, pp. 734 – 749.

⑤ Stephen Krasner, "Approaches to the State: Alternative Conceptions and Historical Dynamics", *Comparative Politics*, Vol. 16, No. 2, 1984, pp. 223 – 246.

召开的学术研讨会上，历史社会学、新国家主义、比较历史分析、比较政治经济学等领域的学者正式提出了历史制度主义，并在两年后出版的论文集中宣告"历史制度主义在最宽泛的意义上，代表了阐述政治斗争如何由制度环境予以调节的尝试"。[①]

四 新制度主义政治学的多流派格局

从社会科学主要分支学科的新旧制度主义源流与演变中可以看到，政治学中几乎同时兴起的两种新制度主义路径处在伊斯顿（David Easton）所描述的政治学后行为主义阶段，旨趣不同的研究者较以往更加关注政治行动与真实议题，他们对实质性问题重要性和紧迫性的认识超越了对抽象性和技术性的抱守，因此政治生活的秩序要素与行动背景受到高度重视。[②] 与此同时，政治学内部以公共选择理论与历史社会学为代表的经济学、社会学、历史学路径，对新兴的制度主义研究持续发挥影响。政治学中的新制度主义在渊源上并非沿袭传统制度研究范式，而需要进一步沉淀自身特色及形成学术性格，历史制度主义在这方面表现得更为明显。以社会科学发展演进的视角看待新制度主义在政治学中的兴起，能够发现经济学、社会学以及组织理论的新制度主义运动从多个方面直接影响了政治学者对于制度的关注，并促使政治学研究路径以新制度主义命名自己。在此意义上，部分政治学者高呼的"我们今后都是新制度主义者了"，以及其他学者批评的"新制度主义旗帜下不同派别共享的仅有制度的重要性"，这两种观点无疑都是准确的。

（一）新制度主义政治学的确立

政治学者克拉克（William Roberts Clark）较早提出了新制度主义各种路径的根本分歧可归结为结构与能动的关联问题，并且将新制度主义

① Sven Steinmo, Kathleen Thelen and Frank Longstreth, *Structuring Politics*: *Historical Institutionalism in Comparative Politics*, New York: Cambridge University Press, 1992, p. 2.

② 〔美〕罗纳德·奇尔科特：《比较政治学理论——新范式的探索》，高铦、潘世强译，第76页，社会科学文献出版社，1997年版。

区分成基于结构的制度主义与围绕能动的制度主义两种类型。① 雷奇
（Simon Reich）根据新制度主义蕴含的权变性特征，并参考了洛维
（Theodore Lowi）对政策领域的划分，提出新制度主义包含历史制度主
义、新经济制度主义、认知性制度主义、行动者制度主义四种变体。②
彼得斯（Guy Peters）认为政治科学存在规范制度主义、历史制度主义、
理性选择制度主义、社会学制度主义、经验制度主义、国际制度主义、
利益代表制度主义七种路径，随后又添入话语及建构制度主义这一流
派。③ 客观地看，彼得斯的八分法关切新制度主义在政治科学中的源起
及流向，在涵括不同研究取向的同时还关注新生派别，因而更具合理
性。然而，霍尔（Peter Hall）与泰勒（Rosemary Taylor）在 1996 年发
表的经典论文"政治科学与新制度主义三个流派"，为历史制度主义、
理性选择制度主义、社会学制度主义的命名法及三分法赋予了更加权威
的依据。④

　　新制度主义政治学被视为当代政治科学的主要研究领域，很大程度
上同霍尔与泰勒的三分法的影响力密切相关。新制度主义从社会科学多
学科、多源流的背景下脱颖而出，许多坚持革新性理论及方法的学者具
有新制度主义的身份认同，然而政治学的新制度主义复兴运动的根源并
不仅仅限于自身学科领域。历史制度主义、理性选择制度主义、社会学
制度主义的命名法尽管主要出自历史制度主义，却大致对应政治学、经
济学、社会学三个学科，前两个流派的名称契合各自学科传统，还反映
了两者在政治学内部长期分庭抗礼而又势均力敌的关系。政治学者对三
分法的认可与接受，促使历史社会学、新国家主义、比较政治学、比较
政治经济学与美国政治发展等领域形成了历史制度主义认同，并吸引了

---

① William Roberts Clark, "Agency and Structure: Two Views of Preferences, Two Views of Institutions", *International Quarterly*, Vol. 42, No. 2, 1998, pp. 245 – 270.

② Simon Reich, "The Four Faces of Institutionalism: Public Policy and a Pluralist Perspective", *Governance*, Vol. 13, No. 4, 2000, pp. 501 – 522.

③ B. Guy Peters, *Institutional Theory in Political Science: The New Institutionalism*.

④ Peter A. Hall and C. R. Taylor, "Political Science and the Three New Institutionalisms", *Political Studies*, Vol. 44, No. 4, 1996, pp. 936 – 957.

一些坚持旧制度主义路径或宏观历史取向的行为主义者。对于理性选择制度主义而言，实证政治理论自 60 年代起形成了较为稳定的研究内核与学术队伍，70 年代末期出现的理性选择理论的新制度主义被称为理性选择制度主义，也让这一流派获得公共选择理论其他派别以及亲近经济学路径的学者的支持。对于政治科学的社会学制度主义而言，除了组织社会学中影响深远的新制度主义路径以外，甚至不被迪马吉奥与鲍威尔等组织学派视为社会学者的马奇的规范分析框架，人类学中以道格拉斯（Mary Douglas）为代表的功能主义路径与以格尔茨（Clifford Geertz）为代表的文化诠释路径，以及伯格与乐格曼开创的知识社会学建构主义路径，均被贴上社会学制度主义标签，并促使政治学者从中汲取思想灵感与分析素材。

（二）新制度主义政治学初期的三大流派

新制度主义政治学容纳了取向各异的研究传统与理论方法，因此很多学者强调它并非一个单数意义上的分支学科，而是一种仍处于演化进程中的多元化学术倾向。但是在留意各流派的分歧以及它们各自宣称的对此前研究阶段的超越时，还应意识到新制度主义政治学所有流派并未脱离后行为主义这一背景，它们共同处于"现代主义基石上的经验主义与新实证主义声势浩大的潮流之中"，受到二战后美国政治科学传统的直接影响。[①]

首先，历史制度主义是新制度主义政治学中自我更新频率最高的流派。理性选择制度主义与社会学制度主义的前缀分别涉及分析途径和学科背景，历史制度主义的自我命名则表明其同历史社会学与比较历史分析的亲缘关系。从社会科学演进发展特别是行为主义曾在社会学与政治学中占据主流地位的角度来看，历史制度主义在批判结构功能主义与政治多元主义的背景下出现，历史分析和国家理论构成其问题意识与研究

---

① Robert Adcock, Mark Bevir and Shannon C. Stimson, *Modern Political Science: Anglo-American Exchanges Since 1880*, p. 259.

取向。① 根据罗伯森（David Brian Robertson）的观点，历史制度主义早期阶段的国家理论学者除了从历史社会学中汲取养分，还通过对结构功能主义与新马克思主义予以改造而形成新国家主义，注重从宏观角度考察制度要素对政治经济生活当中互动过程的影响，同时广泛应用于比较政治经济和公共政策领域。② 历史制度主义在后续发展中逐渐改变了不重视观念、规范、认知等文化因素的倾向，但在扩展自身范围的同时更加注重比较历史分析方法的精致化与解释力，由此反映了历史制度主义某种程度上具有外向性及内敛性两种风格。另外，历史制度主义的突出特点表现为关切重要后果的结构条件与历史过程的时间序列，并对现代国家兴起与发展、国际体系演变、资本主义多样性、政治发展模式、长期经济政策、社会组织与社会行动等多项议题展示出分析能力。③

其次，理性选择制度主义是理性选择理论同制度分析相融合的结果，致力于为理性个体的离散行动提供组织背景与结构要素，并继承行为主义政治学与公共选择理论的科学化抱负，构成了当代实证政治理论的主体。谢普斯勒在反思理性选择制度主义的发展历程时指出，该流派向政治学提供了微观分析基础与重视均衡的研究模型，由于擅长演绎方法并注重假设检验而提高了政治学的科学化水平。④ 理性选择制度主义在现实研究中对政治联盟的形成机制做出说明，并着重分析个人或集体偏好如何受到制度的制约而发生转化。⑤ 理性选择制度主义不仅关注微观层面，在结构化的理性决策研究中还论证了个体理性选择与效用算计

---

① 〔美〕乔尔·拉斯特、滕白莹：《为什么历史（仍然）重要——城市政治分析中的时间和时间性》，《比较政治学研究》，2017 年第 1 期，第 52 页，中央编译出版社，2017 年版。

② David Brian Robertson，"The Return to History and the New Institutionalism in American Political Science"，*Social Science History*，Vol. 17，No. 1，1993，pp. 1 – 36.

③ Orfeo Fioretos，Tulia G. Falleti and Adam Sheingate，*The Oxford Handbook of Historical Institutionalism*，Oxford：Oxford University Press，2016，pp. 1 – 2.

④ R. A. W. Rhodes，Sarah A. Binder and Bert A. Rockman，*The Oxford Handbook of Political Institutions*，p. 23.

⑤ Ira Katznelson and Barry R. Weingast，*Preferences and Situations：Points of Intersection between Historical and Rational Choice Institutionalism*，New York：Russell Sage Foundation，2005，pp. 4 – 5.

能够影响经济社会系统的较高层次。① 针对来自历史制度主义的攻讦，同时为了弥补自身解释能力的不足，理性选择制度主义主动放宽了理性人假设，通过历史案例梳理与路径依赖分析而借鉴新政治经济学与宪政经济学的成果。② 此外，理性选择制度主义也积极吸纳行为经济学与认知心理学的前沿成果，关注认知及情感因素对理性产生影响的方式及程度。③

最后，社会学制度主义在霍尔与泰勒的三分法中，主要指源自组织研究特别是以迈耶为代表的斯坦福社会学派所拓展的制度主义路径。包括历史制度主义与国际关系建构主义在内的政治学者将社会学的组织理论及制度分析纳入视野，一方面反映了历史社会学及新国家主义早期阶段不愿将观念及认知等文化要素作为制度的构成内容，另一方面也表明政治学者无法忽视社会学制度研究的重要意义和参考价值。例如，芬尼莫尔（Martha Finnemore）就曾提出应借鉴社会学制度学派在规范分析和文化分析方面的成果，从而为世界政治研究提供有益思路，但她同时强调社会学对制度的界定不同于理性选择制度主义与历史制度主义。④ 对于政治学的新制度主义来说，社会学制度主义的研究特色是关切文化要素对组织形式及功能的影响，以及组织中的行动者在制度背景下的行为逻辑，它更多从适宜逻辑而不是后果逻辑角度探讨规范体系、意义结构、认知模板所发挥的引导性和约束性作用。⑤ 总体而言，社会学制度主义因其起源学科所蕴含的丰富资源，以及强调政治生活中象征性与规范性秩序而对政治学具有重要启发意义。

---

① Patrick Baert and Filipe Carreira da Silva, *Social Theory in the Twentieth Century and Beyond*, Cambridge: Polity Press, 2010, p. 143.

② R. A. W. Rhodes, Sarah A. Binder and Bert A. Rockman, *The Oxford Handbook of Political Institutions*, pp. 33 – 34.

③ Ira Katznelson and Helen V. Milner, eds., *Political Science: State of the Discipline*, New York: W. W. Norton Company, 2002, p. 692.

④ Martha Finnemore, "Norms, Culture, and World Politics: Insights from Sociology's Institutionalism", *International Organization*, Vol. 50, No. 2, 1996, pp. 325 – 347.

⑤ Vivien A. Schmidt, "Taking Ideas and Discourse Seriously: Explaining Change through Discursive Institutionalism as the Fourth New Institutionalism", *European Political Science Review*, Vol. 2, No. 1, 2010, pp. 1 – 25.

（三）　新制度主义政治学的本体性与内生变迁议题

国内制度理论学者在探讨历史制度主义的内在冲突与融合可能时，认为"从本体论的角度讲，国家回归以结构主义为本体论，行动者回归以理性主义为本体论，理念回归以文化主义为本体论，资本主义回归是以现实主义为本体论。在结构主义、理性主义和文化主义的融合中，历史制度主义走在了前面，制度方法提供了结构和历史的逻辑机制，理念、利益和制度的内部关系形成了制度变迁的动力内核"。[①] 实际上，不仅历史制度主义面临这一问题，新制度主义政治学早期阶段在制度分析的本体性与制度变迁的内生性方面就遭遇了棘手难题。斯考切波在同理性选择制度主义学者的对话中建议，历史制度主义应致力于将理性选择理论与历史文化取向的诠释路径予以结合，促进两个流派实现相互补充。[②] 西伦（Kathleen Thelen）与斯坦默（Sven Steinmo）也强调制度研究应关注结构与能动的关联，行动者在发挥能动影响的同时还受到时间过程约束，理性选择制度主义与历史制度主义分别强调不同理论前提和研究假设。[③] 霍尔与泰勒在论述流派三分法的依据时指出，历史制度主义在个体受到制度影响的问题上同时坚持诠释性与算计性分析两种向度，这使其区别于社会学制度主义和理性选择制度主义，而且认为三大流派之间存在对话与融合的潜在可能，历史制度主义能够起到桥梁和纽带的作用。[④] 与之不同，海伊（Colin Hay）与文科特（Daniel Wincott）较早对三分法予以批判，他们认为社会学制度主义与理性选择制度主义各自坚持文化途径和计算途径，分别侧重两种差异极大且难以逾越的社会本体性基础。对于历史制度主义而言，在本体性问题上的骑墙立场使

[①] 段宇波：《历史制度主义制度变迁理论的逻辑冲突与融合》，《比较政治学研究》，2016 年第 2 辑，第 60～61 页，学林出版社，2016 年版。

[②] Theda Skocpol, "Why I Am an Historical Institutionalist", *Polity*, Vol. 28, No. 1, 1995, pp. 103 – 106.

[③] Sven Steinmo, Kathleen Thelen and Frank Longstreth, *Structuring Politics: Historical Institutionalism in Comparative Politics*, pp. 7 – 10.

[④] Peter A. Hall and C. R. Taylor, "Political Science and the Three New Institutionalisms", *Political Studies*, Vol. 44, No. 4, 1996, pp. 936 – 957.

其陷于结构主义困境而难以自拔，接纳理性选择理论的方法论个体主义则会造成当前身份认同的丧失。针对这一难题，海伊与文科特指出制度研究应打破结构与能动的二元论，从结构与能动的关联角度为历史制度主义赋予本体性根基。① 海伊于 2006 年论述了新制度主义政治学应接纳建构制度主义为最新成员，提出历史制度主义尽管吸纳理性选择制度主义的算计途径以消解文化途径所遭受的批评，但并没有因为寻求微观基础而改变自身在结构与能动关系问题上的进退失据。②

新制度主义政治学在本体性基础上的困境也反映在制度变迁研究方面。正如坎贝尔指出的，制度研究"过度强调制度结构的重要性，而没能指出这些制度结构影响行动者的机制，并因此忽视了行动者及其能动性是制度变迁过程中的重要因素"。③ 新制度主义各流派更多强调结构因素与历史进程的塑造性及约束性影响，在分析变迁时倾向于从制度之外探寻根源，因此难以有效提出制度变迁的内生解释逻辑。④ 以历史制度主义为例，"它把制度看作具有规则属性的常规化实践，注重制度对人类行动和相关结果的塑造方式，尽管也尝试采取过程追踪方法和其他复杂概念描述渐进变迁，但由于过多关注路径依赖中的关键节点和意外后果而染上历史决定论的色彩"。⑤ 基于这种情况，海伊、布莱斯（Mark Blyth）、坎贝尔、施密特（Vivien Schmidt）等从事比较政治经济学研究并大致可归入历史制度主义流派的学者，进一步关注社会结构及制度背景下的行动者如何运用观念与话语对利益和意义做出阐释。他们认为行动者头脑中的观念及认知因素，同外在的制度及结构因素具有相等的重要性，人们的偏好及动机并不是对社会环境与物质世界的简单反

① Colin Hay and Daniel Wincott, "Structure, Agency and Historical Institutionalism", *Political Studies*, Vol. 46, No. 5, 1998, pp. 951 – 957.
② R. A. W. Rhodes, Sarah A. Binder and Bert A. Rockman, *The Oxford Handbook of Political Institutions*, p. 63.
③ 〔美〕约翰·坎贝尔：《制度变迁与全球化》，姚伟译，第 21 页，上海人民出版社，2010 年版。
④ Robert C. Lieberman, "Ideas, Institutions, and Political Order: Explaining Political Change", *American Political Science Review*, Vol. 96, No. 4, 2002, pp. 697 – 712.
⑤ 马雪松：《观念、话语、修辞——政治科学中建构制度主义的三重取向》，《湖北社会科学》，2017 年第 6 期，第 33 页。

映，而是对利益与意义的识别和加工。通过强调观念在内生变迁解释上的关键角色，可以认识到变迁发生于行动者与自身背景的关系中，人们的策略行动同背景因素的交互作用构成了变迁的前提条件，制度正是在这种意向后果或无意后果的展开中发生变迁的。①

（四）建构制度主义流派的兴起

政治学中建构主义路径的确立以及它被应用于制度研究的历程，要比建构制度主义被接纳为新制度主义政治学的最新流派更为久远。比较政治经济学与美国政治研究中的新国家主义在 20 世纪 70 年代和 80 年代崭露头角并扩大影响，该流派内部的政治学者克拉斯纳对国家的理解逐渐区别于韦伯主义的立场并拒绝接受辛策（Otto Hintze）的界定，其致力于将韦伯的国家概念从韦伯主义中解放出来。克拉斯纳重视观念因素以及对国家利益施加影响的因素，并同鲁杰（John Ruggie）一道推进了国际机制与国际制度研究的兴起及发展，最终于 90 年代形成了国际关系的建构主义流派。

如前所述，伴随社会科学诠释主义传统的复兴以及社会心理学、知识社会学、文化社会学、分析哲学、认知科学成果对政治学影响加深，新制度主义政治学三个流派在本体性基础与内生变迁议题上的困境，促使部分学者愈益重视国际关系建构主义，并对理性行动与因果关联问题加以反思。新制度主义学者"围绕社会历史中的文化现实和意义关联进行探索，揭示了观念认知、价值规范、利益偏好、身份认同的社会建构性质，主张建构性相较因果性而言所具有的重要地位"。② 政治学者利瑟（Thomas Risse）在 2002 年发表的《建构主义与国际制度的范式汇合》一文中提出了建构制度主义范畴，他指出建构主义的适宜逻辑强调规则体系与文化脚本对行为的约束，论述逻辑则强调协商活动与沟通活

---

① R. A. W. Rhodes, Sarah A. Binder and Bert A. Rockman, *The Oxford Handbook of Political Institutions*, p. 63.
② 马雪松：《观念、话语、修辞——政治科学中建构制度主义的三重取向》，《湖北社会科学》，2017 年第 6 期，第 31~32 页。

动的作用。① 海伊在批判流派三分法之后，于 2001 年提出并探讨了观念制度主义的含义及特点。② 海伊在《牛津政治制度手册》中对建构制度主义的系统阐述，以及施密特围绕话语制度主义所发表的成果提升了这一流派的知名度，彼得斯也于 2011 年将建构制度主义与话语制度主义增补进《政治科学中的制度理论——新制度主义》一书的修订版。

如表 1 所示，建构制度主义作为加入新制度主义政治学的最新成员，在多个方面区别于此前三个主要流派，并缓和了新制度主义研究的社会本体性冲突问题。建构制度主义强调论述逻辑与沟通能力并关注观念、话语、修辞等分析路径，同时在内生制度变迁、利益的观念建构、危机时刻的不确定性、行动者在公共领域运用话语的能力、制度演化的语言分析方面取得了实质性进展。总体而言，建构制度主义的兴起以及同其他流派展开的竞争性对话，"反映了政治科学吸收社会学、语言学前沿成果并将观念和话语分析内化为自身组成部分"，其中的观念分析"揭示出观念所能发挥的效果取决于它同适宜情境的配合，政治观念通过恰当表述而具有说服力"，话语分析则"在现实方面综合了众多侧重观念和话语的公共政策分析，在理论方面为新制度主义政治学增添了沟通逻辑并致力于融合其他流派中的话语分析路径"。③

表 1　政治科学中新制度主义四种流派的差异

	理性选择制度主义	历史制度主义	社会学制度主义	建构制度主义
理论路径	具体情境下的理论建模；适于简约分析	基于历史或制度对能动性予以情境化；路径依赖逻辑	基于文化或制度对能动性予以情境化；制度化背景下的适宜逻辑	制度变迁的关键时刻与现存复杂制度变迁的条件

① Ira Katznelson and Helen V. Milner, *Political Science*：*State of the Discipline*, New York：W. W. Norton Company, 2002, p. 597.

② John L. Campbell and Ove K. Pedersen, *The Rise of Neoliberalism and Institutional Analysis*, Princeton：Princeton University Press, 2001, p. 193.

③ 马雪松：《新制度主义政治学的流派演进与发展反思》，《理论探索》，2017 年第 3 期，第 93 页。

续表

	理性选择制度主义	历史制度主义	社会学制度主义	建构制度主义
理论假定	算计途径：工具性的理性行动者	文化逻辑与算计逻辑相复合的行动者	文化途径：遵循规范与习俗的行动者	策略性与社会性的行动者，表现多样的行为方式
分析路径	演绎	演绎、归纳	演绎、归纳	演绎、归纳
方法	数学建模	理论指导；历史性；叙述性	通常为统计性；有时为叙述性	理论指导的过程追踪；话语分析
制度概念	社会中的博弈规则	正式或非正式程序、惯例、规范与习俗	文化习俗，规范，认知框架	观念连同由其支撑的实践的编码系统
制度变迁	1. 关注制度的（积极）功能；2. 关注理性的制度设计	1. 关注制度创设中对后续演化施加的路径作用；2. 关注断续均衡却很少强调制度形成以后的制度变迁	1. 关注制度创设中既有制度模板的扩散作用；2. 关注制度化与相关适宜逻辑的均衡化效应	1. 关注政治机会结构的社会建构性质；2. 关注制度创设与制度形成以后的制度变迁；3. 关注制度变迁的观念前提
核心命题	有限理性	路径依赖	制度模板的扩散	危机的话语建构；政策范式得以常态化的制度化进程
弱点	功能主义；静态	过于静态	过于静态	不清楚利益与观念体系的起源；不清楚物质与观念因素的相对重要性
	理性选择制度主义、历史制度主义、社会学制度主义均偏重于关注制度创设的时刻，也就是关注制度生成而非随后的发展			

注：绘制时稍有调整。

资料来源：R. A. W. Rhodes, Sarah A. Binder and Bert A. Rockman, *The Oxford Handbook of Political Institutions*, Oxford：Oxford University Press, 2006, pp. 58 – 59。

五　新制度主义政治学的整体审视及发展前景

对于本文来说，考察经济学、社会学与政治学中新旧制度主义研究路径的演变历程，以及新制度主义四个主要流派在政治科学中的确立过程，可以就新制度主义政治学的理论建构与方法更新进行跟踪及评价，并对其发展前景做出整体把握。

（一）社会科学视野中的新制度主义政治学

从社会科学整体演进与板块运动的视角来看，新制度主义政治学的兴起和演进反映了不同学科之间的分化重组以及边缘领域合并为新的研究路径的趋势，这实际上符合法国政治学家与社会学家杜甘（Mattei Dogan）强调的社会科学中专门领域的碎片化与通过杂交形成的专业化。他认为，"杂交形成的专门知识并不必然处在两个主权独立的学科中间，它也许是某一学科的某一部门进入另一学科的某一部门的一块飞地，它们将两个有明确界限而不是两个整体学科联合起来"。[①] 新制度主义政治学阵营当中至少包含四个流派，这些流派在制度概念及特征、制度功能及作用方式、制度变迁类型及机制等议题上存在分歧，甚至在制度研究的本体性基础与方法论倾向上也彼此竞争，然而它们都积极借鉴其他学科与领域的成果并展开相互对话。新制度主义政治学较早期阶段而言，内部流派进一步细分，而且在文化转向、观念转向、认知转向、语言转向方面越来越受到社会科学整体演进背景的影响，其形态与格局虽然处于变动之中，但碎片化的演化轨迹确实为制度研究的专门化知识发展提供了动力。

从社会科学发展趋势与内在分化角度来看，新制度主义政治学正如艾德考克等学者指出的，其各个流派并未超越现代主义基石上的经验主义与新实证主义。20世纪50年代和60年代处于全盛期的行为主义运动在社会学、经济学、政治学当中均占据优势地位，不同学科的新制度主义正是在此背景下产生并发展的，但是对于政治学来说携有科学化抱负的后行为主义阶段仍然十分漫长，"对当今的行为主义者来说，社会科学研究的主要目的是解释在个体与群体层次上的行为"，"深深嵌入到行为主义者解释理念中的东西，是因果关系的观念"，这实际上也是行

---

① 〔法〕马太·杜甘：《国家的比较——为什么比较，如何比较，拿什么比较》，第73页。

为主义留给经验研究的巨大遗产。① 道丁（Keith Dowding）等政治学者也探讨了行为主义、理性选择理论与新制度主义相互兼容的必要性和可能性。② 就新制度主义政治学与经验主义及新实证主义的关系而言，需要注意两方面问题。其一是新制度主义同社会科学中更为广泛的制度研究传统的联系。罗德斯（R. A. W. Rhodes）提出制度研究不仅包括现代主义或经验主义传统，还包括正式的或法律的传统、观念主义传统以及社会主义传统，新制度主义只有顾及多样化的制度研究传统，才不至于在英美政治学路径中陷于狭隘境地。③ 其二是社会科学的现代主义与后现代主义的分野。施密特主张话语制度主义应避免滑入后现代主义或相对主义的本体性与认识性误区。④ 与之类似，鲁杰认为自己的建构主义流派与哈斯（Ernst Hass）、克拉托赫维尔（Friedrich Kratochwil）、芬尼莫尔、卡岑斯坦（Peter Katzenstein）等人同属现代主义阵营，同福柯（Michel Foucault）与德里达（Jacques Derrida）等后现代主义思潮并无关联。⑤ 对于新制度主义政治学特别是其中的建构制度主义来说，今后在更多借鉴语言学与认知科学成果的过程中对此同样需要有清晰认识。

从社会科学现实主义、实证主义及个体主义取向的研究背景来看，当前新制度主义政治学主要派别进一步跨越经济学、社会学与政治学的学科边界，更大程度上同社会科学的内在问题发生联系。具体而言，新制度主义并未像早期阶段的理性选择制度主义与历史制度主义那样致力于建构统一性理论，或试图探寻不同流派之间的沟通和整合机制，正如历史制度主义学者罗思坦（Bo Rothstein）所言，"经验研究的大多数学

① 〔美〕大卫·马什、格里·斯托克主编：《政治科学的理论与方法》，景跃进等译，第 32 页，中国人民大学出版社，2013 年版。

② Keith Dowding, "The Compatibility of Behaviouralism, Rational Choice and New Institutionalism", *Journal of Theoretical Politics*, Vol. 6, No. 1, 1994, pp. 105 – 107.

③ R. A. W. Rhodes, Sarah A. Binder and Bert A. Rockman, *The Oxford Handbook of Political Institutions*, p. 90.

④ Vivien A. Schmidt, "Discursive Institutionalism: The Explanatory Power of Ideas and Discourse", *Annual Review of Political Science*, Vol. 11, 2008, pp. 303 – 326.

⑤ John G. Ruggie, *Constructing the World Polity: Essays on International Institutionalization*, London: Routledge, 1998, pp. 35 – 36.

者很少提出一般性问题，相反他们更愿意使用那些在不同项目实施过程中产生的鲜见理论性却更具细节性的案例"。① 历史制度主义的观念转向特别是建构制度主义的兴起，在解释与诠释的张力之间确立了稳定的生长点，建构性突出了观念与话语因素对于利益界定、沟通协调以及内生变迁的关键作用，一定程度上淡化了实证主义因果逻辑的色彩。新制度主义政治学强调政治生活中的组织因素并更多关注结构与秩序的重要作用，而建构主义成果令新制度主义学者意识到结构与秩序同样包括观念等心理认知因素，由其支撑起来的意义语境与规范体系尽管不是客观性与物质性的结构，却是由众多行动者心态活动所形成的结构，它对方法论个体主义与理性行动假设均发起了挑战。

（二）新制度主义政治学的理论建构与方法更新

新制度主义政治学反映了制度学者对政治及相关问题所进行的理论阐释与方法应用。有限篇幅难以详尽涵括新制度主义政治学理论建构与方法更新的全部内容，以下主要就内生制度变迁理论与分析性叙述方法、比较历史分析方法、修辞制度分析方法集中做出探讨。

针对新制度主义政治学的内生制度变迁问题，研究者发现从结构约束角度难以对变迁做出内生性解释，路径依赖与断续均衡理论、结构诱致均衡理论能够较好地解释制度形成及其功能发挥，却短于解释制度形成后的调适与演进，在解释制度变迁时往往从制度外部寻找根源。新制度主义政治学四个主要流派围绕制度内生变迁问题，均做出了有益探索。

其一，理性选择制度主义学者格雷夫（Avner Greif）与赖汀（David Laitin）将博弈均衡分析运用于历史进程研究，从制度的自我实施机制考察变迁的内生根源，丰富了关于路径依赖机理的认识。格雷夫与赖汀在历史过程分析中纳入了制度强化与准参数这两个操作性概念，指出

---

① 〔瑞〕博·罗思坦：《正义的制度——全民福利国家的道德和政治逻辑》，靳继东、丁浩译，第 7 页，中国人民大学出版社，2017 年版。

短时段中对制度施加影响的某一类参数，从长时段来看受到制度的深远影响，因此准参数的值域发生变化时意味着制度维系或变迁的状况也随之调整，制度变迁在这个意义上是自我实施的结果。[1]

其二，历史制度主义学者西伦与斯特雷克（Wolfgang Streeck）提出渐进变迁包括替代、层叠、漂移、转换与枯竭这五种主要类型。[2] 此后，如图 2 所示，西伦在《牛津比较制度分析手册》中根据政治背景与目标制度的相互作用将其提炼为四种变迁类型。[3] 但这一划分法仅是基于历史进程所得出的渐进变迁类型，并未对制度变迁本身做出深入理论解释。[4]

其三，社会学制度主义学者坎贝尔将制度变迁区分为重组与转化两种类型，前者涉及行动者对已存在的制度原则和实践做法予以利用或创新，后者指"通过扩散从外部获得并接受新要素，与本地继承的过往要素予以组合"，在此基础上他从观念的双重维度，亦即认知性和规范性维度与程式、范式、框架和公共情感维度，探讨了观念类型对政策制定的影响，尝试揭示观念在制度变迁中的内生机制。[5]

其四，建构制度主义学者海伊与布莱斯等论述了偏好与动机是行动者运用观念性及规范性因素建构而成的，利益并不具有物质性和客观性，也无法从制度的外在环境中确知行动者的偏好汇聚情况与行为倾向，在此意义上观念构成了制度的基础并使其形成路径依赖，并在制度变迁中发挥内生作用。[6]

[1] Avner Greif and David Laitin, "A Theory of Endogenous Institutional Change", *American Political Science Review*, Vol. 98, No. 4, 2004, pp. 633 – 652.

[2] Wolfgang Streeck and Kathleen Thelen, *Beyond Continuity: Institutional Change in Advanced Political Economies*, Oxford: Oxford University Press, 2005, pp. 30 – 31.

[3] Glenn Morgan, John L. Campbell, Colin Crouch, Ove Kaj Pedersen and Richard Whitley, *The Oxford Handbook of Comparative Institutional Analysis*, p. 56.

[4] Donatella Della Porta and Michael Keating, *Approaches and Methodologies in The Social Science: A Pluralist Perspective*, Cambridge: Cambridge University Press, 2008, p. 130.

[5] 〔美〕约翰·坎贝尔：《制度变迁与全球化》，第 78 页。

[6] R. A. W. Rhodes, Sarah A. Binder and Bert A. Rockman, *The Oxford Handbook of Political Institutions*, pp. 63 – 64.

表 2　制度变迁的背景性与制度性根源

		目标制度的特征	
		较低水平的解释能力与实施能力	较高水平的解释能力与实施能力
政治背景的特征	予以否定的较强可能性	层叠	漂移
	予以否定的较弱可能性	替代	转换

资料来源：Glenn Morgan, John L. Campbell, Colin Crouch, Ove Kaj Pedersen and Richard Whitley, *The Oxford Handbook of Comparative Institutional Analysis*, Oxford：Oxford University Press, 2010, p. 56。

　　新制度主义政治学的方法更新问题，可从分析性叙述、比较历史分析、修辞制度分析三个方面进行简略介绍。

　　首先，分析性叙述主要受诺思（Douglass North）经济史研究的启发，并由贝茨（Robert Bates）、温加斯特、格雷夫、列维（Margret Levi）等具有历史制度研究旨趣的理性选择制度主义学者加以应用。分析性叙述致力于兼顾跨学科研究中的实质问题与方法工具，注重运用理性选择理论特别是博弈论方法，从宏观维度探讨国际与国内政治的秩序和冲突起源问题以及国际与国内政治经济的交互作用问题。分析性叙述的方法论特色体现在，它容纳了经济学与政治学关注故事、解释与环境的分析工具，以及历史学注重推演过程与深入探讨的叙述方式，并将之结合起来对特定时期与特定环境的事件或案例展开深度分析。理性选择理论常常因缺少实际应用而引致批评，所以分析性叙述自我定位为由问题驱动而非由理论驱动，尝试深入案例的时空情境以探寻产生利益结果的相应过程。通过为新制度主义的结构分析与宏观分析提供互补性因素，分析性叙述"将产生结果的过程模型化，力图抓住故事的本质"。[①]

　　其次，比较历史分析作为社会科学中关注历史过程、时间序列、结构脉络与重大后果的学术传统，近年来得到复兴并取得长足进展，历史制度主义学者尤其做出了主要贡献。根据马洪尼（James Mahoney）与鲁施迈耶（Dietrich Rueschemeyer）的概述，社会科学中的比较历史分

①　〔美〕罗伯特·贝斯等：《分析性叙述》，熊美娟、李颖译，第 1 ~ 11 页，中国人民大学出版社，2008 年版。

析"关切因果分析，强调时间中的过程，运用系统化和脉络化比较方法，致力于对具有实质性重大意义的结果进行解释"。[1] 对于新制度主义政治学特别是历史制度主义而言，比较历史分析在消解渐进制度变迁中的历史决定论色彩方面功勋显著。举例来看，历史制度主义学者卡波齐亚（Giovanni Capoccia）应用比较历史分析方法并从权力运行的自我强化机制入手，对制度脉络中的行动者何时选择维系稳定状态或延续变迁状态予以细致分析。[2]

最后，修辞制度分析发端于组织社会学与社会心理学研究，并在阿维森（Mats Alvesson）的修辞组织理论中得到系统阐述与应用。[3] 修辞制度主义作为建构制度主义中最有潜力的发展取向，相较观念制度主义与话语制度主义而言更多受到当前语言学研究的影响，它主张政治生活中的人们所运用的修辞活动对制度具有建构性作用。这是因为行动者在语言环境下面对语言本身的偶发性及模糊性，可以通过修辞活动对其进行裁剪取舍并为行动赋予内涵不同的意义与程度各异的合法性。[4] 根据格林（Sandy Edward Green）与李媛对修辞制度主义的综述性介绍，这一研究路径分别质疑了结构取向与能动取向的制度主义，认为应从语言的修辞运用角度理解结构与能动的真实关联。"修辞制度主义试图保留制度变迁的内生解释途径，但不认为能动者有能力按照自己意图采取行动脱离内嵌约束并改变制度"，并在此基础上"从话语分析、比喻分析、叙事分析、框架分析角度论述了认知局限和说服活动如何让语言对

---

[1]　James Mahoney and Dietrich Rueschemeyer, *Comparative Historical Analysis in the Social Science*, Cambridge: Cambridge University Press, 2003, p. 6.

[2]　Giovanni Capoccia, "When Do Institutions Bite: Historical Institutionalism and the Politics of Institutional Change", *Comparative Political Studies*, Vol. 49, No. 8, 2016, pp. 1 – 33.

[3]　Mats Alvesson and Dan Karreman, "Taking the Linguistic Turn in Organizational Research: Challenges, Responses, Consequences", *The Journal of Applied Behavioral Science*, Vol. 36, No. 2, 2000, pp. 136 – 158.

[4]　Sandy Edward Green Jr and Yuan Li, "Rhetorical Institutionalism: Language, Agency, and Structure in Institutional Theory since Alvesson 1993", *Journal of Management Studies*, Vol. 48, No. 7, 2011, pp. 1662 – 1697.

行动产生约束性和使动性的效果"。① 表 3 通过对比结构制度主义、能动制度主义与修辞制度主义在研究导向、解释目的、行为动机等方面的差异，揭示了修辞制度主义对语言学工具的应用，而这在某种程度上也蕴含了新制度主义政治学今后可能的发展方向。

表 3 结构制度主义、能动制度主义、修辞制度主义

理论及经验导向	结构制度主义	能动制度主义	修辞制度主义
解释目的	同质性与秩序性：一致	异质性与变迁性：冲突	变迁性与秩序性：识别与区分
行为动机	行动者追求正当性，因而遵从规范与社会群体的压力	行动者追求机会，为实现其看重的价值而可能同制度安排发生冲突	行动者追求意义，在问题丛生的世界中优化配置其有限的认知性及关注力资源
语言与意义的概念	动机的语义性、内涵性与反思性——强调社会结构、社会关系、社会实体中的意义如何被反思和呈现	动机的语用性、外延性与建构性——强调社会结构、社会关系、社会实体中的意义如何被制定和建构	动机的语用性与语义性以及反思性与建构性——强调社会结构、社会关系、社会实体如何同意义彼此缠结
经验焦点	制度后果：社会关系、网络与物质资源对组织实践及样式扩散的塑造方式	制度过程：社会技能与资源（诸如社会地位、语言与身份）对制度化过程与变迁的塑造方式	符号行动转换为动机以及动机转换为符号行动：说服活动以及被广为接受的建构与解构的循环

资料来源：Sandy Edward Green Jr and Yuan Li, "Rhetorical Institutionalism: Language, Agency, and Structure in Institutional Theory since Alvesson 1993", *Journal of Management Studies*, Vol. 48, No. 7, 2011, p. 1668。

（三）新制度主义政治学的发展前景

新制度主义政治学早期发展阶段的很多学者对于各流派的对话交流乃至相互综合怀有信心，但是他们同时清楚看到这一研究领域存在众多研究路径、理论观点与分析工具，更不乏争议与难解之题。彼得斯在其

---

① 马雪松：《观念、话语、修辞——政治科学中建构制度主义的三重取向》，《湖北社会科学》，2017 年第 6 期，第 37 页。

著作《政治科学中的制度理论——新制度主义》的各个版本中均保留了近似的结论部分，他用发人深省的话语指出，"制度的不同路径尽管存在或微妙或显著的差异，但的确可能存在某种理解政治与社会生活的根本视角，不同的路径正是这一视角的诸多变体；制度理论的主干究竟是像埃尔加谜之变奏曲那样，由各异的变奏作为基本主题的辐辏，还是仅仅像独奏乐章那样虽富于趣味却无关主旨"。[1] 与之相似的是，斯科特在其著作《制度与组织——观念、利益与认同》的各个版本中也有大致不变的结论部分，他同样运用比喻的方式劝诫人们将制度看作一把双刃剑，因为它能够发挥使动与限制这两种作用。[2]

　　从社会科学发展演进的多重背景与各分支学科的板块运动的角度审视政治科学中的新制度主义，有助于我们更好理解彼得斯与斯科特对制度研究及制度功能的认识，并在此基础上适当予以引申。这就是，对于制度研究及制度功能的认识而言，应在人类知识领域的持续张力中求同存异，应在社会科学视域下关注分析层次、研究途径及理论取向的多元性与动态性，应在多学科发展进程中为制度研究不断汲取养分，应在客观世界的结构性与心态活动的建构性背景下保持等量齐观。就这个意义来看，新制度主义政治学的发展前景蕴含在它的产生历程与演进轨迹当中，并处于社会科学整体变迁与多学科交融贯通的背景和脉络之下。如果同样以比喻的方式概括新制度主义政治学的发展前景，那么政治学中的新制度主义应该是一首乐章，由参差错落的乐符与千汇万状的技法奏出和弦；新制度主义应该是一幅画卷，由浓淡墨色与轻重画笔呈现真实的景物与作者的思绪；新制度主义还应该是一册地图，由大小不一的比例尺与详略有别的经纬线契合不同的分析层次和观察角度。

---

[1]　B. Guy Peters, *Institutional Theory in Political Science: The New Institutionalism*, p. 174.

[2]　W. Richard Scott, *Institutions and Organizations: Ideas, Interests, and Identities*, p. 273.

比较政治学研究　2018 年第 1 辑　总第 14 辑
第 037~055 页

宏观与微观的融合：比较政治学研究路径的逻辑调适与演化[*]

邢瑞磊[**]

内容摘要　现代比较政治研究以世界各国实现现代性的途径为问题核心，通过比较方法在"共时性"因果分析与"历时性"次序组合之间取得平衡结果，寻找与价值关联相一致的发展之路。在这个研究逻辑的推动下，比较政治学理论研究具有了同社会科学研究一致的知识背景和问题基础。相应地，比较政治理论研究围绕着确立现代性的核心问题，加强了微观个体行为与宏观历史结构之间的联系，出现了宏观与微观理论取向的融合态势。现代比较政治学的逻辑演化有助于中国比较政治研究定位核心研究问题，并为立基于中国经验，确立有中国特色的发展道路的理论探索提供支持。

关键词　现代性；宏观结构；微观选择

21 世纪以降，中国的比较政治研究进入了方兴未艾和快速发展的阶段。比较政治学的发展与中国自身的经济和政治成就密不可分。在经济发展领域，改革开放以来中国经济发展模式的突出表现不仅撼动了国际机构对经济发展与治理的话语权，也让许多发展中国家开始关注中国

---

* 本文系国家社科青年基金"比较政治学理性选择理论追踪研究"（12CZZ006）的阶段性成果；武汉大学自主科研项目（人文社会科学）研究成果，得到"中央高校基本科研业务费专项资金"资助。

** 邢瑞磊，武汉大学政治与公共管理学院副教授，武汉大学经济外交研究中心研究员。

的发展经验，重新思考社会秩序、公平正义、市场效率和可持续性发展之间的关系。在这些方面，中国的发展经验都有积极的借鉴意义。同样，在政治发展领域，中国政治发展在引导社会选择的平衡程序、能力和结果三个方面有着较为突出的表现，是在西方国家的代议民主制经验之外，获取"政治正当性"的另一条选择。毋庸置疑，中国在政治经济领域的表现让中国学者在从事比较研究时更具"经验自信"。基于"经验自信"和"制度自信"推动的"知识自信"就成为中国比较政治学乃至整个社会科学学界开展理论创新的重要动力。

对中国比较政治研究而言，在掌握本土政治经济发展经验材料，展开比较政治研究的同时，显然应该具备相应的"理论自觉"、"方法论自觉"和"目的自觉"。大体而言，从"理论自觉"的角度看，中国的比较政治研究需要建立具有中国本土经验，确立可以解释中国特色现代发展道路的理论框架，[1] 思考现有比较政治理论在中国场景的适用性问题。[2] "方法论自觉"则推动我们了解比较研究由对单一国家的描述性研究向多个国家横向比较的发展历程，[3] 掌握比较研究由确定性的单方解释到概论性多因分析的转变趋势，[4] 同时平衡定性研究与定量研究的关系，探讨比较方法与理论研究的内在关联。[5] 在"目的自觉"方面，我们需要明白比较研究旨在避免"种族中心主义"或"例外论"的双重陷阱，结合中国历史文化和世界其他各国确立以工业化、世俗化、理性化、民族国家和监督体系五个维度为内涵的现代社会转型经验，形成有关人类社会发展和转型规律的经验总结，为推动人类进步做出中国的

---

[1] 李路曲、杜雁军：《比较政治研究中三大范式的兼容趋势评析》，《天津社会科学》，2014 年第 6 期。

[2] 李慎明、王缉思、徐湘林等：《理论自觉与中国比较政治学的发展》，《国际政治研究》，2013 年第 1 期。

[3] 李路曲：《从对单一国家研究到多国比较研究》，《政治学研究》，2009 年第 6 期。

[4] 高奇琦：《从单因解释到多因分析：比较方法的研究转向》，《政治学研究》，2014 年第 3 期。

[5] 李辉、熊易寒、唐世平：《中国需要真正的比较政治研究》，《中国社会科学报》，2011 年 10 月 21 日；《中国的比较政治学研究：缺憾和可能的突破》，《经济社会体制比较》，2013 年第 1 期，第 146 页。

知识贡献。① 显然，就中国比较政治学的研究现状而言，上述三个"自觉"仍是当前需要深入思考与辩证的重要问题，也是决定中国比较政治学研究能否产生持续性学术成果的关键。

在这三个"自觉"中，"理论自觉"具有特殊的地位，这是因为理论不仅决定研究方法的选择，还在某种程度上影响研究结论与价值导向。本文拟就比较政治学的"理论自觉"维度进行深入分析，尝试剖析目前比较政治学结构主义、文化主义和理性主义三大理论范式的内在逻辑，探讨在确立现代性道路这个核心问题的引导下，比较政治学"三大理论范式"融合的必然性，希望能为中国比较政治理论研究提供些许参考。

一 历史社会学：比较政治研究的宏观路径

长期以来，比较政治都是以国家或政体为研究主体，旨在通过比较人类历史上的政治制度形式，探讨良善的政治生活与制度安排。彼得斯把这种研究路径称为旧制度主义，其主要研究思路是法律主义、结构主义、整体主义、历史主义和规范分析，② 在西方国家的立法、司法和行政机构之间从事静态的比较分析。第二次世界大战结束之后至 20 世纪中期，比较政治学在研究领域和理论建构两个维度都出现了重大转变，突破了旧制度主义时期正式政治制度静态比较的范围，走向了以现代化和发展主义为核心议题的时期。

现代化和发展主义路径的兴起可以从经验现象变化与理论发展两个方面找到原因。从经验现象上看，二战结束之后，世界政治经济秩序正在酝酿重大的结构性变化，尤其是在第三世界国家兴起了抗拒欧美国家在政治、经济与文化领域殖民主义的反殖民独立运动。第三世界国家通过民族主义和社会革命的方式获得独立地位。在独立之后，这些新兴国

---

① 〔法〕马太·杜甘：《国家的比较：为什么比较，如何比较，拿什么比较》，文强译，第 7~26 页，社会科学文献出版社，2010 年版。
② 〔美〕B. 盖伊·彼得斯：《政治科学中的制度理论："新制度主义"》，王向民、段红伟译，第 6~11 页，上海人民出版社，2011 年版。

家大都面临民族国家建设和工业化的任务。因而，发展中国家的民族主义、社会运动、现代化、政治发展乃至民主转型问题就成为当时比较政治研究的一个新领域。

从理论发展角度看，这段时期以美国为代表的政治学界出现了实证主义哲学思潮转型，以建立在现实政治活动的经验事实基础之上，探寻因果关系的"经验性"理论及政治科学研究，逐渐取代了传统的道德哲学和政治思想研究，成为政治学理论研究的主流。戴维·伊斯顿称之为"政治学的理论革命"，[①] 并伴随着"行为主义革命"共同改变了政治学理论研究的方法。在这种背景下，"发展主义"强调经济发展与政治发展紧密联系，通过经验研究和统计分析寻找工业化、现代化发展与政治民主化之间的联系，强调西方发展路径对发展中国家的示范作用。发展主义范式曾在七八十年代走向衰落，又因"第三波"民主化浪潮，在 90 年代重新回归。[②] 更重要的是，发展主义范式的兴起从研究议题、理论建构和研究方法上彻底改变了比较政治学的研究面貌。

在这段时期，"宏观历史社会学"或"比较历史分析"开始成为比较政治学的一种主流理论或研究方法。历史社会学方法建立在继承和批判帕森斯的结构功能理论基础之上，继承了阿尔蒙德的系统论观点，认为对于长波段的历史进程而言，诸多深层次结构的制约和影响尤为明显，特别是资本主义发展、现代化、民主化以及社会革命之类的重大历史事件，在社会转型过程中发挥着关键性作用。巴林顿·摩尔无疑是历史社会学最具影响力的代言人，也是历史社会学走向成熟的关键人物。在其代表作《民主与专制的社会起源》中，摩尔考察了世界多个国家的历史演变，着重分析了民主、法西斯和共产主义政体在工业化过程中，既有农业政体的不同互动方式，所引发的截然不同的政治轨迹。在这本书中，摩尔把阶级作为一个关键解释变量，认为阶级构成的变化和冲突，是历史事件背后的宏观结构原因。摩尔指出，贵族、资产阶级和

---

① David Easton, *Varieties of Political Theory*, Englewood Cliffs: Prentice-Hall, 1966, p. 2.

② 曾毅：《比较政治研究中的发展主义路径》，《社会科学研究》，2011 年第 1 期，第 18 页。

国家之间的冲突和调和结果，决定了"现代"政体的最终形式。同时，摩尔也重视行动者的历史能动性和对社会结构的反作用，[①] 认为在农业商品化和官僚制发展过程中，上层地主阶级和农民的不同反应及互动，是决定政治后果的关键因素。

历史社会学的兴起受到 20 世纪 30 ~ 70 年代初期在美国社会科学研究中占有支配地位的结构功能论的影响。在生物学和赫伯特·斯宾塞等早期社会有机体理论的影响下，结构功能论把社会与生物体进行类比，认为社会由互相关联的部分组成，是具有一定结构或组织化手段的系统，社会的各组成部分以有序的方式相互关联，并对社会整体发挥着必要的功能。在帕森斯的概念体系中，社会结构与社会制度是等同的。结构并非具有实体性的具体的社会组织，而是制约着特定类型角色互动的抽象规范模式。行动系统的基本制度化结构是由这个系统必须满足的功能需求所决定的。功能对维持社会均衡是适当的、有用的，是控制系统内结构与过程之运行的条件。然而，帕森斯的结构功能论未能给集体行动者留下空间，没有解释集体行动者核心价值的形成与变化，行动者反思自身角色及创造性改变游戏规则的能动性。[②] 因而，20 世纪 60 年代之后，结构功能论受到日渐猛烈的抨击，但帕森斯开创的成就仍然在很长一段时期内深刻影响着美国社会科学研究的思路。

20 世纪 70 年代以来，在结构功能论式微之后，结构主义开始呈现出多元发展态势。此时的"社会结构"更多指涉社会生活中可以觉察的形态，可以观察的规律以及可以辨识的格局。这个时期的结构主义的主要变化为：[③] 结构—能动与宏观—微观两对概念逐渐分离，不再完全重合；结构主义的分析起点不再必然是社会制度，出现了以个人行动出发解释社会制度的方法；结构主义社会学家开始建构中层理论，试图打

---

① 〔美〕巴林顿·摩尔：《民主与专制的社会起源》，拓夫、张东东等译，第 373 ~ 392 页，华夏出版社，1987 年版。

② Talcott Parsons, "Suggestions for a Sociological Approach to the Theory of Organizations- I ", *Administrative Science Quarterly*, vol. 1, no. 1, 1956, pp. 63 – 85.

③ 〔美〕查尔斯·蒂利：《为什么？》，李均鹏译，"代译序"，第 xx – xxi 页，北京时代华文书局，2014 年版。

通宏观与微观分析之间的鸿沟；强调社会结构对历史过程的影响具有或然性，必须伴以对历史过程的分析；社会结构概念开始向外部和内部两个方向同时深化。在方法论上，历史社会学继承了旧制度主义和马克思主义的"方法论整体主义"（Methodological Holism），把国家、社会、阶级、制度等整体作为分析的基本单元，试图通过整体研究来描述和解释历史结构对政治活动的宏观制约作用，力求在更大的区域和文化层面进行跨越国家、民族的比较研究。从国家之间扩展到更宏观的研究单位，以区域、市场、生产方式、多种资本主义间的关联以及其他的大型结构作为研究单位；同时，把研究对象扩展到世界体系的研究，分析在欧洲资本主义主导之下，世界经济体的历史实况，[1] 构成"大结构、大过程和大比较"的宏大研究图景。

总之，20 世纪 70 年代之前的宏观历史社会学，大体上在强调供个体思考、活动和选择的政治经济秩序和系统会对政治行动产生强大的制约作用，把人类的政治生活视为由政治过程、关系以及互动形式构成的宏观整体系统。从这个意义上讲，宏观历史社会学发展了政治系统理论与结构功能理论，也承继了政治系统理论与结构功能主义的理论缺陷，[2] 即：在系统分析中忽视了个人，尤其是把输入转化为输出，并加以执行的政治精英的重要作用。

二　理性选择：比较政治研究的微观路径

20 世纪 70 年代以来，主流的历史社会学研究路径日益受到挑战，在实践上，60 年代以来的大量经验研究和统计分析证明，工业化、现代化的发展与政治民主化之间并无明显的因果关系。许多发展中国家的实践表明，工业化和现代化的进展不仅没有如许多比较政治家预测得那样，成功推动政治民主化，反而导致了一些民主政体的崩溃。这些提醒

①　Charles Tilly, *Big Structures*, *Large Processes*, *Huge Comparisons*, New York：Russell Sage Foundation, 1984.

②　B. Guy Peters：《比较政治的理论与方法》，陈永芳译，第 119 页，韦伯文化国际出版公司，2005 年版。

我们民主转型过程远比想象的更为复杂，比较政治研究者开始批判反思这种宏观历史社会学路径的不足。与此同时，西方社会科学界出现了由宏观向微观的理论转向，以理性选择理论和博弈论等方法论的发展为基础，西方社会科学日益转向探寻个体和集体行动的微观机制，着重研究各种理性和非理性的偏好和选择机制对人类行动和互动的影响。以理性选择理论为代表的理论分析，始于个体层次，终于集体行动、选择与制度层次，假设行为体的目标为个人收益的最大化。

理性选择理论的学理基础借鉴自功利主义哲学，在功利主义看来，个人和群体（如，政府）的行为都在"效用最大化"原则指导下展开。在功利主义看来，社会理性/效用，亦即"共同体的幸福"就等于"大多数人最大幸福"的总和。[①] 功利主义的分析基础是"方法论的个体主义"（Methodological Individualism）。这种方法强调以幸福或利益为表现形式的社会理性乃是一个"虚构体"，其本质是个体理性、幸福或利益经过聚合过程而形成的加和函数（additive function）。

需要注意的是，现代主流经济学和一部分理性选择社会学与政治学，出于理论预测能力和简洁性考量，直接从动机和目的来描述人的选择行为，通常会把"效用最大化"原则指代"有目的的理性行动"，[②] 在此假定基础上继承方法论的个体主义方法。[③] 在理性选择理论看来，不存在一种代表整体概念的实体，可以把个体集合为整体意义上的"社会"，只有个体间的密集互动才造就了社会，而个体之间的这些互动，都是基于个体目标与利益最大化计算的"理性"行为。[④] 显然，理性选择采用的"方法论个体主义"与宏观历史社会学采用的"方法论整体

① 〔英〕边沁：《道德与立法原理导论》，时殷弘译，第58页，商务印书馆，2000年版。
② 何大安：《经济学世界中理性选择与非理性选择之融合——从质疑效用最大化角度对若干理论观点的理解》，《浙江学刊》，2007年第2期，第137页。
③ 〔美〕詹姆斯·科尔曼：《社会理论的基础》，邓方译，第23～24页，社会科学文献出版社，1999年版。
④ 黄凯南、程臻宇：《认知理性与个体主义方法论的发展》，《经济研究》，2008年第7期，第152～153页。

主义"是相对立的，并因此可能决定性影响两类研究的视角与结论。①

方法论整体主义	方法论个体主义
1. 社会乃是整体概念，大于个体之和（整体主义）；	1. 只有个体才有目标与利益（个体主义）；
2. 社会可以影响个体目标实现（集体主义）；	2. 在考虑情境的条件下，个体为实现目标体现出一种适当的行为方式（理性原则）；
3. 制度设置影响与制约个体行为（制度分析）	3. 制度设置会随个体行为而变化（制度变迁）

理性选择在西方社会科学中的繁盛，显然具有其内在文化与价值背景。自文艺复兴以来，在推动与发展个体主体性的自由主义思潮指导下，西方社会科学研究或多或少都会受到"方法论或本体论个体主义"的内在影响。这意味着，理性概念本身就带有特定的内涵，当使用在具有"集体主义"传统的国家中，容易遇到难以找到"微观基础"的现实困境。②

在研究过程中，理性选择大量运用数理方法和博弈论，追求理论解释的简洁性和精致性，从行为体固有的特征出发，强调行为体的理性属性会对互动结果产生直接影响。在"行为主义革命"期间，理性选择的研究逻辑主要继承了牛顿力学的科学观，即：从原子互动方式中归纳政治行为的规律。随后，理性选择开始致力于建立演绎理论，即：在归纳大量政治行为的基础上，提炼出具有普遍性的行为规律，进而可以借用博弈论等模型工具，实现理论推演乃至预测的目标。然而，问题在于，相比自然世界，影响"社会世界"的因素是复杂而多变的。研究者很难找到作为理论推演基础的"公理"，理性选择理论所依赖的"人皆是理性的"命题，却受困于理性概念的多元特性，③ 难以上升至"公理"层次。因此，在理性选择研究中经常会出现"理论驱动"而非

---

① Joseph Agassi, "Methodological Individualism", *The British Journal of Sociology*, Vol. 11, No. 3, 1960, pp. 244 – 270.

② 刘骥：《找到微观基础——公共选择理论的中国困境》，《开放时代》，2009 年第 1 期，第 103 ~ 104 页。

③ Milan Zafirovski, "What Is Rationality? Selected Conceptions from Social Theory", *Social Epistemology*, 2003, Vol. 17, pp. 13 – 44.

"问题驱动"的问题。[①] 尽管如此，理性选择理论还是广泛用于处理各类政治问题[②]——从投票行为到革命运动，从联盟到政治经济，从制度形成到国家建构乃至国际行为，逐渐成为西方社会科学研究的一种主导范式。

这种微观取向的理论转变对比较政治学研究带来的明显影响是，研究重心开始注重具体的历史情境下（微观），政治行动者可能选择的行动方式和策略，以及这些行动方式和策略在各方互动过程中产生的政治结果。在这种微观取向的角度看来，宏观历史社会学的缺陷在于具有较强的"决定论"色彩，似乎给定了社会经济发展的历史条件，个体和集体的行动都无法对结果产生明显改变。微观策略分析强调的是，不同的选择、不同的策略，会带来不同的政治结果，并实实在在影响事件发展和个体命运，从而影响社会历史发展本身。[③]

例如，在民主转型问题上，宏观取向突出了社会经济发展条件对民主转型发生的客观制约性，而微观取向则强调政治行为体的行动方式、策略选择与目标取向对民主转型的主观约束。换言之，微观取向在民主转型研究中侧重在政治冲突过程中，彼此冲突的政治行为体之间是否存在某种通过谈判谋求妥协的机制，如果出现这种机制，实现民主转型的可能性就较大。因为，在他们看来，民主政治与威权政治的根本区别在于，民主政治是以制度化的谈判妥协方式化解政治冲突。所谓的由威权向民主的转型过程就是在威权政体的组织化程度、核心利益方团结能力、民主势力实现联合的能力不尽相同的条件下，博弈双方建立谈判妥协机制，构成政治权力博弈平台，并最终制度化的过程。微观取向对宏观历史社会学的有力挑战是，这样一套以谈判妥协方式解决政治冲突的制度安排和社会心理机制，并非随社会经济发展自然而成的，而是在政

---

① 〔美〕格林·多纳多与沙皮罗·伊阿：《理性选择理论的病变：政治学应用批判》，徐湘林、袁瑞军译，"序言"，第 2 页，广西师范大学出版社，2004 年版。

② Gerardo L. Munck and Richard Snyder, "Debating the Direction of Comparative Politics: an Analysis of Leading Journals", *Comparative Political Studies*, January, 2007, pp. 5 – 31.

③ 邹谠：《二十世纪中国政治：从宏观历史与微观行动的角度看》，"序言"，第 xv 页，牛津大学出版社，1994 年版。

治博弈过程中不断学习和实践中逐渐培养起来的。

三　范式融合：比较政治多元路径的逻辑调适

20 世纪 60～80 年代，在比较政治学宏观历史社会学和理性选择理论彼此砥砺碰撞的同时，一股"文化转向"在整个西方社会科学界悄然兴起，深刻影响了比较政治学的研究议题和方法。在这段时期，受到人类学家格尔茨"深描"方法的影响，即深度的解释性行为解读方法，比较政治学的文化主义在本体论和方法论上开始带有鲜明的诠释主义特征。[①] 需要指出的是，比较政治学的文化主义有别于传统的文化诠释研究，而是以西方主流的现代化理论为基础，汲取了文化学和人类学的研究成果，试图把握人们对生活方式、意义系统以及价值观的不同理解，习惯在不同的社会和文化中进行实地观察和田野走访。

文化主义的分析重点是其所观察的政治现实的特殊性和代表性，其关注的问题涉及集体认同、社群传统、道德观念、政治文化以及意识形态。[②] 尤其是在阿尔蒙德、西德尼·维巴、哈里·艾克斯坦、罗纳德·英格尔哈特等人的推动下，政治文化概念逐渐明晰起来，成为比较政治研究的重要议题。文化主义的研究单元主要是受传统道德等文化因素影响的社群，定位在个体主义与国家主义之间，形成多样的亚体系和次体系单元分析层次，成为比较政治研究中沟通宏观取向与微观取向的重要理论流派。

20 世纪 80 年代文化主义的兴起基本奠定了现代比较政治的"三个理论支柱"，曾经的理论多元图景，即，传统的比较文化与政治制度研究，结构功能主义、系统分析、控制论、信息理论模式、多元主义、精英主义、马克思主义分析、现代化理论、政治发展论与理性选择理论——逐渐整合成以理性主义、文化主义与结构主义为代表的三大理论

---

① 李路曲：《文化分析中的诠释理论及其研究范式介绍》，《政治学研究》，2012 年第 1 期。
② 章远：《比较政治学中的文化主义》，《国外理论动态》，2016 年第 2 期。

范式。① 从研究层次的角度看，结构主义、文化主义和理性主义分别代表了研究者观察层次的选择，即，历史结构制约、政治文化影响与个体的理性选择。这三个层次都是用于观察和比较人类政治活动规律的视角，皆有助于我们理解和对比政治现象。同时，每个比较案例都会受到结构、文化和理性选择的不同影响。

20 世纪 90 年代以来，"三大理论"之间的沟通越发频繁。此时，在比较政治学理论建构的方法论光谱上，一端是由后现代或文化相对主义的各式命题构成的"表意分析"（ideographic analysis）为基础的政治文化研究。这类研究质疑旨在寻求普遍性因果解释的理论价值，关注不同国家与地区政治发展的文化特性，强调政治理论与地方性知识的内在关联。方法论光谱的另一端是致力于律则式命题的理性主义研究。此类研究认为包括政治行为体在内的所有社会行为体都是理性的效益最大化者，在微观经济学或博弈论的帮助下，通过演绎逻辑与建立模型的方式，揭示复杂政治生活的内在一致性。② 也就是说，理性主义研究强调比较政治理论解释效力的普遍性。

事实上，大多数的比较政治研究仍处于两端的中间部分，借助多元的比较理论与方法整合历史的、定量的或定性的各类数据③，开展理论导向和问题导向的实证研究④，并从单个案的比较发展到了多个案的集中比较分析。⑤ 出现这种多元分化趋势的根本原因在于，比较研究的逻辑需要把微观行为基础与宏观历史结构联系起来，在"共时性"与"历时性"之间寻得某种平衡，最终实现社会科学所期待的预测功能。

---

① 马克·利希巴赫、阿兰·朱克曼编：《比较政治学：理性、文化与结构》，储建国译，第 6 页，中国人民大学出版社，2008 年版。

② AtulKohli, Peter Evans, Peter J. Katzenstein, Adam Przeworski, Susanne Hoeber Rudolph, James C. Scott and ThedaSkocpol, "The Role of Theory in Comparative Politics：A Symposium", *World Politics*, Vol. 48, No. 1, Oct., 1995, pp. 1 – 49.

③ Jack S. Levy, "Qualitative Methods and Cross-Method Dialogue in Political Science", *Comparative Political Studies*, Vol. 40, No. 2, 2007, pp. 196 – 214.

④ James Mahoney, "Toward a Unified Theory of Causality", *Comparative Political Studies*, Vol. 41, No. 4, 2008, pp. 412 – 436.

⑤ Sidney Tarrow, "The Strategy of Paired Comparison：Toward a Theory of Practice", *Comparative Political Studies*, Vol. 43, No. 2, 2010, pp. 230 – 259.

　　彼特·埃文斯根据这种逻辑认为比较研究需要从特殊个案开始，要求研究者在历史分析的基础上，理解具体事件的发生序列，获取其所蕴含的表意知识。随后，出于预测的目的，研究者需要把某个事件的发生过程进行"概念化"处理，使之成为相似事件的一个案例，并阐明该事件发生的内在机理。在埃文斯看来，随着相关内在机理知识的累积，我们就越有可能预期某个相似事件带来的结果。[①] 显然，对比较研究者而言，"共时性"的因果机制与"历时性"的序列组合都是比较分析必须考虑的重要方面。然而，在社会科学研究"实用化"与"科学化"的影响下，比较政治分析更侧重于"共时性"因果关系的检测，尤其是民主转型及民主巩固与民主理念、政治文化、民主制度、市场经济等变量的因果关系检测，转向以过程为导向的形式化研究，忽视了各大要素之间的互动关系以及先后次序对民主质量的重要影响。[②]

　　面对比较政治研究的问题，在寻求"共时性"和"历时性"的推动下，宏观历史社会学和微观的理性选择出现了互相借鉴的融合过程。

　　首先，历史社会学延续了对摩尔机械的、决定论历史观的批判。一些历史社会学家开始明确地基于时空来思考社会结构和过程问题；强调过程并在瞬时场景下解释结果；强调大多数历史分析着重于意义的行动与结构背景的交互作用，旨在清晰呈现个人生活与社会转型中意图和非意图的结果。同时，历史社会学突出特殊类型的社会结构与变迁模式的独特性和多样性，在瞬时的过程和背景下，社会与文化的差异也是历史社会学家的内在兴趣。对于他们而言，世界的过去并不是一个统一的"发展故事"或一套标准的序列。[③] 相反，各组织和群体的选择受制于过往经历，早期"选择"既具限制力又具有开放性，替代性选择可能会导致某种非预期结果。

① AtulKohli, Peter Evans, Peter J. Katzenstein, Adam Przeworski, Susanne Hoeber Rudolph, James C. Scott and Theda Skocpol, "The Role of Theory in Comparative Politics: A Symposium", *World Politics*, Vol. 48, No. 1, Oct., 1995, p. 3.

② 杨光斌：《复兴比较政治学的根本之道：比较历史分析》，《比较政治评论》，2013 年第 1 辑，中国社会科学出版社，2013 年版。

③ 〔美〕西达·斯考切波等：《历史社会学的视野与方法》，封积文等译，第 2 页，上海人民出版社，2007 年版。

例如，从 20 世纪 70 年代以来，查尔斯·蒂利的理论取向开始由早期的变量式结构还原论，过渡到更具动态色彩的政治过程论。蒂利对静态的、涵盖率（Covering law）式的结构主义解释提出了明确批评，主张寻找中层变量和解释手段，确定和追踪主要社会部门与变化中的权力结构之间的关系。① 在研究社会革命时，蒂利更关注宏观结构和行为体的互动，把社会革命比喻为由舞台、演员、冲动和行动组成的剧场行为，开发了"集体行动的剧目"（repertoire of collective action）概念。蒂利指出："集体行动的剧目在两个方向演进：人们可用的手段随着社会、经济和政治的变化而改变，每一种行动手段与新利益和行动机会相适应。追踪这种剧目的双重演化过程是社会史研究的一项基本任务。"② 在研究逻辑上，以蒂利为代表的历史社会学家尝试把一些重大事件回溯到历史的因果关系中去解释，在理论抽象的过程中，特殊案例群的选择就是分析的关键。在蒂利看来，个体化比较（individualizing comparison）和差异发现比较（variation-finding comparison）是较为理想的比较方法，前者把某个现象的特例进行对比，目的在于发现独特性；后者考察个案之间的系统差异，旨在把差异进行理论化。③

20 世纪 90 年代后期，美国社会科学界对社会机制的研究愈发重视，社会机制研究在短短几年间引发了一场影响到整个社会科学学科的"机制运动"。④ 在这股"机制运动"的影响下，历史社会学开始走向"宏观结构观照下的机制研究"，尝试把宏观的历史结构与中观的机制融合起来，避免历史叙述和话语分析的窠臼。在研究过程中，历史社会学通过把机制嵌入特定的结构中展开因果关系分析，从机制在结构中的

① Charles Tilly, "Does Modernization Breed Revolution?", *Comparative Politics*, Vol. 5, No. 3, 1973, pp. 425 - 447.

② Charles Tilly, "Getting It Together in Burgundy, 1675 - 1975", *Theory and Society*, Vol. 4, No. 4, 1977, p. 493.

③ Charles Tilly, *Big Structures, Large Processes, Huge Comparisons*, New York: Russell Sage Foundation, 1984, pp. 82 - 83.

④ Zenonas Norkus, "Mechanisms as Miracle Makers? The Rise and Inconsistencies of the 'Mechanism Approach' in Social Science and History", *History and Theory*, Vol. 44, No. 3, 2005, pp. 348 - 372.

纠缠、互动，探讨形成长期稳定模式的方式。[①] 在这种机制研究的影响下，历史社会学的基本假设为：[②] 对大型的政治结构和政治过程而言，任何形式的普遍法则和充分条件都是不存在的；相关性分析与个案比较能够有效厘清阐释的内容，但不能代替阐释本身，因为这两种分析方法均从结果追溯前提，未能对前提和结果之间的各种因果关系做出界定；恰当的阐释有赖于对因果关系链条中的机制和过程做出界定；然而，只有对机制和过程的组合和顺序产生影响的因素，才能被列入阐释的范围；因此，对大型社会过程所作的阐释，展现了恒定机制（invariant mechanism）的各种组合和顺序是如何在不同的初始条件下衍生出各种结果的。

进入 21 世纪以来，在"宏观结构观照下的机制研究"和"重新带回国家"思想的共同推动下，基于国家缔造和国家能力的机制研究成为比较政治研究的主要方向之一。[③] 比较政治学的这种转变明显受到了弗朗西斯·福山的影响。以"历史终结论"闻名的福山，在目睹了自由民主制在世界各国的艰难之后，其问题意识在慢慢转向。《国家建构》、《在十字路口的美国》、《信任：人类本性与社会秩序的重建》、《政治秩序的起源：从前人类时代到法国大革命》以及《政治秩序与政治衰败：从工业革命到民主全球化》等一系列有关国家缔造和国家能力建设的著作出版，意味着福山开始从"同一性"走向关注"多样性"，从关注"终结"走向关注"起源"，从关注"人性"走向关心"历史"。[④] 在福山看来，现代国家体系及其确立的政治与经济秩序，乃是人类和历史"理性"的制度选择结果。福山运用宏大比较历史分析，从国家与社会关系以及制度变迁的视角，绘制了关于政治秩序实际起源与多中心模式

---

① 郦菁：《历史比较视野中的国家建构——找回结构、多元性并兼评〈儒法国家：中国历史的新理论〉》，《开放时代》，2016 年第 5 期，第 29 页。

② 〔美〕查尔斯·蒂利：《政权与斗争剧目》，胡位均译，"前言"，第 2～3 页，上海人民出版社，2012 年版。

③ 李路曲、李晓辉：《民主化、政治发展、比较历史分析研究评述》，《比较政治学研究》，2016 年第 1 辑，第 179～223 页，中央编译出版社，2016 年版。

④ 弗朗西斯·福山：《政治秩序的起源：从前人类时代到法国大革命》，毛俊杰译，第 iii 页，广西师范大学出版社，2012 年版。

的复线历史图景。

显然，福山的研究转向极大释放了长期受困在"西方中心论"和现代国家范式的发展中国家研究。这意味着，国家建构的多重路径，不仅需要把发展中国家的国家建构与西方近代历史过程相切割，重新放回到本国历史语境中，平衡恒定机制与机制顺序组合的关系，修正韦伯的国家范式，概括本国国家发展的复杂面貌。在此启示下，赵鼎新充分研习和观照中国社会独特的"结构"基础，继承了国家建构的战争驱动竞争和理性化总体机制，着重分析在中国特定时空和历史情境中，这些机制展开的不同路径，或在"不同社会结构条件下不同的制度化方式"①，为进一步认识中国国家建构的独特路径理清了地基，并在理论上支持了国家建构的多元性。也就是说，在机制研究和国家建构的共同推动下，历史社会学研究者开始逐渐实现整合宏观因果分析、对一般性理论的平行展示和情境比较的研究目的。②

其次，20世纪80年代以来，微观的理性选择受新制度主义政治学的影响，开始引入制度形成与变迁中的交易成本与产权概念，并在实际研究过程中把理性选择模型和历史研究结合起来，分析制度的起源和变迁问题。在方法论上，罗伯特·贝茨的《分析性叙述》为我们把历史的比较研究和理性选择模型相结合，更好地理解制度起源与变迁提供了思路。按照贝茨的说法，分析性叙述包含了经济学与政治学常用的分析工具（理性选择和博弈论）以及历史学常用的叙述方式，这种方法是叙述性的，更关注故事、解释和环境。同时，这种方法也是分析性的，它厘清推导过程，有助于深度探讨和解释。③

正如玛格丽特·列维所言，"分析"在这种研究进路中是指建立理性选择模型，特别是扩展式博弈理论模型。这意味着研究者需要从叙述

---

① 赵鼎新：《东周战争与儒法国家的诞生》，夏江旗译，第17页，华东师范大学出版社，2006年版。

② Theda Skocpol and Margaret Somers, "The Uses of Comparative History in Macrosocial Inquiry", *Comparative Studies in Society and History*, 22 (2), 1980, pp. 174 – 197.

③ 罗伯特·贝茨等：《分析性叙述》，熊美娟、李颖译，"导论"，第9页，中国人民大学出版社，2008年版。

中提取关键参与者以及他们的目标、偏好和影响参与者行为的有效规则。同时，还需要详细刻画产生限制某些行为，便于分析另一些行为产生均衡的策略互动。也就是说，分析性叙述的研究重点是要弄清某个时点上的制度均衡向另一个时点上实现制度均衡"漂移"的原因。[①] 在研究过程中，分析性叙述的基本逻辑是：首先挑选一个问题或困惑；然后建一个模型以详细阐明解释的逻辑、关键的决策点和可能性；最后通过比较静态学和由模型产生的可检验推论来评价模型。相应地，在分析性叙述时应依次展开案例选择，建模，演绎、归纳以及重述的程序。在案例选择标准上，分析性叙述主要选择那些可以体现因果链条的案例和能够说明关键变量缺失、出现或极有价值的案例。同时，所选择的案例还要具有适合模型化处理的特点，且案例中发现的因果机制和结构必须可以实现一般化处理等要求。

在理论建构过程中，分析性叙述要求尽量寻找外生变量最少的简单模型。这是因为外生变量少，可以帮助研究者寻找模型中变量数值的变化影响制度均衡改变的具体方式，从而降低其他因素对叙述的干扰。此外，分析性叙述的模型还应该建立路径依赖，用于区分源自过去行为的约束和新制度中的激励。在分析性叙述中，叙述和分析是完全缠绕在一起的。这种研究进路有别于理性选择理论那种由一般模型出发推导假说，然后再用适当案例验证的演绎推理方法。对分析性叙述而言，用来阐明变量间因果联系的模型是以重述的和归纳的方式展开的。这就要求研究者应当具备更多的历史知识和开展定性研究的能力。

在《分析性叙述》中，所有作者都是依靠理性选择产生假说和提供理论支撑，并且每个人都有从事历史研究、实地调查或者两者兼备的训练和经历。分析性叙述强调理解事件发生的制度背景，有助于解释某种事件是如何以及为何可能发生。当然，分析性叙述对理性选择理论常用的博弈论提出了更高要求，尤其需要开展对扩展式博弈和子博弈精炼的研究。例如，现在的演化博弈理论已假设个人在进行每次博弈时，都

---

① 参见玛格丽特·列维：《分析性叙述：为复杂的历史进程建模》，陈涛译，《经济学》（季刊），2010 年 1 月第 2 期，第 771~783 页。

会根据行为体面对此类情况下的"历史收益"作为选择的重要依据。也就是说，环境设置会约束个体行为，并且随着时间推移而最终出现均衡。演化博弈理论描绘了社会习惯与规范，以及时常烦扰理性行为体模型的制度形成与演化过程。目前，来自心理学的"认知失调"和"条件性行为"等心理学术语，开始出现在经济学和理性选择的著作之中，一些更丰富且更符合现实的行为假设也越来越多，如何把这些行为假设有效运用在博弈模型中，就成为推动理性选择发展的重要方向。

例如，在《何时一切归于破碎：世纪末非洲的国家失效》中，贝茨阐述了他研究非洲国家发展问题的基本逻辑与方法。[①] 贝茨认为尽管结构对政治行为具有强大的制约作用，然而，任何结构因素都必须通过行为体及其行为才能有效发挥作用。在贝茨看来，统治者的选择具有逻辑上的"先发性"，因为公民的选择很大程度上是对统治者所做选择的反应。这样，贝茨便把政治秩序问题简化为统治者的选择问题，即统治者是选择"保护"还是"掠夺"。概言之，统治者的选择受到三大因素的影响，贝茨称其为"政治秩序的条件"。第一个因素是公共收入的水平。如果公共收入的水平太低，"掠夺"便会对统治者更具吸引力。第二个因素是"掠夺"能够带来的收益的大小。"掠夺"所带来的收益越高，统治者选择"掠夺"的可能性越大。第三个因素是统治者对未来的预期。如果统治者贪婪短视或是充满不安全感的，那么，他们会大幅降低对未来的预期，进而选择"掠夺"的可能性就会增大。从方法论的角度看，尽管贝茨始终将行为体作为其分析的出发点和落脚点，但是，其分析并没有停留在微观层面，[②] 而是在单元分析与结构分析之间反复穿梭，实现了微观分析与中观分析和宏观分析的有机结合。

总之，在比较政治理论研究的逻辑演化过程中，社会经济、历史、文化和政治结构因素总是在发挥作用。对研究者而言，如果不知道或不了解宗教和文化因素在亚洲或拉美所起的作用，就意味着对该地区一无

---

① Robert H. Bates, *When Things Fell Apart: State Failure in Late-Century Africa*, Cambridge-University Press, 2008.
② 参见闫建：《国家失效的微观机理——评罗伯特·贝茨的〈何时一切归于破碎〉》，《国外理论动态》，2014年第5期，第122~126页。

所知。与之相类似的，研究者还必须知道经济发展和工业化对阶级变化起到的巨大推动作用，阶级变化反过来也会对各个层次的政治和政治机构产生影响。同时，制度本身也是一种"自变量"，会以不同方式渗透到社会和政治变迁过程中，在行为体的策略互动过程中，塑造着政治经济发展的形式、方向和速度。比较政治的理论研究在尝试沟通宏观与微观机制的过程中，不仅推动了理论研究的发展，也更容易提炼出大量经受实证检验的假设。

四　结论与启示

现代意义上的社会科学研究起源于启蒙运动与工业化以来的西方社会，是在欧洲国家由传统农业社会向现代工业社会转型过程中，有关政治、经济、社会组织方式以及生活方式的经验性总结，也是卡尔·马克思、马克斯·韦伯与埃米尔·涂尔干等现代思想家面对现代性冲击，或确立、或批判现代性话语体系，确立理论与分析框架的知识累积过程。大体而言，确立现代性的过程涉及工业化、世俗化、理性化、民族国家和监督体系建设的过程，成为现代社会科学共同的研究基础。

在西方知识界看来，这个现代性确立的过程是在人的"内在理性"推动下，走向由"理性"支配的整体性与普遍性的历史发展过程。[1] 这意味着尽管西方社会科学研究旨在探求人类社会发展与组织方式的客观规律，但其基本概念、理论体系以及研究逻辑都不可避免地带有欧美国家现代化的历史经验与价值诉求。从这个意义上讲，社会科学尤其是政治学实际上乃是一种介于普遍性与特殊性之间的知识体系。

同理，作为源自欧洲，兴盛于美国的比较政治学，基本上建立在欧美知识传统的基础上，尤其是美国的政治经验对比较政治研究具有直接影响。换言之，比较政治学从概念、理论乃至研究逻辑上都会受到西方

---

① AtulKohli, Peter Evans, Peter J. Katzenstein, Adam Przeworski, Susanne Hoeber Rudolph, James C. Scott and Theda Skocpol, "The Role of Theory in Comparative Politics: A Symposium", *World Politics*, Vol. 48, No. 1, Oct., 1995, p. 22.

的历史发展轨迹与价值体系的影响。[①] 例如，从比较分析的内容上看，比较政治学经历了欧洲国家之间、欧洲与美国、西方与非西方之间的多重比较。从这个意义上讲，前两次的比较分析乃是一种同质性的比较，即：承接启蒙思想的普遍性与整体性规律，对比欧美国家在现代化过程中确立民主政治原则的路径及其在政治制度安排上的差异性。在西方与非西方国家的比较研究中，则是以非西方文化学习西方国家现代化经验的历史过程为目标，关注于非西方文化确立民主制度、市场经济与理性化社会结构的时序关系及其后果的比较分析，属于一种异质性的比较分析。就性质与逻辑而言，比较政治研究依然是围绕权力与权利关系，从政治观念、政治行为与制度结构等因素（变量）之间的互动关系角度，对比不同场景下经济发展、政治文化与民主制度对权力与权利关系的影响，进而，选择与本国价值取向相一致的现代发展道路。

比较政治学理论研究的调适过程，反映了整个西方社会科学理论研究的总体动向，即：比较世界各国在不同时段实现以工业化、世俗化、理性化、民族国家和监督体系建设为内涵的现代社会转型问题，在"共时性"因果关系分析与"历时性"序列组合之间寻得平衡的必然结果。这个内在要求推动了比较政治传统的宏观的结构主义与微观理性选择分析，逐渐在中层理论层次上走向融合。因而，对中国的比较政治研究而言，一方面需要明白中国比较政治理论研究的内在动力是如何在新时代条件下实现现代社会转型，这是中国比较政治研究和西方知识传统内在一致性的表现。另一方面，继承宏观历史结构分析的传统，加强微观行为支撑的理论分析，取得"共时性"因果关系分析与"历时性"序列组合的平衡，在经验研究的基础上推进有关推动诸如国家形成、国家治理能力的机制性分析。

---

① 张小兵：《美国视角的比较政治学》，《政治学研究》，2009年第3期，第77页。

比较政治学研究　2018 年第 1 辑　总第 14 辑
第 056~079 页

"两种传承"的实证检视：以欧洲极右翼政党兴起为例

释启鹏　陆屹州[*]

内容摘要　社会科学方法论中定性与定量"两种传承"的争论长期存在，但立足同一议题下对两种方法进行对比的文章并不多见。近年来，欧洲极右翼政党的兴起愈加受到学界的广泛关注。这一现实世界的重大问题，不仅使人们重思经典理论，同时为研究方法的比较提供了一个很好的平台。本文在既有研究的基础之上，提出了五个有关欧洲极右翼政党崛起的假设，并分别用定性比较分析与逻辑斯蒂回归两种方法对假设进行检验。结果显示，清晰集定性比较分析给出了四条因果路径，而逻辑斯蒂回归并没有发挥其优势。因此，在中等规模样本的研究中，定性比较分析在识别必要条件以及条件组合具有独特优势。同时值得注意的是，两种方法蕴含不同的逻辑与原理，二者并无优劣之分，其使用视特定议题而论。

关键词　极右翼政党；定性比较分析；逻辑斯蒂回归；两种传承

一　"两种传承"的发展与争论

一般认为，社会科学建立于事实、证据而非研究者个人的判断与评

---

[*]　释启鹏，中国人民大学国际关系学院博士研究生，研究方向为发展研究、比较历史分析；陆屹州，中国人民大学国际关系学院博士研究生，研究方向为政治心理与政治行为、政治传播、社会科学方法论。

论之上。同时，社会科学不满足于对社会现状的描述，而需要进行一般化的因果推论。[①] 因此，和自然科学一样，社会科学也是一种科学，必须遵循科学研究的原则与方法，主动与非科学、反科学和伪科学划清界限。[②] 科学的研究需要科学的方法，因此对方法论关注与探讨是社会科学研究的重要领域，而定性与定量之争则是不同传统之间的碰撞与交融。

对于如何获取证据进而做出因果推论，即运用什么样的研究方法来分析现实问题，社会科学研究大致可以分为定量和定性两大方法论阵营。前者以统计学和概率论为基础，通过抽象的数据来模拟社会现实，应用计量方法来检验变量间的相互关系；后者则以逻辑学和集合论为基础，着眼于可以直接观察到的历史细节，通过逻辑推理来判定因果机制。长期以来，两大阵营的论争从未停息。一方面，定量阵营普遍怀疑定性研究的科学性，而定性阵营则斥责定量研究脱离现实；另一方面，定量阵营希望为定性研究者提供定量思维与方法以吸纳后者，而定性阵营则坚决捍卫自己的独立性。

鉴于定量阵营在当代社会科学中的支配地位，绝大多数方法论之争的文献都主要从定性研究者的视角来回顾和反思社会科学研究方法。以定量研究中应用最为广泛的线性回归分析为例，研究者往往通过构建如下等式来计算变量间的因果关系：

$$y = \alpha + \beta_1 x_1 + \beta_2 x_2 + \cdots + \beta_i x_i + \varepsilon \qquad (式1)$$

定量研究者认为，该式反映了如下事实：因变量 y 受到 x_1、$x_2 \cdots x_i$ 等自变量的影响，同时受到不可观测的误差项 ε 的干扰，而当自变量和误差项都不存在时，因变量则取恒定值 α。在不考虑误差项的情况下，式1可以改写为：

$$\Delta y = \beta_1 \Delta x_1 + \beta_2 \Delta x_2 + \cdots + \beta_i \Delta x_i \qquad (式2)$$

---

① 加里·金等：《社会科学中的研究设计》，陈硕译，第72页，格致出版社，2014年版。
② 参见乔晓春：《中国社会科学离科学还有多远》，第21～62页，北京大学出版社，2017年版。

根据公式不难看出，自变量每改变一个单位，因变量也随之改变一个单位。因此，对于定量研究者而言，只要有足够的证据表明自变量前的系数 β_1、$\beta_2 \cdots \beta_i$ 不为零，就可以确认自变量对因变量有影响，进而完成初步的因果推论。此外，不难发现，如果我们令 $\Delta x_2 \cdots \Delta x_i$ 都等于零，即 $x_2 \cdots x_i$ 不发生变化，那么式 2 就会变成 $\Delta y = \Delta \beta_1 x_1$。因此，定量研究者认为，回归分析可以模拟实验室实验，在控制其他变量的情况下求出自变量对因变量的精确效应（即其系数）。换言之，某一自变量前系数的符号和大小就反映了这一自变量对因变量影响的方向与强度，而这种效应并不会被其他自变量影响。可见，设计中的回归分析可以同时证明因果关系的存在并测量因果效应的数值。

对于这一研究思路，许多定性研究者对方程式本身提出了批评，主要包括以下几点：首先，社会现实中的事物很少能被视为连续变量，更适合用类型学（包括二分法）来研究，因此很多社会科学中的重要议题（如民主）并不能成为回归分析中的因变量[①]；其次，社会现实中的事物很少严格遵循线性关系，因此线性回归对社会现实的拟合方式本身就不可能精确，而其结果也经不住推敲；最后，回归分析中自变量对因变量的影响是同时而且平行发生的，自变量之间的相互影响和多条因果路径间的先后顺序都被回归分析抹去了。然而即便如此，随着统计技术的发展，上述难题被定量研究者一一攻克。例如，逻辑斯蒂回归（Logistic Regression）成功地将二分变量纳入假设检验，而函数变换和模型设定可以很好地处理自变量和因变量上的非线性关系，中介作用和调节作用则有力地刻画了变量间的复杂关系。

相反，定性研究的特点就是通过历史比较、过程追踪、田野调查等方法和手段对社会现象进行细节性的描述和分析，从而展示这些现象特殊的形成原因和过程，因此从整体上更符合人文主义的研究思路，即对事物的个性、复杂性和特殊性更加重视。[②] 由于其分析工具的精致程度

---

① 关于将民主视为二分变量还是连续变量的讨论，参见〔美〕塞缪尔·P. 亨廷顿：《第三波：20 世纪后期的民主化浪潮》，欧阳景根译，第 8 页，中国人民大学出版社，2012 年版。

② 朱天飚：《〈社会科学中的研究设计〉与定性研究》，《公共行政评论》，2015 年第 4 期。

与复杂性远不如定量研究，因此直至世纪之交，定性研究的方法论阵营才真正对定量研究提出了挑战。查尔斯·拉金（Charles Ragin）等人指出，定量研究的局限并不在于方程模型不够准确（或不够真实），而在于他们对因果关系的理解不够周全。[①] 其中，最为重要的是，定量研究认为因果关系是普遍而统一的，即对于统计分析中的任何样本，自变量对因变量的影响在理论上都是相同的。这就导致定量研究者忽视了很多相关性微弱但确实存在因果关系的情况。拉金使用"国家经济发展带来民主"这一经典议题作为案例进行说明。在定量研究的传统下，以世界中的国家为样本，发展与民主的相关关系非常微弱，无法进行因果推论，故而目前有关这一假说仍然争论不休。究其原因，可以发现，虽然发达国家大多是民主的，但很多民主国家的发展表现非常糟糕。然而，这一情况并不能否认上述假说。因为，某国的民主化可能有多种原因，包括国家发展后人民的政治需求，也包括外国的介入甚至民主的移植等其他因素。在这种情况下，只要有足够证据表明发达国家多是民主的，那么国家发展就是民主的一种充分条件。在部分案例中，这种因果效应没有发生，但我们不能据此判定在所有案例中这种因果效应都不存在。从另一个角度来看，这个例子也说明，"经济发展导致民主"（经济发展增加导致民主增加）和"不发展导致不民主"（发展减少导致民主减少）并不是一回事，而主流的定量方法无法处理这种因果关系中的不对称性。

针对此，拉金以"案例导向研究"（case-oriented research）为基础，运用"组态分析"（configurational analysis）的逻辑创立了被称为"定性比较分析"（qualitative comparative analysis，简称 QCA）的研究方法。这一革新堪称"方法论革命"，对既有的研究方法提出了重大挑战。

认识定性比较分析，必须从定性研究的方法论脉络中加以考察。定性阵营的最传统比较法当属密尔五法，尤其是求同法与求异法，斯考切

---

① Charles C. Ragin, *Fuzzy-set Social Science*, Chicago: University of Chicago Press, 2000, pp. 291 – 292.

波即通过该方法对法国、俄国和中国的社会革命进行比较研究。① 然而，求同法和求异法只能排除无法给出确定的因果关系，同时无法建立确定的必要条件以及条件组合，因此在因果推论中单纯的密尔法往往受到了很大的质疑。QCA 的出现很好地解决了这一问题，不仅相较于传统的比较案例研究扩大了案例与变量的数量，而且可以通过布尔/模糊集运算的方法提供必要条件和条件组合。

从 20 世纪 80 年代末到 90 年代初，QCA 方法被广泛地应用于政治学（比较政治学）和历史社会学（例如对福利国家的研究），并在其中得到发展。② 与此同时，国内学界也开始接纳和使用这一方法。但稍显遗憾的是，虽然目前已经出现了一定数量的引介式文献③以及少数的实证研究④，但总体而言，对 QCA 的应用主要分布于决策管理领域。加之许多政治学的分析议题本身就是小样本规模，因此 QCA 在时常面临"英雄无用武之地"的窘境。同时，很少有国内学者在同一议题下同时使用定性和质量方法，因此国内研究对 QCA 之于定量方法的特性、优点与适用范围尚不熟悉，甚至对其定位存在某些偏颇。针对两种方法的比较，国外某些研究者已经进行了某些有益的探索。⑤ 因此，本文以分析欧洲极右翼政党的兴起为基础，同时应用清晰集定性比较分析（csQCA）与逻辑斯蒂回归，在解决具体问题的过程中对比两种研究方法的

---

① 参见西达·斯考切波：《国家与社会革命》，何俊志译，上海人民出版社，2008 年版。

② 伯努瓦·里豪克斯、查尔斯·C. 拉金：《QCA 设计原理与应用：超越定性与定量研究的新方法》，杜运周等译，第 3 页，机械工业出版社，2017 年版。

③ 何俊志：《比较政治分析中的模糊集方法》，《社会科学》，2013 年第 5 期；刘丰：《定性比较分析与国际关系研究》，《世界经济与政治》，2015 年第 1 期；李蔚、何海兵：《定性比较分析方法的研究逻辑及其应用》，《上海行政学院学报》，2015 年第 5 期；郝诗楠：《质性比较分析及在政治学研究中的应用》，《国外理论动态》，2016 年第 5 期，等。

④ 高奇琦、郝诗楠：《分离主义的成与败：一项基于质性比较分析的研究》，《世界经济与政治》，2016 年第 6 期；释启鹏、韩冬临：《当代社会运动中的政权崩溃——"颜色革命"与"阿拉伯之春"的定性比较分析》，《国际政治科学》，2017 年第 1 期，等。

⑤ Aaron Matthias, Katz Hau Vom and James Mahoney, "Explaining the Great Reversal in Spanish America: Fuzzy-Set Analysis versus Regression Analysis", *Sociological Methods & Research*, Vol. 33, No. 4, 2005, pp. 539 – 573.

特征与优势。

值得注意是，"两种传承"的背景下各自阵营的"子传承"（sub-cultures）同样纷繁复杂，例如，在以统计学为基础的定量研究的内部就有频次分析与贝叶斯分析之争，而定性范式中也存在强调因果推论以及强调诠释性分析的差异。本研究选取 csQCA 与逻辑斯蒂回归，则是基于如下原因：首先，这两种方法都能处理二分类变量（0-1变量），从输出的结果中可以明确判断两种方法各自的解释力度，因此两种方法在本文的语境下具有一定的可比性；其次，与最传统的定性方法（如密尔法）和定量方法（如线性回归）不同，QCA 与逻辑斯蒂回归是各自阵营出现较晚但影响力与日俱增的研究方法，从方法论角度对它们进行探讨的文献并不丰富，因此本文的比较具有一定的探索意义；最后，虽然形式和过程有一定的相似性，但这两种方法分别蕴含了"集合论与逻辑学"和"概率论与统计学"两种截然不同的研究思维，在本文中，方法论的比较也将最终上升为认知层面的探讨。

二 议题选择：欧洲极右翼政党的兴起

本文在议题选择上的标准是至少应该符合以下两点要求：首先，议题须均可通过两种方法加以研究，这是研究的前提，因此个案研究以及大样本（N＞100）研究不在本次讨论的范畴；其次，所选定的议题必须具有一定研究价值，通过两种方法的比较，可以加深对该议题的了解，同时对现实世界有所反思。在这两点要求下，我们选择了"欧洲极右翼政党兴起"这一热门话题：一方面，极右翼政党并非仅出现于某一个国家，而是涉及欧洲数十个国家的普遍现象，既可以通过统计分析，同样可以适用于定性比较分析；另一方面，此研究随着欧洲整体性问题而日益凸显，对该问题的研究不仅可以进一步加深危机的认识，同时对维持我国的社会稳定、防止可能出现的分离主义倾向有一定借鉴意义。

在二战结束后的很长一段时间内，因为战争创伤和对法西斯主义的恐惧，极右翼政党在欧洲长期处于极其边缘的地位。但近年来极右翼政党逐渐复兴的迹象，使得研究者重新拾起这一重大理论与现实问题。根据 Mudde 的梳理，新型的极右翼政党具有本土主义（nativism）、威权主义（authoritarianism）与民粹主义（populism）等特征①。一般认为，极右翼政党的研究始于 20 世纪 80 年代，此时研究者对于极右翼政党的性质、特点和发展趋势尚不明朗，因此，此阶段的成果也以描述性文献为主。到了 90 年代初期，研究者开始尝试在描述的基础上进行相关研究和因果推断，由于此阶段的研究者较为关注不同政治制度下的政党博弈，因此政党体制（如选举门槛）、选举策略（如寻找主流政党的空白）和重要议题（如移民问题）被视为极右翼政党崛起的重要因素。21 世纪以来，随着知识积累的丰富以及研究方法的发展，对极右翼政党崛起的相关因素得到了更为精确地检验，相关研究开始系统化。在既有的研究文献中，笔者提取出以下四类因果解释。

（1）单一问题论

"单一问题论"（the single-issue thesis）或是极右翼政党研究中最为著名的理论，该理论认为移民问题是促成极右翼政党产生和崛起的首要因素。由于移民对本地发展所做贡献较低并挤占公共资源且增加了犯罪活动与文化冲突，因此在这种情况下，主张"反移民"政策的极右翼政党拥有了很大的选民基础。Green 等人通过对 2011 年瑞士选举数据的研究发现，被污名化的移民（主要来自南斯拉夫和阿尔巴尼亚等地）比例增加会明显地提高选民对于外来威胁的认知，进而使得选民倾向于支持瑞士极右翼政党——瑞士人民党，相反，与移民友好的接触经历会明显地降低对极右翼政党的支持倾向。② Stockemer 也认为，极右翼政党的竞选成功离不开将移民视为经济、安全和文化威胁的策略。通过对欧洲社会调查数据和各地区外来人口的对比研究，Stockemer 指出，人们

---

① Cas Mudde, *Populist Radical Right Parties in Europe*, New York: Cambridge University Press, 2007.

② Eva G. T. Green, Oriane Sarrasin, and Robert Baur, "From Stigmatized Immigrants to Radical Right Voting: A Multilevel Study on the Role of Threat and Contact", *Political Psychology*, Vol. 37, No. 4, 2016, pp. 1 – 22.

对移民的负面感知和极右翼政党的得票率存在明显的正相关关系。[①] 通过对奥地利、比利时、丹麦、法国、荷兰和挪威六国的实证研究和数据检验，Rydgren 指出对移民的怀疑主义态度（immigration scepticism）可以很好地预测某人对极右翼政党的支持倾向，而将移民和犯罪与社会动乱联系起来的宣传策略对于动员选民给极右翼政党投票非常有效。[②] 借助深入的微观数据分析，Cutts 等学者指出，种族仇恨和排外主义对2009 年欧洲议会选举中英国极右翼政党——英国国家党的突破性胜利起到了至关重要的作用。[③]

（2）经济决定论

经济决定论认为，极右翼政党的主要支持者是经济利益和就业机会等方面产生被相对剥夺感的选民。换言之，在技术发展和移民冲击的双重压力下，深感挫败的本土传统工人更倾向于支持具有明显民粹主义色彩、意识形态更偏向底层民众的极右翼政党。尤其是 2008～2009 年全球金融危机和欧洲债务危机后，深受危机困扰的希腊、法国、意大利等国就立即出现了极右翼大规模崛起的浪潮。该理论不仅从宏观层面较好地解释了极右翼政党的崛起，也从微观层面清晰地描述了极右翼政党支持者的构成。通过对威尔士地区的研究，Goodwin 指出，极右翼政党往往在经济不稳定、高失业率和低教育程度的地区表现强劲。[④] Rydgren 等学者通过分析瑞典 290 个城市选举数据发现，瑞典各个城市选民对瑞典极右翼政党——瑞典民主党的支持率与该地区的平均教育水平和人均

① Daniel Stockemer, "Structural Data on Immigration or Immigration Perceptions? What Accounts for the Electoral Success of the Radical Right in Europe?", *Journal of Common Market Studies*, Vol. 54, No. 4, 2016, pp. 999 – 1016.

② Jens Rydgren, "Immigration Sceptics, Xenophobes or Racists? Radical Right-wing Voting in Six West European Countries", *European Journal of Political Research*, Vol. 47, No. 6, 2008, pp. 737 – 765.

③ David Cutts, Robert Ford, and Matthew J. Goodwin, "Anti-immigrant, Politically Disaffected or Still Racist after All? Examining the Attitudinal Drivers of Extreme Right Support in Britain in the 2009 European Elections", *European Journal of Political Research*, Vol. 50, No. 3, 2011, pp. 418 – 440.

④ Matthew J. Goodwin and Gareth Harris, "Rallying Intolerance in the Valleys: Explaining Support for the Extreme Right in Wales", *British Politics*, Vol. 8, No. 4, 2013, pp. 433 – 456.

经济产值有明显的负相关关系，而与该地区的失业率有明显的正相关关系。① Kai 立足 18 个国家的欧洲晴雨表（Eurobaromete）数据，发现欧洲极右翼政党的支持者具有非常明显的特征，失业者、工人、未受高等教育者非常明显地倾向于支持极右翼政党。② 除此之外，有学者指出，失业情况不仅影响了本人的政治倾向，还会增加其子女对极右翼政党的信任度。③

（3）政治抗议论

该理论认为，极右翼政党的崛起实际上就是政府与主流政党的失败，在他们看来，极右翼政党本身并不具备独特的意识形态和稳定的民意基础。其核心标签并不是"反移民"，而是"反建制"甚至"反政治"。因此从选民的角度来说，支持极右翼政党的选票就不仅仅是在现行政治体制下理性选择的产物，而很有可能包含着发泄不满和警告主流政党的意味。④ 与前两种解释相比，政治抗议论的形成时间较晚，但同样具有一定的影响力。在 2006 年，Kestilä 通过跨国数据分析和国内案例研究指出，芬兰国内弥漫的政治不满情绪很可能成为极右翼政党崛起的温床。⑤ 不到 5 年，芬兰人民党在选举中取得突破性胜利。通过对 2009 年比利时选举的研究，Hooghe 也认为，政治不信任与支持极右翼政党的倾向存在正相关关系。⑥ 通过对 12 个欧洲国家数据的研究，Zill-

① Jens Rydgren and Patrick Ruth, "Voting for the Radical Right in Swedish Municipalities: Social Marginality and Ethnic Competition?", *Scandinavian Political Studies*, Vol. 34, No. 3, 2011, pp. 202 – 225.

② Kai Arzheimer, "Contextual Factors and the Extreme Right Vote in Western Europe, 1980 – 2002", *American Journal of Political Science*, Vol. 53, No. 2, 2009, pp. 259 – 275.

③ Thomas Siedler, "Parental Unemployment and Young People's Extreme Right-wing Party Affinity: Evidence from Panel Data", *Journal of the Royal Statistical Society: Series A (Statistics in Society)*, Vol. 174, No. 3, 2011, pp. 737 – 758.

④ 参见安东尼·唐斯：《民主的经济理论》，上海人民出版社，2010 年版。

⑤ Elina Kestilä, "Is There Demand for Radical Right Populism in the Finnish Electorate?", *Scandinavian Political Studies*, Vol. 29, No. 3, 2006, pp. 169 – 191.

⑥ Marc Hooghe, Sofie Marien and Teun Pauwels, "Where Do Distrusting Voters Turn if There Is No Viable Exit or Voice Option? The Impact of Political Trust on Electoral Behaviour in the Belgian Regional Elections of June 2009", *Government and Opposition*, Vol. 46, No. 2, 2011, pp. 245 – 273.

er 发现，个体对腐败程度的感知会明显地减损个体的政治信任，进而加剧了其对极右翼政党的偏好。[1]

（4）社会崩溃论

社会崩溃论是一种较为极端的解释路径，该理论将极右翼政党的崛起和全面的社会失范（anomie）联系在一起。社会崩溃论者认为，随着政治和经济生活的不断变迁，传统的社会结构和社会价值逐渐瓦解。而在当今的社会中，个体很难找到集体中的归属感，因此总是被不安和无力困扰。在这种背景下，个体（尤其是年轻人）更倾向于在极端的民族主义中找到归属感，同时也更倾向于认同极右翼政党对法律与秩序以及传统价值观的强调。相较于其他理论，社会崩溃论因为概念的模糊性以及自身体系尚未建立，其支持者的数量和影响力都较小，目前研究主要聚集在社会心理因素的考察。Immerzeel 的调查研究确认了极右翼政党和主流的欧洲政党在法律与秩序、民族主义等诸多议题上有着较大的差异。[2] 通过对多个极右翼政党的比较研究，Halikiopoulou 等学者指出，合理而充分运用民族主义资源的极右翼政党往往会更加成功。[3] Aichholzer 等学者通过对奥地利自由党的研究和对选民的社会心理分析，发现选民对极右翼政党的偏好与诸多社会人格因素有较强的相关性，低开放性、低宜人性的选民更倾向于支持极右翼政党。[4]

以上四种解释路径为研究者进一步了解该议题提供了基础。然而，虽然这四种解释路径已经得到了广泛的认可，且都还在不断被修正和完

---

[1] Conrad Ziller and Thomas Schübel, "'The Pure People' versus 'the Corrupt Elite?' Political Corruption, Political Trust and the Success of Radical Right Parties in Europe", *Journal of Elections Public Opinion & Parties*, No. 3, 2015, pp. 368 - 386.

[2] Tim Immerzeel, M. Arcel Lubbers, and Hilde Coffé., "Competing with the Radical Right: Distances between the European Radical Right and Other Parties on Typical Radical Right Issues", *Party Politics*, 2015.

[3] Daphne Halikiopoulou, Steven Mock, and Sofia Vasilopoulou, "The Civic Zeitgeist: Nationalism and Liberal Values in the European Radical Right", *Nations and Nationalism*, Vol. 19, No. 1, 2013, pp. 107 - 127.

[4] Julian Aichholzer and Martina Zandonella, "Psychological Bases of Support for Radical Right Parties", *Personality & Individual Differences*, Vol. 96, 2016, pp. 85 - 190.

善，但随着极右翼政党的不断增多，如表 1 所示，每项理论在面对现实问题时都存在明显的反例，因此它们均无法对西欧极右翼政党的崛起提供整体性的解释。

表 1　四种理论的反例

理论	反例
单一问题论	移民问题并不是极右翼政党的唯一议题，也不是所有极右翼政党的共同议题。相反，移民问题在多个极右翼政党的多次崛起中都不在场。[1]
经济决定论	斯堪的纳维亚地区；失业状况的改善反而为极右翼政党开放出更多的自由空间。[2]
政治抗议论	匈牙利极右翼政党，其崛起是更深层次文化传统的结果。[3]
社会崩溃论	具有"社会疏离感"（social alienation）的人更倾向于放弃投票，而非支持极右翼政党。[4]

资料来源：[1] Cas Mudde, "The Single-Issue Party Thesis: Extreme Right Parties and the Immigration Issue", *State & Society*, Vol. 22, No. 2, 1999, pp. 182 - 197.

[2] Tor Bjørklund, "Unemployment and the Radical Right in Scandinavian: Beneficial or Non-Beneficial for Electoral Support?", *Comparative European Politics*, Vol. 5, No. 3, 2007, pp. 245 - 263.

[3] Dae Soon Kim, "The Rise of European Right Radicalism: The Case of Jobbik", *Communist and Post-Communist Studies*, Vol. 49, No. 4, 2016.

[4] Kirill Zhirkov, "Nativist but not Alienated: A Comparative Perspective on the Radical Right Vote in Western Europe", *Party Politics*, Vol. 20, No. 2, 2014, pp. 286 - 296.

在研究方法上，目前的定量研究主要选取的是某一横截面的数据，其状态描述和因果推论都限于某一时间点，而定性研究则着重梳理某一极右翼政党的发展历程，很少抽象出一般性的变量与经验。可见，前者关注"存量"而忽视了"增量"，后者则"具体"有余而"抽象"不足，进而导致这两种主流的方法论对于解释一段时间内多个极右翼政党的崛起条件和路径都没有足够的说服力。不同于 KKV 所认为社会科学具有单一的推理逻辑，持有"多种传承"（many cultures）观点者则认为，定量与定性传统是异质性的群组，每种范式又有进一步的划分。在接下来的研究中，我们选取定性比较分析与逻辑斯蒂回归作为方法论"两种传承"的代表对此议题分别进行分析，同时通过实质研究对两种研究方法的特征与优劣进行检视。

三 研究设计：案例与变量选择

在对相关文献进行回顾之后，我们有必要对研究案例和变量/条件进行选择。由于欧洲各国选举日程各不相同，在相同的时间段内观察各国不同政党的力量对比只能借助民意调查等极不精确且争议较大的数据源。而如果试图利用各国选举的真实数据，则必须各国截取不同时段（各国大选年）的情况再进行对比，这样就无法解决各个因素在时间分布上的不均匀性，也无法排除不同时间段不同偶发事件的影响。因此，为了同时满足真实性和共时性的要求，本文选取几乎在欧盟各国同时进行的欧洲议会选举来作为研究对象。本文以 2009 年和 2014 年两次欧洲议会选举中的欧盟部分国家为样本，以这些国家极右翼政党在两次选举中的得票变化和与之相关的其他因素的变化为观测值。

1. 案例选择

在案例选择上，我们不仅分析极右翼政党崛起的正面案例（positive cases），同样选取那些"可能出现某种结果而没有出现该种结果的案例"作为反面案例（negative cases）进行考察。① 在本文中，笔者将两次竞选中至少出现一个极右翼政党的议席视为"可能"的门槛，而那些极右翼政党从未取得任何议席的国家则被视作不相关案例（irrelevant cases）。此外，在两次欧洲议会选举之间，德国选举门槛发生了剧烈的变化（从 5% 到 3% 到 0.6%），根据有关政党理论，这种变化会导致短期内小党迅速涌入议会。由于德国这一情况过于特殊且不具可比性，本文也不将其纳入考察范围。因此，本文初步选择的样本是：法国、英国、意大利、波兰、希腊、瑞典、奥地利、芬兰、丹麦、罗马尼亚、荷兰、比利时、匈牙利、保加利亚、斯洛伐克和立陶宛。

---

① 反面案例的选择，参见 James Mahoney and Gary Goertz, "The Possibility Principle: Choosing Negative Cases in Comparative Research", *American Political Science Review*, Vol. 98, No. 4, 2004, pp. 653 – 669。

表 2　案例分布

正面案例		负面案例	
国家及代码	极右翼政党议席变化情况	国家及代码	极右翼政党议席变化情况
英国（UK）	英国独立党（UKIP）＋12 英国国家党（BNP）－2	罗马尼亚 （RO）	更强大的罗马尼亚党（PRM） －3
法国（FR）	国民前阵线（FN）＋21 法国运动（MPF）－1	荷兰（NE）	自由党（PVV）＋0
意大利（IT）	北方联盟（LN）－4 五星运动（M5S）＋17	比利时（BE）	弗拉芒利益党（VB）－1
波兰（PO）	新右翼大会（KNP）＋4	匈牙利（HU）	为了更好的匈牙利运动（Jobbik）＋0
希腊（GR）	人民东正教联盟（LAOS）－2 金色黎明（XA）＋4 独立希腊人党（ANEL）＋1	保加利亚 （BU）	攻击（Ataka）－2 保加利亚国家运动（VMRO）＋1
瑞典（SW）	瑞典民主党（SD）＋2	斯洛伐克（SL）	斯洛伐克国家党（SNS）－1
奥地利（AU）	奥地利自由党（FPÖ）＋2 奥地利未来联盟（BZÖ）－1	立陶宛（LI）	秩序与正义（TT）＋0
芬兰（FI）	芬兰人党（PS）＋1		
丹麦（DE）	丹麦人民党（DF）＋2		

2. 解释条件

在定量研究中，研究者通过分析自变量与因变量变化检验因果关系（effect of causes），而在定性研究中，研究者通过寻找不同的条件与机制对结果进行解释（causes of effect）。在社会科学研究设计的用语表述中，定量研究中的"变量"（variable）与定性研究中的"条件"（condition）这两种不同的称谓体现了研究方法背后的认识论上的差异。我们就解释西欧极右翼政党兴起的变量或条件进行选择。

（1）失业率。经济因素在解释政治问题上素来居于重要位置，一方面，欧洲经济危机的蔓延和极右翼政党的发展十分吻合，另一方面，因经济问题而走上极端道路的国家屡见不鲜。在欧洲各国 GDP 总量普遍增长的情况下，本文选择失业率的增长与否作为衡量经济情况的指标，相关数据从"世界银行"数据库中获取。

（2）政治信任。如上文所言，极右翼政党的崛起常常被视为反建制主义和民粹主义的胜利。当政府的表现令人不满或传统政党因为趋同而被认为不具有代表性时，人们对于代议制甚至民主本身就会产生怀疑，支持极右翼政党便成为选民发泄不满和警告当局的手段。本文将从政府、政党和民主体制三个层面考察人们的政治信任，相关数据可以从欧洲晴雨表的数据库中获得。

（3）难民危机。难民危机对政治的影响是广泛而深远的：首先，接收和安置难民需要直接耗费政府财政；其次，难民涌入往往会导致治安状况的恶化以及文化冲突；最后，当移民真正融入当地生活后，又会消耗社会福利并竞争工作岗位。这三点都会加剧人们对政府的不满和排外心理，进而为极右翼政党的兴起提供空间。本文将各国的难民总数增长与否作为衡量难民危机的标准，相关数据同样可以从世界银行数据库中获取。

（4）恐怖袭击。如上文所言，不安和恐慌的加剧会促使人们倾向于支持更严格的法律与秩序，乃至从极右翼政党的威权主义政纲中寻求安慰。除去政治和经济情况的影响，恐怖袭击无疑是不安与恐慌的最大诱因。目前尚未出现权威的社会恐慌评价体系，因此本文直接用是否发生严重恐怖袭击（针对公共机构且造成伤亡）作为衡量社会恐慌的标准。该标准需要的数据从全球恐怖主义数据库（Global Terrorism Database）中直接获得。

（5）总议席。由于里斯本条约的签署，2014年欧洲议会分配给各国的议席发生了少许的变化。虽然变动范围都在个位数，但这对于勉强争取到几个议席的极右翼政党来说则很可能有着决定性的作用。因此本文也将总议席变化情况纳入考察范围，考察结果由笔者根据欧洲议会选举的公开资料整理产生。

根据以上五个解释变量，我们进而针对欧洲极右翼政党的崛起提出五个假设。如表3所示，假设的提出不仅契合了变量选择，同时其背后具有相关理论的支撑。

表 3　假设及依据

变量/条件	假设	依据
失业率	失业率上升有利于极右翼政党崛起	经济决定论
政治信任	政治信任下降有利于极右翼政党崛起	政治抗议论
难民危机	难民危机恶化有利于极右翼政党崛起	单一问题论
恐怖袭击	出现恐怖袭击有利于极右翼政党崛起	社会崩溃论
总议席保持	总议席不被削减有利于极右翼政党崛起	经验证据（里斯本条约）

四　"两种传承"的比较与反思

在进行案例与条件甄别之后，我们分别通过两种方法分析欧洲极右翼政党的兴起，并以此两种方法的特性。

1. 清晰集定性比较分析

自 1987 年查尔斯·拉金出版《比较方法：超越定性定量策略》至今，定性比较分析已经发展成包括以清晰集分析（csQCA）、多值分析（mvQCA）和模糊集分析（fsQCA）为基础的三大传统类型。本文采取的是清晰集分析的研究方法，因此需对结果条件与解释条件进行 1 - 0 赋值，赋值标准见表 4。

表 4　变量判断标准与数据来源

	定义	标签	赋值标准		数据来源
			隶属（1）	不隶属（0）	
结果条件	极右翼政党崛起	r	$N_{2014} > N_{2009}$	$N_{2014} \leqq N_{2009}$	笔者整理
解释条件	失业率	u	失业率上升	失业率未上升	世界银行
	政治信任	p	政府、政党与民主体制信任率同时下降	政府、政党与民主体制信任率未同时下降	欧洲晴雨表
	难民危机	m	难民总数增加	难民总数未增加	世界银行
	恐怖袭击	t	发生严重恐怖袭击	未发生严重恐怖袭击	世界恐怖主义数据库
	总议席保持	s	议席未被削减	议席被削减	笔者整理

根据案例与条件，我们可以得出原始数据表，如表5。

表5　原始数据矩阵（基于清晰集）

Csae ID	r	u	p	m	t	s
IT	1	1	1	1	1	1
FI	1	1	0	1	0	1
GR	1	1	1	1	1	0
FR	1	1	1	1	1	0
PO	1	1	0	1	0	1
AU	1	1	0	1	1	0
DE	1	1	1	0	1	1
SW	1	0	0	1	0	1
UK	1	0	0	0	1	1
NE	0	1	0	0	1	1
BE	0	1	0	1	0	0
HU	0	1	0	0	0	0
SL	0	1	1	1	0	1
BU	0	1	0	0	0	0
LI	0	0	0	1	0	0
RO	0	0	0	1	0	0

首先，我们对必要条件进行检测。在定性比较分析的运算中，如果存在必要条件，操作者首先需将其暂时排除后再进行布尔化简，对原始数据矩阵进行必要性检测的结果如表6。

表6　必要条件检测

条件名称	一致性（Consistency）
u	0.777778
~u	0.222222
p	0.444444
~p	0.555556
m	0.777778

续表

条件名称	一致性（Consistency）
~ m	0.222222
t	0.666667
~ t	0.333333
s	0.666667
~ s	0.333333

　　一般认为，当某一条件的吻合度达到 0.9 以上，则可以将该条件看作结果的必要条件。[①] 由此可见，我们选取的解释条件中并不存在正面案例的必要条件。但相对其他因素而言，失业率上升（u）、难民危机恶化（m）明显较为接近必要条件。

　　在原始数据矩阵的基础上，我们可以构建真值表（truth table）如表 7。根据排列组合原理，5 个条件变量一共可能有 32 种条件组合，再加上结果变量一共可能有 64 条因果路径。但从真值表可以发现，仅有 12 条因果路径是真实存在的，部分国家的路径还出现了重复。

表 7　真值

u	p	m	t	s	Number	r	Cases
0	0	0	1	1	1	1	UK
0	0	1	0	1	1	1	SW
1	0	1	1	0	1	1	AU
1	1	0	1	1	1	1	DE
1	1	1	1	1	1	1	IT
1	0	1	0	1	2	1	PO；FI
1	1	1	1	0	2	1	GR；FR
1	0	0	1	1	1	0	NE
1	0	1	0	0	1	0	BE

[①]　Charles C. Ragin, *Redesigning Social Inquiry：Fuzzy Sets and Beyond*, Chicago：University of Chicago Press, 2008, pp. 44 – 68.

u	p	m	t	s	Number	r	Cases
1	1	1	0	1	1	0	SL
0	0	1	0	0	2	0	RO; LI
1	0	0	0	0	2	0	HU; BU

对真值表进行布尔运算后，得出最终结果如表8所示。在这里，我们采取基于中等解（intermediate solution）的条件组合形式。定性比较分析软件中可以提供三种解，其中"复杂解"会忠实地反映出每条路径的情况，因此太过烦琐而不易理论化；"极简解"会尽可能地进行逻辑化简从而找出各条路径的共同因素，但其在追求简化的过程中很可能会忽视客观存在的逻辑冲突，因此常常与事实不符；在此基础上"中等解"是研究者在加入了一定的理论期待后的化简结果，一般认为是QCA分析的核心所在。

表8　基于中等解的条件组合

	Raw Coverage	Unique Coverage	Consistency
t * p * u	0.444444	0.222222	1.000000
s * ~t * m * ~p	0.333333	0.333333	1.000000
~s * t * m * u	0.333333	0.111111	1.000000
~m * ~p * ~u	0.111111	0.111111	1.000000

solution coverage：1.000000

solution consistency：1.000000

由结果可知，欧洲极右翼政党的崛起可表示为 r = t * p * u + s * ~t * m * ~p + ~s * t * m * u + ~m * ~p * ~u，具体来说为以下四条路径：第一条路径体现为难民总数增加 * 失业率上升 * 政治信任下降，覆盖了意大利、希腊、法国、丹麦四个国家；第二条体现为议席未削减 * 难民总数增加 * 未发生严重恐怖袭击 * 政治信任未下降，覆盖了瑞典、芬兰、波兰三个国家；第三条体现为议席削减 * 发生严重恐怖袭击 * 难民总数增加 * 失业率上升，覆盖了希腊、法国和奥地利三个国家；第四条路径体现难民总数未增加 * 政治信任未下降 * 失业率未下降，仅覆盖了英国这一个案例。

在稳健性检验上，此结果的每条路径的吻合度（consistency）以及解的吻合度（solution consistency）均为 1，说明每条路径均作为其结果的充分条件且两条原因组合作为一个整体同样作为结果的充分条件；在覆盖度方面，总覆盖率（solution coverage）为 1，说明给出的条件组合可以解释所有的案例，各初步覆盖度（raw coverage）表示了三条路径所能覆盖的案例，各条路径中净覆盖度（unique coverage）均低于其初步覆盖度，说明存在符合多条因果路径的正面案例。

2. 逻辑斯蒂回归分析

为了便于两种方法的比较，我们继续在接下来的分析中同样采取 QCA 所使用的二分变量。在定量研究中，线性回归有着非常广泛的应用，然而，二分变量作为因变量，其分布明显已经违反了线性回归的假设，因此不能采取线性回归分析中的最小二乘法进行估算，可以采取逻辑斯蒂回归模型（logistic regression model），并采用最大似然估计方法来对模型参数进行估计。[1] 不难发现，逻辑斯蒂回归的处理对象与运算结果在直观上与 csQCA 十分相似，两者都擅长处理分类变量，而两者的运算过程中都出现了二维矩阵。为了说明两者的异同，下面我们用二元逻辑斯蒂回归对极右翼政党崛起的案例进行处理。

首先，我们将所有的条件变量放入模型，可以得到如下结果，见表 9。

表 9　分类

		预测值		正确百分比
		r = 0	r = 1	
观察值	r = 0	5	2	71.4
	r = 1	1	8	88.9
整体百分比				81.3

---

① 韩冬临：《定量方法》，陈岳、田野主编：《国际政治学学科地图》，第 282 页，北京大学出版社，2016 年版。

如表9所示，5个条件变量成功预测了13个样本的结果，而无法解释另外3个样本。这个结果比起QCA给出的路径而言解释力稍弱了一些，但也从某种程度上印证了QCA方法的可信度。

接着，我们考察这个模型的各个参数来判断模型的拟合度与变量的显著性。

如表10、11所示，该模型的 Cox & Snell R^2 和 Nagelkerke R^2 的数值都较高，这说明用这5个条件变量来解释右翼政党的崛起是有说服力的，这与QCA的结果相符。然而，这5个条件变量在模型中均没有显著性，这说明在统计学意义上，每一个变量自身与结果变量之间很可能是不相关的。这一方面说明回归方法对样本数量有着较高的要求，一方面也表明真正起作用的并不是某个单独的变量，而是具体的条件组合，这也印证了QCA背后的条件组合思想。为了更直观地说明这个问题，我们将5个条件变量分开，分别与结果变量进行 Logistic 处理，可以得出如下结果，如表12。

表 10 模型参数

−2 对数概似	Cox & Snell R^2	Nagelkerke R^2
6.491	.619	.830

表 11 变量参数

	B	S. E.	Wald	df	显著性	Exp（B）
u	−18.509	9775.603	.000	1	.998	.000
p	−.605	1.906	.101	1	.751	.546
m	58.717	19151.738	.000	1	.998	3165253022742916000000000.000
t	58.112	19151.738	.000	1	.998	1728534524284784200000000.000
s	38.510	13913.485	.000	1	.998	53040848999724992.000
常数	−77.811	25707.139	.000	1	.998	.000

表 12　模型拟合度与变量显著性

	条件变量	0-1 矩阵 *		预测百分比	Cox & Snell R^2	Nagelkerke R^2	显著性
模型 1	u	2	5	56.3	.005	.007	.772
		2	7				
模型 2	p	6	1	62.5	.105	0.140	.217
		5	4				
模型 3	m	3	4	62.5	.048	.064	.383
		2	7				
模型 4	t	6	1	75	.256	.343	.054
		3	6				
模型 5	s	5	2	68.8	.136	.183	.142
		3	6				

注：* 左上和右下表示预测成功的数量，左下和右上则表示预测失败的数量。

如表 12 所示，每个条件变量分别进行逻辑斯蒂回归后得到的模型都非常不理想，相比于将 5 个变量都放入的模型而言拟合度有明显的滑坡。

3. 方法的比较与反思

进一步对比 QCA 与逻辑斯蒂回归的运算结果，我们可以很清晰地发现两者之间的不同之处。

在 logit 模型中，对正面案例的解释就是对负面案例解释的对立面，其运算结果并不区分结果变量的取值，X 增加一个单位的对 Y 概率的影响等同于下降一个单位的影响。换言之，逻辑斯蒂回归告诉了我们自变量对因变量的影响程度，根据此分析结果，我们既可以判断极右翼政党在部分国家的崛起原因，同时也可以判断极右翼政党在其他国家不崛起的原因。具体而言，失业率上升、政治信任下降、难民总数增加和严重恐怖袭击发生和议席不被削减促进了极右翼政党的崛起，那么这些因素的缺位就抑制了极右翼政党的崛起。

不同于逻辑斯蒂回归条件变量的影响程度，QCA 可以同时识别出结果变量的充分条件（组合）和必要条件（组合）。在前文的运算中，QCA 仅给出了用于解释正面案例的因果路径。为了更清楚地说明这个问题，我们在保证条件变量不变的基础上，分别以 "r"（即 r = 1）和

"~r"（即 r = 0）为结果变量，用 QCA 来计算极右翼政党崛起和不崛起的因果路径，两者的复杂解如表 13 所示。

表 13　极右翼政党崛起的正面 - 负面案例的条件组合对比 （基于复杂解）

	极右翼政党崛起（r = 1）	极右翼政党未崛起（r = 0）
条件组合	~p * m * ~t * s	u * ~p * ~t * ~s
	u * m * t * ~s	~p * m * ~t * ~s
	u * p * t * s	u * ~p * ~m * t * s
	~u * ~p * ~m * t * s	u * p * m * ~t * s

可见，在定性比较分析中，事件的发生（极右翼政党崛起）与不发生（极右翼政党未崛起）的因果路径是完全不同的。这体现定性和定量的一个核心区别，即分析对称或不对称关系的倾向：定量学者自然重点关注有对称性质的关系，定性学者则趋于分析有不对称性质的关系。[1] 以集合论为基础的 QCA 是围绕必要性和充分性的因果关系建立的。如图 1 表示必要条件模型，当 X = 0 时，可以得到一个确信的结果 Y = 0，但当 X = 1 时，情况就变得复杂，此时 Y 既可能为存在，也可能不存在，因此只能保守地说 P（Y = 1/X = 1）> 0，因此 X 不仅可以在 Y 存在时出现，同样可以在 Y 不存在时出现。与此类似的，在充分条件的分析中同样可以得出这样的非对称性结论。因此 QCA 在分析欧洲各国极右翼政党发展的不同水平时可以得出更有价值的结论。

而逻辑斯蒂回归的结果仅仅从总体上显示了用条件变量解释结果变量的成功率，其结果只能说明条件变量的影响程度，无法识别出充分条件与必要条件，也无法判断哪些样本是预测成功的、哪些样本是预测失败的，更无法判断不同的条件变量在不同的样本中是如何分布、如何组合的。也就是说，逻辑斯蒂回归只能对既有的假设进行一定程度上的检验，无法指导我们进一步地深入案例以获得完整的因果机制。反观定性比较分析，其数学原理虽然简单，但其运算结果要比逻辑斯蒂回归更为

---

① 加里·格尔茨、詹姆斯·马奥尼：《两种传承》，第 73 页，上海人民出版社，2016 年版。

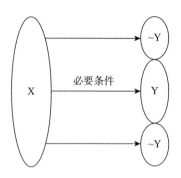

图 1　必要条件的韦恩示意图

复杂，可以同时识别出结果变量的必要条件以及条件组合，这在管理科学以及战略研究中更具现实意义。

逻辑斯蒂回归在本研究中并没有帮助我们获得足够的有效信息。除了研究旨趣不匹配外，本文中逻辑斯蒂回归在技术层面的"水土不服"也值得关注。一方面，由于本文的案例数受到天然限制，因此逻辑斯蒂回归模型中的自由度也非常小。根据统计学原理，当样本均值和标准误差既定的情况下，自由度越小，重要的统计量的临界值就越大而实际值则越小，统计推断也就越不容易显著，从而无法拒绝原假设。相比于线性回归，逻辑斯蒂回归对于样本量的要求则更为严格（一般认为样本量不能少于变量数的 10 倍）。这就是本文中所有条件变量（自变量）都没有显著性的原因。另一方面，直观可见，本文的各个条件变量之间并不独立，甚至存在高度相关，因此存在严重的多重共线性问题。这就是说，虽然本文中逻辑斯蒂回归得出了较高的拟合度和预测率，但其真实性仍然值得怀疑。可见，统计方法对于样本数量和自变量本身都有较高的要求，如果这些前提得不到满足，其计算结果对研究者而言就会失去意义。但值得注意的是，在另一些议题下，回归分析反而更为适用，且在大样本研究中尤为如此——随着案例数量的增加，研究者更加倾向于关注平均影响而非对特定结果的关注。① 例如，如果我们旨在测量某一

---

① Gary Goertz and Harvey Starr, eds. , *Necessary Conditions*：*Theory*，*Methodology*，*and Applications*，New York：Rowman & Littlefield，2002.

因素对各国极右翼政党崛起的平均影响，那么传统的回归分析则更为适用。与此同时，相较于回归分析，定性比较分析无法处理时间序列数据和进行面板数据分析，因校准所带来的问题，其在面对连续变量时也谈不上优势。[①]

五　结语

作为比较政治研究中的重大事件，本文通过定性比较分析与逻辑斯蒂回归分别分析了欧洲极右翼政党的兴起，以两种方法就不同的侧面揭示了这一现象所出现的根源。然而，二者都只是在"因素"的层面揭示了因果关系，均无法在原因与结果之间搭建"因果机制"（causal mechanism），因此必须进一步对案例进行具体观察。同时且更为重要的是，任何方法的选择均是围绕特定的议题展开，其本质并无优劣之别，好的社会科学研究，需要通过不同方法对真实世界的问题予以回应。本文虽然是立足方法论的比较，但研究关怀却是现实世界中正在上演的重大议题。须知，衡量社会科学成就的最高标准是其对我们身处其中的社会结构的认识有着实质性启示[②]，缺少前提概念与基础理论的实证研究只会使我们离真相越来越远。"任何一种非实验性方法都有自身的缺陷或有一个有效度的问题，这就要求研究者要尽量避免这些缺陷而使自己的研究效用最大化"[③]，因此拘泥于方法论壁垒不仅不会带来学术的繁荣，反而可能阻碍了研究的进一步扩展，这一点在美国政治学界已经初现端倪。中国政治科学研究方兴未艾，许多宏观、中观与微观各个层面的问题需要进一步探索，以方法高低判定研究质量显然是徒劳无益的。探索真问题，兼收多元方法，是所有政治学研究者必须清醒的"身份"所在。

---

① 唐世平：《历史遗产与原苏东国家的民主转型——基于 26 个国家的模糊集与多值 QCA 检验》，《世界经济与政治》，2013 年第 2 期。

② 杨光斌：《复兴比较政治学的根本之道——比较历史分析》，《比较政治评论》，2013 年第 1 期，中国社会科学出版社，2013。

③ 李路曲：《比较政治分析的逻辑》，《比较政治学研究》，2010 年第 1 期，第 17 页，中央编译出版社，2010。

比较政治学研究 2018年第1辑 总第14辑
第 080~097 页

国家自主性：从"分殊制衡"
到"嵌入协同"

——理论变革与实践意义

曹 胜*

内容摘要 国家中心理论范式在国家—社会关系基础上讨论"相互关联的两端"中的"国家"，认为国家是具有独立意志的组织体，而不是"社会冲突的舞台"，也不是"阶级统治的工具"。国家自主性经历了从"分殊"到"嵌入"的理论变革，分殊式国家自主性主张"凌驾于社会之上"的国家，凸显国家与社会在组织特质上的差异对立，并以国家与社会主导力量的较量和政策过程中的相互博弈作为确证；而嵌入式国家自主性则在国家与社会分殊基础上，考察国家对社会的嵌入，强调"社会中的国家"，认为国家的嵌入式自主能够有效推动经济社会发展。国家自主性的理论变革为思考社会政治实践开辟出新进路，"分殊式自主"的国家理论与"以社会制衡权力"的民主实践有共识性理论基础，而由"嵌入式自主"生发出的"国家与社会协同"则为理解治理实践的展开提供了知识支持。

关键词 国家自主性；分殊；嵌入；协同

国家自主性作为国家回归理论的核心概念被提出以来，作为国家中

---

* 曹胜，中国行政管理学会副研究员。

心理论范式进行社会政治分析的重要理论范畴，为开辟"以国家为中心"的研究进路确立了理论基石，成为凸显政治自身价值的结构性要素，而被广泛应用于政治科学分析的诸领域①。正是因为国家具有相对于社会的自主性，才构成了对各种历史或当下事实进行解释的具有独立意义的分析变量。从理论范式上确立国家自主性对经济、社会、政治等各领域诸种现象予以解释的知识定位，其核心主旨在于通过基于特定角度的分析而形成一种洞察力，从而呈现社会变革内在机理的某一理论向度。国家自主性的理论变革为我们开辟洞察社会事实的新路径，由此呈现出的知识形态必然构成考察整个社会政治形态的新视野，进而深刻影响人们的行为选择的实践取向。

一 "国家—社会"理论范式中的"国家自主性"

"国家—社会"理论范式着眼于关系形态的理论表达，在对社会政治生活进行高度抽象的基础上，在治理秩序的意义框架内确立起"国家"和"社会"两个具有"对立"价值的分析变量。在后现代的理论语境中，这种具有二元对立倾向的分析范式被批判为对丰富现实的过度简化乃至理论曲解。这集中体现在主张发掘"地方性知识"的理论范式中，它们主张构建"中层理论"，摒弃"宏大理论"。黄宗智对古代中国治理实践而展开的理论发掘所形成的"第三领域"，着实彰显了"国家—社会"理论范式所呈现出的具有表征意义的"过度自信的宏大"。然而，这种基于"地方性知识"或"本土性理论"所形成的理论批判并未从根本上构成知识上的否定，由于没有形成"范式切换"意义上的"科学革命"，其价值卓然于"批判性的反思"，但非"替代性的建构"。

---

① 〔美〕西达·斯考克波：《找回国家：当前研究的战略分析》，埃文斯、鲁施迈耶、斯考克波编著：《找回国家》，方力维等译，第2～18页，生活·读书·新知三联书店，2009年版。

　　由此，我们在"国家—社会"理论范式中展开学术讨论，尤其需要切中该范式的内核，而对其应用的拓展予以必要的知识审慎。这一范式固然通过抽象分殊出了"国家"和"社会"两个理论范畴，但其根本在于对二者的关联性的确认，也就是说所谓的"二元对立"，其本质不是"不相关的分立"而是"相互关联的两端"。离开这种关联性而分析其中某一端，是没有意义的。这种相互关联构成了一个频谱式分布的理论范畴，我们对两端理论意义的发掘并非对中间具有某种混合状态存在性的否定，而之所以以"对立"的方式凸显两端的理论特质，是基于韦伯意义上"理想类型"的考量。这就对"国家—社会"理论范式的批评者形成一种知识回应，所谓"对立"并未取消其在事实世界中的多样化存在，而是从理论上抽象为"相互关联"的分析变量。具体而言，在"国家—社会"理论范式中，国家被作为与社会相对照的主体而存在，其潜在意义上是以确认国家具有特定自主性为逻辑前提的。正是由于存在自主行动可能的国家，才有具有实际意义的国家与社会关系。这一逻辑对于其中另一端的"社会"同样成立。在"国家—社会"理论范式中讨论国家自主性，不言而喻是在讨论"国家"之于"社会"的自主，而这种自主并非完全纯粹意义上的，而是在不同的事实情境中呈现为程度不同的差异性存在。

　　而之所以在"国家—社会"理论范式中凸显"国家"的"自主性"，是因为在之前的政治学语境中"社会"的自主已经获得某种程度上的理论共识，甚至认为"国家是社会所决定的"。正是对于"国家"具有"自主性"这一理论观点的声张与论证，形成了以"把国家找回来"为标志性口号的国家回归理论，为我们开放出了理解社会政治生活的新进路。我们正是在与"社会中心论"相对立意义上的"国家中心理论范式"中展开对国家自主性之理论变革的分析，从其变革中发掘其对于实践理解的意义。

　　在"国家—社会"理论范式中考察国家自主性，依循"相互关联的两端"这一生成逻辑，自然就生发出一种"相互对立"的关系形态。从丰富复杂的社会事实中抽象出"国家"这一概念的过程，本身就是确立理论对立意义上"社会"的过程。马克斯·韦伯认为，国家从本质而言是"垄断合法暴力和强制机构的统治团体"①，这一具有明显"理想类型"色彩的概念界定，明确地强调了国家对于社会所具有的政治控制力这一组织特质。国家作为合法暴力的垄断独占性地行使以社会为对象的政治活动，这就对国家与社会做出了关系形态上的组织界分。尽管后来的学者从社会事实出发，对这种具有绝对意义的"垄断"和"独占"予以理论批评②，但是韦伯意义上的"国家"作为核心概念日渐成为构建政治学知识大厦的基石性理论范畴。国家由于自身"处于内外之间利维坦"的组织特质，向外意义上的"安全逻辑"和向内意义上的"政治逻辑"使得国家成为社会政治生活中独立的利益主体，有着不同于社会各团体的行动逻辑，由此形成了与各阶级、阶层相分殊的社会行动。国家是具有独立意志的组织体，而不是"社会冲突的舞台"，也不是"阶级统治的工具"。

二 分殊式国家自主性：凌驾于社会之上的国家

国家回归理论正是从韦伯意义上的国家概念出发开放出分析政治生活之宏观形态和微观机制的理论范式。该理论范式的代表人物斯考克波认为，"作为一种对特定领土和人民主张其控制权的组织，国家可能会确立并追求一些并非仅仅是反映社会集团、阶级或社团之需求或利益的目标，这就是通常所说的国家自主性（state autonomy）。只有国家确实能够提出这种独立目标时，才有必要将国家看作一个重要的行为主体"③。从这一表述中，我们可以看出国家自主性就是国家在与社会力

---

① 〔德〕马克斯·韦伯：《经济与社会》（下卷），林荣远译，第730页，商务印书馆，1997年版。
② 〔美〕乔尔·米格代尔：《强社会与弱国家》，张长东等译，第9页，江苏人民出版社，2012年版。
③ 〔美〕西达·斯考克波：《找回国家：当前研究的战略分析》，埃文斯、鲁施迈耶、斯考克波编著：《找回国家》，方力维等译，第10页，生活·读书·新知三联书店，2009年版。

量相互竞争过程中所体现出的占据力量对比优势地位的控制力。① 这种自主性是建立在国家不为社会所"俘虏"基础上的,与各种社会力量形成关系形态上的"分殊"。我们将这种国家自主性称之为"分殊式国家自主性"(differentiated autonomy)。② 这里的"分殊"所着力强调的是在国家与社会关系中之所以处于"相互关联的两端"的组织特质上的差异性。国家是"一套自为的组织"(organization for itself),其具有自身的逻辑和利益,而不必与社会支配阶级的利益和政体中全体成员群体的利益等同或融合。③

　　从理论逻辑来看,这与马克思主义所主张的"国家相对自主性"显然是不同的。这种国家自主性并不认为国家所具有的自主性是特定社会政治情势下的产物,也不是基于整个社会结构基础上的"相对自主",而是作为一个独立社会组织体遵循特定的制度逻辑而追求自身利益所形成的分殊于社会力量的关系形态。从组织特质、目标厘定、行动逻辑、实践表现、关系形态,分殊式国家自主性都具有"绝对意义"上的自主性。因此,马克思主义所表述的作为"表面上凌驾于社会之上的力量"的国家,在这里获得的实质性的意义,不再是"表面上"而是作为"一套自为的组织"真正"凌驾于社会之上"。正是从这种意义上,真正确立起了"国家中心论"理论色彩的分析范式,该范式认为马克思主义或西方马克思主义认为国家是"阶级统治的工具",从本质而言还应归属于"社会中心论"。分殊式国家自主性强调国家与社会的关系形态中"国家"与"社会"之间的对立性,凸显国家之于社会的自主性,就是要确立国家作为基本理论范畴在解释政治和分析社会的理论资格和知识潜能。从本质而言,这是构建理论范式的需要,而非对事

① Michael Mann, "The Autonomous Power of the State: Its Origins, Mechanisms and Results", in J. Hall (ed.), States in History, Basil Blackwell, 1986, pp. 113 – 114.

② 对于 differentiated autonomy 的中文翻译有"隔绝式自主性""区隔式自主性"等译法,本文认为"隔绝"和"区隔"在语气色彩上过分强调国家与社会的对立性,而不能很好体现出"相互关联的两端"这一理论特质,故译作"分殊式自主性"。具体可参考李强:《后全能体制下现代国家的构建》,《战略与管理》,2001 年第 6 期。

③ 〔美〕西达·斯考切波:《国家与社会革命:对法国、俄国和中国的比较分析》,何俊志等译,第 27~28 页,上海人民出版社,2007 年版。

实的真实呈现。

从理论范式来看，要凸显国家之于社会的“分殊式自主性”，如果分析国家政权之于弱势阶级或阶层的自主性，尽管案例比比皆是，但无疑说服力是有所欠缺的。最能体现国家之于社会之分殊式自主性的情境莫过于国家政权与社会主导阶级或阶层之间在处于利益对立或偏好分歧的情况下，国家能够通过力量的博弈而最终获得对社会的控制权，进而实现对社会走势的掌控和政策方案的确定。从而，确证国家之于社会的自主性是绝对的，而非相对的。在这一点上，国家中心理论范式批评西方马克思主义，认为“所有研究国家的新马克思主义者仍然深受社会中心主义的假设的影响，而毫不允许他们自己去质疑：国家是否真的从本质上就是阶级或阶级斗争的体现，其职能真的就只是维持和扩大特定的生产模式”。[1] 从这里能够看出二者之间在国家自主性判断上具有根本性的理论分歧。为了确证其所主张的具有绝对意义上的国家自主性，国家中心理论范式选择国家与社会冲突的宏微观事实作为检验国家自主性程度的案例，着力凸显国家之于社会的分殊性。

斯考克波在《国家与社会革命》中，通过考察社会革命中国家与社会主导阶级在资源汲取中的对立和斗争，提出国家具有相对于社会各阶级、阶层的“潜在自主性”。斯特潘（Alfred Stepan）的《国家与社会：比较视角下的秘鲁》和特里姆伯格的《来自上层的革命》则对日本的明治维新、土耳其的凯末尔革命、埃及的纳赛尔革命和1968年的秘鲁政变等历史事实中围绕国家权力和社会变革所做出的分析，都呈现出国家政权相对于社会各团体力量具有自主性的情境，在摧毁社会主导阶级（上层地主阶级或贵族阶级）实现社会变革中，国家具有巨大的行动能力，凸显出其较之于社会的高度自主性。这些研究认为，国家是具有独立意义的“组织结构”，国家统治者与社会各阶级（包括现存的支配阶级或团体）之间基于不同利益追求而形成了差异性目标设定下的

---

① 〔美〕西达·斯考克波：《找回国家：当前研究的战略分析》，埃文斯、鲁施迈耶、斯考克波编著：《找回国家》，方力维等译，第5页，生活·读书·新知三联书店，2009年版。

行动努力，这就产生了国家与社会各阶级、阶层根本性利益冲突的可能。从一定意义上讲，这种基于国家与社会分殊乃至冲突而进行自主性分析的研究路径就成为区分"国家中心论"与"社会中心论"的关键点所在。

从"相互关联的两端"的理论抽象上呈现分殊式国家自主性，国家中心理论的主张者在对政治多元主义分析范式批判的基础上，凸显国家与社会在互动中的对立性，开放出新的分析进路。他们认为政治多元主义所主张的通过分析各利益团体之间的博弈来解释社会政治现象的分析路径，将国家作为"社会冲突的舞台"是不正确的，国家作为具有独立意志的行动主体同样是社会博弈的主角之一。"在阐释民主国家做什么和不做什么时，国家的偏好至少与公民社会的偏好同等重要：民主国家不仅经常自主，以至于它有序地循自己偏好行动，而且甚至当它的偏好与公民社会中最强势的个别团体的要求存在分歧时，它也是如此显著地自主行动。"[①] 深入分析国家与社会相互博弈的过程，能够为分殊式国家自主性提供更精细的论证。诺德林格在《民主国家的自主性》一书中对民主国家中公共政策制定过程中不同行为主体的影响力量给予考量，重点分析代表国家的政府官员与社会团体基于政策偏好而展开的相互博弈的过程，凸显民主国家中由选举或任命产生的掌握着社会资源权威性分配的政府官员的政策偏好与在社会中具有政治分量的社会团体的偏好相一致或出现分歧时进行公共政策制定过程中所显示出的国家自主性。

从分殊式国家自主性的角度出发，政府与社会团体在政策形成中偏好分歧的存在与否是分析二者关系的逻辑起点，"国家与社会偏好是否吻合，构成了区分不同自主性类型和探究国家与社会行为者在政策行程中的相对重要性的关键性背景"。多重社会政治因素决定着国家与社会偏好的差异，呈现出重合、融合、分歧、对抗等相互绞接的复杂形态。基于多样化的国家与社会的偏好结构，诺德林格对国家偏好与权威性行

[①] 〔美〕埃里克·诺德林格：《民主国家的自主性》，孙荣飞等译，第 1 页，江苏人民出版社，2010 年版。

动相匹配的频率、程度或比例对民主国家的自主性做出了类型学意义的具体呈现，国家官员是否"从事意欲转变社会偏好或者使自己摆脱社会约束"成为决定国家自主性程度的关键变量。诺德林格认为国家政策绝非社会利益诉求的简单回应，很大程度上体现为国家意志向社会领域的拓展渗透。国家有相当的资源力量在偏好一致时通过免除社会约束实现乃至强化政策的创建，在偏好分歧时则通过塑造、变更进而克服社会约束，最终构建符合国家目标的公共政策。这种分殊意义上的国家力量充分显示了其自主性的存在，正是基于此，他在当时行为主义政治盛行的理论背景下，明确提出"要认真对待国家"的理论主张。[1]

在接续韦伯对国家概念定义的基础上，主张"把国家找回来"的国家中心理论范式着力通过强调国家与社会的分殊性，凸显二者之间在组织特质和行动逻辑上的差异性，以确立"国家"处于中心位置的范畴意义。正是经过这样的学术努力，国家与社会的分殊构成了"国家—社会"理论范式的前提性存在，我们在这一范式下分析具体社会政治事实时，都自觉不自觉地对相互关联的事实进行了抽象性的分殊定位。斯考克波对宏观社会政治结构背景下的国家自主性进行考察，旨在揭示国家与社会主导阶级在社会变革中分殊乃至对抗，诺德林格着重于考察公共政策制定过程中国家与社会偏好差异情形下国家自主性的实现。尽管二者在研究论域上有宏观与微观的区分，研究方法上有分析与演绎的差异，但总体而言，他们都是在国家与社会之间相互分殊的意义上考察国家自主性的。

三　嵌入式国家自主性：社会中的国家

在"国家—社会"理论范式中，国家与社会之间的分殊构成了理论的逻辑起点，为分析纷繁复杂的社会政治事实提供了基础性框架。通过诉诸政治学的知识传统，国家回归理论重新找回"国家"之后，仅

---

[1] Eric Nordlinger, "Taking the State Seriously", in M. Weiner and S. P. Huntington, eds., *Understanding Political Development*, Boston: Little Brown Co., 1987, p. 361.

仅主张分殊式国家自主性无法对日益密切的政经互动形成强有力的解释，因为事实存在中的国家与社会并非相互隔绝式的分殊关系，而是呈现为一种相互混杂渗透的组织形态和关系模式。如何从理论抽象上予以回应，成为"国家—社会"理论范式实现知识生长的关键。基于复杂互动的关系形态，该范式必须进一步拓展并丰富其理论范畴，以对事实形成更具解释力的分析。由此，"嵌入"作为呈现社会网络复杂关系形态的理论范畴①与国家自主性理论实现了知识整合。

　　"嵌入"作为对动态意义上关系形态的理论抽象，其逻辑上是以组织形态的"分殊"为前提的，没有不同组织实体本质意义上的界分，所谓"嵌入"的关系形态必然是不存在的。"嵌入"所抽象表达的是在特质上存在差异性的组织实体发生某种关联所形成相互影响的关系形态，这一关系形态在构建过程中存在时间性的先后和主客体性的区分。在国家中心理论范式中，"嵌入"描述的是特定情境中的国家与社会关系，是在国家与社会分殊之后而形成的特定关系的抽象表达。从这种意义上讲，嵌入式国家自主性与分殊式国家自主性之间并非一种简单的并列或者替代性关系，而是一种生成逻辑上先后相继而关系形态上相互分立的关系。没有分殊，就无所谓嵌入。由此，"凌驾于社会之上"的国家变成了"社会中的国家"。② 国家与社会有分殊，但国家并非以对立形态对社会形成控制，而是以嵌入的方式存在于社会之中。嵌入式国家自主性从理论逻辑上所凸显的关联性的存在、时间性的先后、主客体的区分，为国家中心理论范式解释具体社会政治实践中所呈现的复杂关系形态提供了重要的分析工具，被广泛应用于分析各种政经和政社关系中。由此，"嵌入式"概念的引入使得国家中心理论范式实现了知识上的新突破，形成了国家自主性理论的升级版，开放出了国家研究的新

---

① 社会嵌入理论是经济社会学领域的核心概念，用以分析社会关系对于经济行为的影响，后被广泛应用到各个学科，可参考 M. Granovetter, "Economic Action and Social Structure: The Problem of Embeddedness", American Journal of Sociology, 1985 (91), pp. 481 –510.

② 〔美〕乔尔·米格代尔：《社会中的国家》，李扬、郭一聪译，第 3 页，江苏人民出版社，2013 年版。

论域。

比较政治经济学家彼得·埃文斯在对经济发展进程中的国家作用及其运行机制给予深度剖析时，基于政治经济的历史事实，提出了"嵌入式自主性"的理论命题，用以描述国家与社会（政府与企业）之间的复杂关系。① 在其于1995年公开出版的《嵌入式自主：国家与工业化》一书中，埃文斯对日本、韩国等国家在经济发展中国家的作用做出分析，试图对"东亚奇迹"给予理论解释。与其他国家发展理论学者一样，埃文斯也认为东亚奇迹与特殊的政经关系和制度安排密不可分，但他更着重于国家与社会关系的分析。他认为韦伯意义上的现代国家之于经济发展有着重要作用，但具有内部连贯性和凝聚力的自主性国家并非无条件存在的，国家政权的组织制度及其与社会关联的具体方式和紧密程度，决定了国家与市场关系的差异性，也决定国家自主性的强与弱。多数不发达国家由于韦伯意义上现代国家的缺失导致经济发展的困境，因为政府不仅不能为促进经济发展而提供必需的产权保护、市场秩序、基础设施等，而且还以"掠夺者"的形象出现，成为官僚谋取私利、压榨社会、汲取资源的工具。因此，具有高度自主性的国家是促进经济发展的必需政治设施。

然而，国家如果仅仅保持与社会的分殊性，不为社会利益集团所俘虏，尚不构成完整意义上的"以发展为导向"的国家形态。国家要对社会经济发展进行有效的引导，必须深深"嵌入"社会中，构建起国家政权与企业、社会组织之间的沟通机制，依凭它们保证政府的政策目标得到社会精英和大众的认同，进而高质量地执行，实现其所追求的发展经济的目标。如果国家与社会的关系仅仅保持相互"分殊"的状态，而缺少必要的"嵌入"机制，政府成为"悬浮"于社会之上的组织体，无法了解社会经济发展的信息实情和发展趋向，自然也就无法掌控经济发展的整体规划，政府对产业发展的经济政策也就成为"无的之矢"，其执行也必将大打折扣。因此，要推动经济社会发展，国家之于社会的

---

① Peter Evans, *The Embedded Autonomy: State and Industrial Transformation*, Princeton: Princeton University Press, 1995, pp. 7 - 14.

"自主性"和"嵌入性"二者是相辅相成，缺一不可的。

缺乏自主性，国家会沦为社会控制的"俘获物"；缺乏嵌入性，国家成为社会表面的"漂浮物"。只有二者以特定的制度机制实现了有机整合，才能够真正实现国家推动经济社会发展的目标。由此，埃文斯通过提出"嵌入式自主性"的创新性观点发展了国家回归理论的国家自主性理论。他认为东亚新兴工业化国家和地区之所以能够取得经济发展的"奇迹"，就是因为它们具备了以"嵌入式自主性"为制度特征的国家与社会关系：一方面这些国家与地区的政权具有韦伯意义上的具有"内在凝聚力"的科层制组织结构，另一方面在政府与企业之间通过一系列制度安排形成了紧密的"外在联结性"，而且二者在追求经济发展的共同目标下实现了有机整合。① 在对东亚经济发展的事实分析中，埃文斯对国家结构及国家与社会关系对于国家与市场关系的塑造作用给予着力的推崇，"嵌入式自主性"则成为对"经济奇迹"做出解释的理论内核。埃文斯将这一观点作为分析国家与经济发展复杂关系的核心，进而对世界范围内不发达国家的经济状况给予了盘点和分析，将国家与社会关系是否存在"分殊基础上的嵌入"，作为区分"掠夺型国家"与"发展型国家"的中心变量。

比较政治经济学对国家与社会关系的进一步研究，将"嵌入式自主性"从埃文斯的东亚政经关系事实拓展到更为广阔的领域。琳达·维斯和约翰·霍布森在《国家与经济发展：一种比较历史分析》一书中以"嵌入式自主"为理论工具对全球各地的经济发展现象做出解释。他们认为嵌入式国家自主性不仅仅是解释"东亚奇迹"的关键变量，也是理解历史上欧洲经济崛起和当下欧美国家经济日渐走向衰落的中心概念。在对东西方宏观历史事实的梳理中，着重对现代国家进程中国家自主性进行比较性分析，嵌入式自主性被作为洞察国家兴衰的关键所在。整部世界史是国家与社会关系形态的主导结构从隔离自主到嵌入自主的变革过程。"新国家主义从没假设国家机构的立场必须'反对'社

---

① Peter Evans, *The Embedded Autonomy: State and Industrial Transformation*, Princeton: Princeton University Press, 1995, p. 8.

会——但对大多数学者而言，这是对'自主性'的终极考验。当国家主义将国家描述为忙于与不同的社会团体争权夺利时，这个专制形象似乎比较适合更弱的前工业国家。现代国家倾向与其他主要权力团体共同建立竞争和合作的复杂融合来推动国家计划，而不是采取对抗。为了正面地把国家能力用于转型——而非很简单地用负面能力去禁止或控制——强制比合作变得更为无效。"[1] 基于国家对社会的嵌入而构建的关系形态分析中，其实已经不再刻意地强调国家与社会的"分殊"而着重凸显的是基于"嵌入"而形成的"协同"。"把国家找回来，但不把社会踢出去"的研究进路，自然会生发出"治理式互赖"（governed interdependence）和"国家—社会协同"（State-Society Synergy）的新命题。

从"把国家找回来"到"不把社会踢出去"，国家中心理论范式明显在经历着理论逻辑上的变革，而其中国家自主性从强调"分殊"到凸显"嵌入"是具有表征意义的。从知识革命的意义上讲，关注的侧重点在"相互关联的两端"之间的偏移实际上反映出国家中心理论范式已经完成了从主张到确立的成长过程，甚至已经走向了从肯定到否定的革命阶段。理论范式的流变既反映了社会事实需求的逻辑，同时也遵循着自身的知识创新逻辑。从分殊式国家自主性到嵌入式国家自主性，理论范畴的变化显示了居于主流地位的思想观念的革新。由此，我们在对国家自主性做理论变革的探讨之后，尚需洞察其所体现出的变动中的实践意义。

四 实践意义：从民主制衡到协同治理

对国家自主性的理论变革进行梳理，我们可以发现"国家"这一重要的范畴在理论生成的早期通过着力强调国家之于社会的分殊性，以"分殊式国家自主性"确立了其对社会政治生活进行解释的独立变量地

---

① 琳达·维斯、约翰·霍布森：《国家与经济发展：一种比较历史分析》，黄兆辉等译，第86页，吉林出版集团有限责任公司，2009年版。

位。进而，基于对社会事实复杂性进行分析的需要，在分殊的基础上提出了"嵌入式国家自主性"。"分殊"强调的是国家与社会的区分对立，"嵌入"指称的是国家与社会的交流互动，二者之间的差别从本质而言是国家与社会关系形态的不同，呈现为从博弈到合作的转变。这种转变在社会政治实践中就体现为国家与社会关系从民主制衡到协同治理的变革。

民主作为现代政治生活具有标志性的思想理念、制度结构和实践形态，基于韦伯所主张的"法理性权威"具有高度的政治合法性。实现、巩固并发展民主的有效运行在现代政治逻辑中无疑具有最根本性的意义。近现代西方政治学最为主导的理论范式就是对民主予以理念、制度、技术等各方面的论证，从而构建出了"人民主权学说"为基础的现代政治理论体系。具体到民主制衡，以洛克和孟德斯鸠所倡导的"以权力制衡权力"的理论主张已然成为宪政制度设计支配性观念之一，体现在具体的政治实践活动中。在国家与社会的关系形态中，基于分殊性而形成的"相互关联的两端"开放出了理解国家与社会分立制衡的民主进路。这种"以社会制衡权力"的思想观念的主要倡导者是托克维尔和达尔。这一民主进路以"社会自治""多元民主""公民社会"为核心主张凸显了"社会"之于"国家"在分殊对立意义上所具有的民主实践价值。"独立的社会组织对于民主制而言是至为必要的存在……社会组织的出现，不仅仅是民族—国家民主化的直接结果，也是为民主过程本身所必需的，其功能在于使政府的强制最小化、保障政治自由、改善人的生活。"① "国家"与"社会"这相互关联的两端，在民主制衡这一主题之下被赋予了更具实践意义的理论内涵。

从理论逻辑而言，主张"社会制衡权力"是以"国家"与"社会"的组织分殊为前提的，国家与社会基于"分殊性"而分别遵循不同的行动逻辑，由此才能有所谓的"制衡"。如果国家与社会之间没有分殊性，或者虽然有分殊性但具有决定性关系，这种"社会制衡权力"就

① 〔美〕罗伯特·达尔：《多元主义民主的困境：自治与控制》，周军华等译，第 1 页，吉林人民出版社，2006 年版。

是逻辑上不存在的。在严格意义上，主张国家是"阶级统治的工具"和"社会冲突的舞台"等观点的社会中心论和主张"国家决定社会"的国家主义论，在逻辑上都是与"社会制衡权力"不相通的。由此，国家中心理论范式所凸显的国家与社会的分殊性，对于理解和支持这一民主进路从实践意义上讲有着基础性的地位。国家中心理论范式所主张的"分殊式国家自主性"所凸显的是"相互关联的两端"中的"国家"这一端，并在相对于"社会中心论"的意义上极力主张国家之于社会的自主性；而"以社会制衡权力"则强调的是"社会"这一端，并从制衡国家权力对于民众权利肆意侵入与干涉的意义上强调社会之于国家是一种至为重要的制约力量。从这个角度讲，二者从逻辑起点上有着重要的理论共识，都是以"分殊性"为立论之前提的，进而向不同的方向发掘并拓展其实践价值。由此，也能看出基于"理想类型"而构造的"国家—社会"理论范式所具有的解释力。

从民主制衡的角度来看，国家回归理论并未有直接的理论回应，后来由斯考克波所开启的公民参与路径对"民主的衰落"给出过解读，并从建设意义上讨论了国家对于民主构建的重要性。[①] 但仅就国家自主性而言，对分殊式国家自主性的强调甚至被批评为主张"国家主义"而受到对国家权力扩张高度敏感的自由主义学者的质疑。这是因为在国家中心理论范式的表达中，所极力凸显的是"国家性""国家自主性""国家能力"等概念，而且在事实比较意义上以"强"与"弱"对国家有效性加以分析，这都会形成意识形态上主张国家权力至上的色彩。由于过分强调自主的国家，而对社会形成了一种挑战，这很容易与霍布斯的"利维坦"，黑格尔的"国家决定社会"，乃至纳粹意义上的"国家主义"形成某种知识联想。而事实上，国家中心理论范式的知识进路并不是从政治哲学上进行主张论证，而是从政治科学的进路，基于历史和当下事实展开分析，其所关注的中心论题是国家的存在状态如何，其内在的运作机理是怎样的等科学分析意义上的问题。正是从研究进路上，

---

① Theda Skocpol, *Diminished Democracy*: *From Membership to Management in American Civic Life*, University of Oklahoma Press, 2003, p. 5.

这一理论范式与以"国家理由"为核心的国家哲学形成了知识上的分野①，这也正是国家中心理论范式在对国家研究传统回归中的"超越"之处。

由于国家中心理论范式对于国家理由这样的问题未作专门讨论，直到"嵌入式国家自主性"理论范畴的提出，其国家主义的意识形态色彩才得以改观。嵌入式自主理论所主张的"把国家找回来，但不把社会踢出去"在实践意义开放出了新的进路，尽管其对国家居于中心的理论范式并未改变，但由于将社会纳入解释的范围中，并寻求二者的契合性，使得其实践意义不再止步于国家与社会的分殊制衡，而推进到在国家与社会分殊的基础上探析其协同性的可能与实现的路径。基于国家自主性的差异而构建的不同的国家与社会关系形态，在具体研究中，既得益于抽象的逻辑演绎，更得益于对于社会事实的观察思考。埃文斯在1997 年编撰的论文集《国家与社会协同：发展中的政府与社会资本》中，将"嵌入式自主性"发展成为"国家与社会协同"的理论观点。论文集的作者们通过对一系列社会事实经验的研究进行了理论总结，提出要"跨越巨大鸿沟"（crossing the great divide）实现"国家与社会协同"（state-society synergy）。② 这一理论观点将通过分殊性抽象出来的"相互关联的两端"凝合在一起，寻求二者在社会实践中的相通性。

"嵌入式国家自主性"在理论内涵中必然要求"国家"与"社会"二者的整合，所谓"嵌入"就是强调二者在社会事实中的共存互动关系。国家不再凌驾于社会之上，而是融入社会之中。国家的嵌入式自主性体现在国家与社会关系上就是二者的协同性。从理论逻辑来讲，国家与社会分殊是二者关系形态构建的起点，在演化过程中会形成相互对立与相互协同两种具体形态。从与分殊式自主性相关的对立形态中，我们可以挖掘出其开放出的民主制衡进路，而嵌入式自主性则体现为基于协同性而对经济社会发展和社会政治治理具有推动促进的现实价值。嵌入

---

① 国家理由所要确立的是国家（state）之所以必需的政治哲学论证，可参看〔德〕弗里德里希·迈内克：《马基雅维利主义》，时殷弘译，商务印书馆，2008 年版。

② Peter B. Evans ed., *State-Society Synergy：Government and Social Capital in Development*，Berkeley：University of California，1997，p. 7.

是理解协同的关键所在，协同不等于同一，同一的基础是合二而一，协同也不等于混合，混合是无规则的混杂，而协同是特质分殊基础上的合作，具有某种主体间性的契合关联。从强调国家与社会之间在分殊意义上的对立到凸显二者在分殊意义上的协同，这是重要的思维转向，从"同中求异"转化为"异中求同"，这是具有基础意义的范式性变革，由此而生成的两种逻辑能够派生出一系列迥然不同的思想观点、制度设计和行为实践。而由此形成的思想观念转变对于实践改造而言有着至为重要的价值。

在社会政治实践中，这一观念转向反映出社会主流对于国家与社会关系的判断从强调"对立"的"制衡"时代，走进了谋求"互赖"的"协同"时代。这一转变在西方政治实践中为何出现而又如何展开，是值得深入探究的。如果说以"民主"为中心而形成的思想观念、制度安排和实践形态着眼于以国家与社会分殊制衡为基础来回应政治合法性问题，那么，通过凸显国家与社会嵌入协同的基础性转向则是要回应政治有效性命题，由此提出以"治理"为中心的关系塑造、组织构建和行为选择。20 世纪 90 年代以来，从不同知识领域汇集而成的以"治理"（governance）为核心范畴的理论形态[①]，构成了新的主流意识形态，西方政治学主导性理论范式呈现出从"民主合法性"到"治理有效性"的大转型。曾经以提出"历史的终结"命题而享誉学界的美国政治学家福山的理论关注点也从民主转向治理，甚至对美国的宪政结构提出了理论反思。[②] 嵌入式自主是治理有效性实现的基础，其所关注的国家与社会之间的协同性，广泛表现在推动经济发展、实现公共治理、促进公民参与和提升民主绩效等各个领域，《国家与社会协同：发展中的政府与社会资本》中所收录的论文对这些领域的主要论题都有深入讨论。

治理理论的核心命题是要打破政府在管理活动中的垄断性地位，倡

---

① 治理理论基于不同的研究进路有诸多的理论著作，可参见俞可平主编：《治理与善治》，社会科学文献出版社，2000 年版。

② 〔美〕弗朗西斯·福山：《政治秩序与政治衰败：从工业革命到民主全球化》，毛俊杰译，第 445～452 页，广西师范大学出版社，2015 年版。

导社会力量对管理活动的参与。在知识形态上，该理论呈现为从强调"自组织"的社会自治到凸显"协同性"的国家与社会合作的谱系式分布。主张协同治理的观点认为国家与社会、公与私之间并没有明确的分界，公民对管理活动的参与可以加强国家力量，国家也可以通过制度构建促进公民参与的成长，国家与社会可以达成协同共治状态。而主张元治理的观点则更进一步指出治理也有失灵的风险，离不开国家在其中扮演"元治理"的角色。① 这与嵌入式国家自主性的协同理论在知识上形成高度契合，有着共识性的观点主张和逻辑遵循。然而，需要指出的是，不同于治理理论以提出主张加以论证进而倡导的知识进路，国家中心理论范式对于治理的分析是从科学角度展开的，着眼于从客观事实中发现其存在的形态，并加以解读，剖析其具体的类型分化和内在的运行机理。正如分殊式自主并非倡导国家至上的意识形态一样，嵌入式自主对于协同治理也非价值倡导而是事实分析。所以，埃文斯在其研究中也指出，这种既保持"分殊性"又实现"嵌入性"的国家与社会的关系在事实情势中是极具实现难度的理想状态。国家与社会共治在现实中主要以不同的程度和范围而得以体现，是特定政治、经济、社会等诸种因素相作用的结果。

作为国家回归理论进行社会政治分析的重要基础性概念，国家自主性对于该理论范式具有基石性的理论地位，各种理论观点正是基于国家自主性程度的差异和具体模式的不同而形成特定的理论张力，开放出不同的研究进路。基于国家与社会关系形态的不同而形成的"分殊式国家自主性"与"嵌入式国家自主性"正是如此，二者都是在确认国家自主性前提下的具体展开，它们在很大程度上并不构成"非此即彼"的竞争关系，而是因所分析的社会事实情势而各有短长，以互为依托、互为补充的理论共生状态对原本就纷繁复杂的国家与社会关系做出更具解释力的分析。分殊式国家自主性着眼于国家与社会在抽象意义上组织特

---

① 〔英〕鲍勃·杰索普：《治理与元治理：必要的反思性、必要的多样性和必要的反讽性》，《国外理论动态》，2014 年第 5 期；〔美〕弗朗西斯·福山：《国家构建——21世纪的国家治理与世界秩序》，黄胜强、许铭原译，中国社会科学出版社，2007 年版。

质的差异，而强调其在"相互关联"中的"两端"，由此开放出了民主实践的分立制衡进路；嵌入式国家自主性则凸显"两端"的"相互关联"，凸显国家与社会在实现政治有效性意义上的治理价值。由此，以国家自主性为基础开放出的研究进路，为我们理解和推进民主治理的实践探索贡献了重要的知识支撑和理论参考。

比较政治学研究　2018 年第 1 辑　总第 14 辑
第 098～114 页
© SSAP，2018

达尔的程序民主理论探新

牟　硕*

内容摘要　经过不断的理论发展，达尔丰富并发展了一套程序民主的理论。这一理论包括了平等投票、有效参与、开明理解、民众对议程的最终控制和包容性等 5 个标准。在这 5 个标准的基础上，达尔提出了 7 个假设，即集体有决策要求，决策分为议程设定和最终决策两个阶段，服务决策的人做决策，同等正当要求同等份额，偏好同等正当，个人是自己利益的最好判断者，基本公平。根据这 7 个假设，5 个标准，达尔设计了狭义的程序民主、有着民众的程序民主、有关民众并考虑到议程的完全程序民主，完全的程序民主等 4 种程序民主的模式。达尔的程序民主理论有其现实意义，但也包含了理想成分。

关键词　达尔；程序民主；民主理论

毋庸置疑，达尔是当代西方民主理论研究当中最富建树、最有影响的作者。在达尔的民主理论当中，程序民主具有极端重要的地位。在达尔的民主体系当中，多头政体代表了他对民主的现实观察，而程序民主则体现了他对民主的理想设计。在达尔提出的两种民主模式当中，多头政体是最有启发性的实践观察，开了西方多元民主的先河，相关的研究也最多。但是，其程序民主理论不容忽视，是最有创新性的理论研究，在达尔民主理论中占有重要地位。相比之下，国内学术界对达尔程序民

---

*　牟硕，政治学博士，天津师范大学马克思主义学院讲师。

主的研究不仅数量较少，研究的内容也不全面。① 本文试图从达尔的基本文献出发，对达尔的民主理论做一个通盘的审视，以期我们对达尔的程序民主理论认识有所深入。

一　程序民主理论的发展与线索

1977 年，达尔第一次在《消除美国民主的障碍》一文中提出了程序民主学说，并进行了初步的分析和阐释。在这篇文章当中，达尔提出，对于任何特定的民主政府而言，民众做出集体决策应该至少满足三个标准：政治平等、有效参与和开明理解。任何满足这三个标准的政体，而且只有这样的政体，在其与它的民众的关系上才是程序民主。达尔认为，这三个标准"切中美国早在 19 世纪形成的民主信条的本质"。② 达尔预设了一个判断，即在组成或想要组成一个共同体的人群中，至少存在两个条件：一是"需要约束共同体成员的集体决策"；二是"成员大体上具有平等的资格，容纳周围所有的人"。③

我们看到，达尔早期的程序民主学说还比较粗糙，但基本的内容已经初步具备。同时，也正是在此基础上，达尔又进一步丰富了程序民主理论。达尔提出了程序民主的第四个标准：民主的主体（Demos）应该包括所有服从共同体规则的成年人。在达尔看来，任何满足了这四项标准的政体，我们就可以称之为充分的程序民主。第五个标准是由民众最终控制。一个共同体如果满足了所有五项标准，那么，就可以称之为程序意义上的完全的民主共同体。这个时候，达尔的程序民主逐渐在更为

---

① 就本人对中国学术期刊网（CNKI）的检索来看，只有两篇相对比较集中论述达尔程序民主的论文，一篇是陈炳辉：《民主：实质和程序的统一——达尔的民主理论》，《中共贵州省委党校学报》，2014 - 03 - 25；另外一篇是叶剑峰：《现实民主的描述性建构：论罗伯特达尔的现实民主观》，《中共济南市委党校学报》，2012 年 10 月 20 日。两篇论文都没有系统地分析达尔的程序民主。

② Robert Dahl, "Liberal Democracy in the United States", in Wm. S. Livingston, ed., *A Prospect of Liberal Democracy*, Austin: University of Texas, 1979, p. 60.

③ Robert Dahl, "On Removing Certain Impediments to Democracy", *Political Science Quarterly*, Vol. 92, No. 1, 1977, pp. 11 - 12.

丰富的标准基础上具备了递次的模式，程序民主也进一步丰富。达尔同时提出了几种异议，比如，程序正义不能保证实质正义；实质正义应该优于程序正义，并因此优于程序民主等。这些命题对程序民主来讲是非常重要的，但是，达尔并未做深入探讨。①

1979 年，达尔《程序民主》一文的问世，标志着达尔程序民主理论的形成。在这篇论文当中，达尔全面、系统地阐述了程序民主学说。达尔提出了关于人类共同体的假设并详细描述了民主程序的标准。主体问题是达尔程序民主理论需要解决的第一个问题。达尔假设：一方面，人们为了实现某种目的而要建立共同体，或者人们为了适应某种情况而根据他们现在的认识来调整已存在的共同体；另一方面，共同体要有规则，或者会就规则做出决策，这些决策对所有成员有约束力，规则适用的任何一个人被定义为一个成员。这样，"服从共同体的规则和决策是成员身份的特征，可以充分地识别成员和非成员"。② 我们看到，通过引入"服从规则的人成为民主主体"这一传统的民主理念，达尔解决了民主主体资格的问题，完美地诠释了"服从法律的人制定法律"这一自古代希腊开始就一以贯之的民主原则。

此后，达尔不断地丰富和修正程序民主的内容。在 1982 年出版的《多元主义民主的困境》一书中，达尔将程序民主五项标准中的"政治平等"（Political Equality）标准修改为"平等投票"（Equality in Voting）。③ 1986 年，达尔在编著《民主、自由与政治平等》一书时收录了《程序民主》一文，在文中，达尔谈到了他这一修订的原因。他承认自己最初的结论容易引起歧义，在他看来，将政治平等标准修改为"平等

① Robert Dahl, "On Removing Certain Impediments to Democracy", *Political Science Quarterly*, Vol. 92, No. 1, 1977, pp. 10 – 13.

② Robert Dahl, "Procedural Democracy", in *Philosophy, Politics, and Society, 5th series: A Collection*, edited by Peter Laslett and James Fishkin, New Haven: Yale University Press, 1979, p. 97.

③ Robert Dahl, *Dilemmas of Pluralist Democracy: Autonomy vs. Control*, New Haven: Yale University Press, 1982, p. 6.

投票"，这种称呼似乎更为恰当。① 这从一个侧面反映出达尔程序民主学说逐渐成熟。

1985 年，达尔撰写了《经济民主理论的前言》，进一步完善了程序民主学说。在这部著作中，达尔列出民主共同体的 7 项假设，以证明民主（自治权）的有效性。其中 4 个与共同体的性质有关，3 个与其组成成员有关。在这里，达尔问道：理性的民主信仰必然需要什么？在他看来，这一信仰的核心是：参加某种联合的人拥有一种通过民主过程进行自治的不可让渡的权利，即自治权。达尔通过自治权验证了程序民主，达尔认为，自治权这一权利主张的有效性源自对民主共同体的性质及其成员的某些假设：1. 人们的共同体需要至少形成某些集体决策，这些集体决策对共同体中的所有成员都具有约束力；2. 有约束力的集体决策包含两个阶段：提出议程，最终决策；3. 有约束力的集体决策应该由那些遵守决策的人制定，即由共同体中的成员，而不是由共同体之外的人制定；4. 弱势平等原则：每一个人的利益有权得到平等的考虑；5. 自由原则：共同体的每一个成年人都有权利对其自身利益做最后的判断；6. 强势平等原则：关于所有的事务，共同体的所有成年成员（一个政府的公民）有大致平等的资格决定哪些事务的确需要或的确不需要有约束力的集体决策；7. 基本的公平原则：通常，稀缺的且有价值的事物应该公平地分配。②

达尔理所当然地认为，这七条假设的确适用于政治共同体，这就意味着一个政治共同体中的居民享有平等投票这一道德权利。他认为，如果这 7 项假设对共同体是有效的，那么，共同体的成员就拥有民主权利。"在任何假设有效的共同体中，成年成员拥有不可剥夺的通过民主过程自治的权利，不论他们是否选择行使这一权利。"③ 我们看到，达尔的这 7 项假设，实际上是对此前 5 项标准的延展，这也显示了达尔试

① Robert Dahl, *Toward Democracy-a Journey: Reflections, 1940 – 1997*, Berkeley: Institute of Governmental Studies Press, University of California, Berkeley, 1997, p.61.

② Robert Dahl, *A Preface to Economic Democracy*, Cambridge: Polity Press, 1985, pp.57 – 58.

③ Robert Dahl, *A Preface to Economic Democracy*, Cambridge: Polity Press, 1985, p.61.

图以"程序民主"来发展一整套好政体标准的雄心。

到 1989 年《民主及其批评者》出版时，达尔的程序民主理论达到了一个高峰。达尔自己也曾经明确指出："尽管我在 1979 年发表的《程序民主》一文中已经隐约给出了民主理想标准的基石，但是直到《民主及其批评者》，我才给出了对我来说尚属满意的详细阐述。"① 在此书中，他全面深刻地阐释了程序民主的假设和 5 项标准以及程序民主面对的一系列责难。在这以后，达尔的程序民主，基本上以此为准，没有做更大的修正。

达尔后来对程序民主及其基本标准也有过一些修订，但基本上还是围绕基本的核心内容展开的。在 1998 年出版的《论民主》一书中，达尔指出，为满足所有共同体成员都有同等的资格参与共同体的决策这一必要条件，共同体的决策制定过程至少要满足五项标准，即："1. 有效参与；2. 平等投票；3. 充分知情；4. 对议程的最终控制；5. 成年人的公民资格。"② 2006 年，达尔出版了《论政治平等》，这本书是达尔最后一本学术著作。在这里，达尔再次重申了这五项标准。他指出："我相信，在最低程度上，理想的民主需要具备以下这些特征：有效参与；平等投票；开明理解；议程的最终控制；包容性；根本权利。"③

我们看到，经过从 1977 年到 2006 年近 30 年来，达尔围绕程序民主做出了大量的研究，也使得程序民主得以不断地成熟。事实上，这一过程本身也是西方国家民主实践不断发展的过程。经过不断的发展，达尔对程序民主的假设越来越明确，标准越来越严谨，形成的模式也越来越丰富，值得我们认真地进行深入的研究。

二　程序民主的标准与条件

通过对达尔程序民主理论发展的回顾，我们发现，不断地发展和完

---

① 〔美〕罗伯特·达尔：《民主理论的前言》，顾昕译，第 9 页，东方出版社，2006年版。

② Robert Dahl, *On Democracy*, New Haven：Yale University Press, 1998, pp. 37 – 38.

③ Robert Dahl, *On Political Equality*, New Haven：Yale University Press, 2006, pp. 8 – 10.

善对程序民主的标准，成为达尔程序民主理论的重要内容。因此，我们需要更深层次地展开对达尔程序民主标准条件的探讨。在对程序民主进行界定的基础上，达尔提出了民主政治秩序的本质标准，达尔称之为"理想的衡量尺度"，即：平等投票、有效参与、开明理解、民众对议程的最终控制和包容性等。[①] 下面，我们分别对这五项条件做以研究。

1. 平等投票

程序民主的第一个标准是平等投票，达尔有时也表达为投票平等或政治平等。在达尔看来，所谓的平等投票就是，"在集体决策的决定性阶段，必须保证每个公民具有平等的机会去表达一项选择，而且在考量其他公民的选择之时要平等地考虑这一选择。在确定结果的决定性阶段，这些选择，而且只有这些选择必须得到考虑"。[②] 平等投票的合理性就在于给公民的内在平等和个人自主的假设提供了保护，而这使得决定性阶段的表决平等是必要的。否则，公民无法决定他们的利益是否得到平等的考虑，而如果没有决定性阶段的平等表决的要求，表决的不平等就会逐渐侵犯利益平等考虑的原则。[③]

虽然标准并没有详细规定表决或选举的具体方法，但是，达尔认为，如果表决或表决者是通过随机的方式，即通过抽签选出的，那么，要求公民们具有平等的表达选择的机会就可以得到满足。平等的表决并不意味着，每个公民都必然有资格在每个平等的表决者或候选人的成员区域内平等表决；比例代表制可能会更好地做到这一点。但是，仍然难以否认的是，通过随机择取公民样本用以做出决策的程序，要比一个公民为其他所有公民做出具有约束力的决策的程序更好地满足标准；或者，在决定性阶段，一人一票的表决方案要比某些公民有十票而其他人

---

① Robert Dahl, *A Preface to Economic Democracy*, Cambridge：Polity Press，1985，pp. 59 - 60. 另外参见 Robert Dahl, *On Political Equality*, New Haven：Yale University Press，2006，pp. 8 - 10。

② Robert Dahl, *Democracy and Its Critics*, New Haven and London：Yale University Press，1989，p. 109.

③ Robert Dahl, *Democracy and Its Critics*, New Haven and London：Yale University Press，1989，p. 109.

没有的方案更好。①

　　达尔认为，任何共同体的政府满足了有效参与和表决平等这两条标准，就是在有限的程度上通过民主过程实现了自身的统治，那么，这一共同体就是在狭义的意义上经由民主过程进行统治的，达尔称其为狭义的程序民主。

　　2. 有效参与

　　有效参与是程序民主最重要的标准之一。在达尔那里，所谓的有效参与就是"在制定具有约束力的集体决策的整个过程中，每个公民必须有充分且平等的机会来表达其对于最后结果的偏好，使其他成员知晓他们对于政策的观点"。② 因为参与的标准，"公民必须具有充分且平等的机会，以便设置议题，表达赞成其中一个结果而不是另一个结果的各种理由"。③ 反过来说，如果否定了公民的有效参与，那就意味着，由于他们的偏好是未知的或没有得到正确的感知，所以无法加以考虑，也就拒斥了利益平等考虑的原则。

　　对于有效参与，达尔的批评者认为，他所谓的"平等的机会"最终不过是形式上或法律上的要求，而没有考虑到资源方面的差别。达尔的回应是，"平等的机会"就意味着"平等的机会"，过多的延展会带来更高的标准，使民主国家很难达到。④ 达尔发现，对资源的所有权和控制"导致公民在财富、收入、地位、技能、信息等方面产生了极大的差距，这些差距转而导致公民在享受政治平等权、参与管理国家的能力和机会上产生了极大的不平等"。⑤ 这个时候，有效参与就很难实现。

① 〔美〕罗伯特·达尔：《民主及其批评者》，曹海军、佟德志译，第 146 页，吉林人民出版社，2006 年版。

② Robert Dahl, *A Preface to Economic Democracy*, Cambridge：Polity Press, 1985, pp. 59 - 60. 另外参见 Robert Dahl, *On Political Equality*, New Haven：Yale University Press, 2006, p. 8.

③ Robert Dahl, "Procedural Democracy", in *Contemporary Political Philosophy：An Anthology*, edited by Robert E. Goodin and Philip Pettit, Oxford, Blackwell Publishers, 1997, p. 102.

④ 〔美〕罗伯特·达尔：《民主及其批评者》，曹海军、佟德志译，第 151 页，吉林人民出版社，2006 年版。

⑤ Robert Dahl, *A Preface to Economic Democracy*, Cambridge：Polity Press, 1985, pp. 54 - 55.

达尔诉诸资源的实质平等（substantive equalization），他认为需要某些形式的资源大规模再分配，以保证"有效参与"。达尔将"有效"参与标准局限于参与的平等"机会"。

3. 开明理解

开明理解是达尔程序民主的第三个标准。在达尔那里，开明理解是指，"为了准确地表达偏好，在决策所允许的时间内，每个公民必须有充分且平等的机会，发现并确认他的或她的在需要做出决策的事情上的偏好"。① 达尔在很多地方对开明理解有过界定。比如，在《民主及其批评者》一书当中，达尔认为，开明理解的内涵就在于"在决策所允许的时间之内，为了准确地表达她或他的偏好，每个公民都应该有充分且平等的机会，发现并确认对公民利益最有利的事务的选择的正当性"。②

达尔反驳"启蒙与民主无关"的说法。达尔认为，这是一个荒谬的主张，而且从历史上来说也是错误的。在达尔看来，民主通常被设想为一个体系，在这一体系中，"人民的统治"比类似"护卫者统治"的替代性体系更好，在民主体系中，人民将得到他们欲求的东西，或者他们认为最好的东西，而在护卫者统治体系中，是由精英决定什么是最好的东西。达尔肯定了启蒙在民主过程中的作用，指出"要想了解人民需要什么，或者什么是最好的东西，他们至少在某种程度上要得到启蒙"。③

开明理解的标准可能很难证明程序的正当性。因为在程序民主当中，民主程序可能阻断或压制信息的获得，而这些信息可能会使得公民们得出不同的决定；民主程序也可能会使某些公民比其他人更容易获得关键的信息；抑或会给公民们提供一个决策议程，虽然时间允许，这些

① Robert Dahl, *A Preface to Economic Democracy*, Cambridge：Polity Press, 1985, pp. 59 – 60. 另外参见 Robert Dahl, *On Political Equality*, New Haven：Yale University Press, 2006, p. 9.

② Robert Dahl, *Democracy and Its Critics*, New Haven and London：Yale University Press, 1989, p. 112.

③ 〔美〕罗伯特·达尔：《民主及其批评者》，曹海军、佟德志译，第 146 页，吉林人民出版社，2006 年版。

决策不得不在不经讨论的情况下就做出决定；等等。[①] 这些情况都是程序民主没有建立在开明理解的基础上的结果。

在达尔看来，开明理解标准是程序民主理论中最具有挑战性的标准。它不仅非常难以满足，而且特别难以精确地表述。达尔指出，程序民主中的平等投票标准和参与标准，意味着确保公民对于目标以及实现目标的手段拥有最终发言权。达尔强调开明理解标准的重要性。他指出，如果一个民主完全满足其他标准，但却没有满足开明理解的标准，那么，民主过程将与他们的偏好、需要和利益不相关，从而使这一过程缺少价值。[②]

4. 议程控制

如果一个共同体满足了有效参与、平等投票、开明理解这三个标准，那么，根据它的议程以及它与民众之间的关系，它就可以被恰当地视为一个充分的程序性民主，或"符合议程的充分民主"。达尔认为，程序民主并没有至此终结，它仍然不完善。原因在于如果议程的最终控制权不掌握在"民众"手中，那么，某一体制即使满足了前三项标准，成了"符合议程的充分民主"，"它也是一幅民主的滑稽漫画"[③]。于是，达尔提出了程序民主的第四个标准，即民众对议程的最终控制。

对民主机构议事进行控制的最终权力掌握在民众手里，这是程序民主的第 4 个标准，这一标准意味着，民众必须有绝对的机会能够决定什么事情由满足前三个标准的程序来决定，什么事情不能由其决定。达尔明确指出，所谓的议程控制，也就是"民众必须有排他性的机会来决定各种事务如何置于通过民主过程加以决策的议程之中"[④]。这一标准意味着"在民主制度中，人民必须具备最终的发言权，或者说，人民必须

---

① Robert Dahl, *Democracy and Its Critics*, New Haven and London：Yale University Press, 1989, p. 112.

② Robert Dahl, "On Removing Certain Impediments to Democracy", *Political Science Quarterly*, Vol. 92, No. 1, 1977, p. 18.

③ 〔美〕罗伯特·达尔：《民主及其批评者》，曹海军、佟德志译，第 149 页，吉林人民出版社，2006 年版。

④ Robert Dahl, *Democracy and Its Critics*, New Haven and London：Yale University Press, 1989, p. 113.

是主权者"。① 这实际上是宣示了人民主权，强调了人民必须是主权者这一古老命题。这一标准所预设的判断是，"民众有资格决定（1）哪些事务要求或者不要求具有约束力的决策，（2）民众在哪些事务上有资格为自己做出决策，以及（3）民众授予权威代理的条款。因此，接受了一个恰当的标准也就是暗示，民众是自身权能和局限的最佳裁决者"。②

达尔将满足这一标准并同时满足其他三个标准的体系视为充分的与民众相关的民主过程。达尔认为，如果民主过程是可欲的，那么，民主过程必然蕴含公民参与、表决和知情的若干义务，以及民众确定如何设定议程的义务。在达尔的民主过程中，民众参与进来，并对议程进行控制，既是权利，同时也是义务，它们的作用表现在将公民置于民主秩序之中的一系列责任、义务和机会之中。③

5. 包容性

在程序民主理论当中，达尔以包容性标准核清了民主的主体，那就是，民众必须包括除了间歇性精神病人和被证实精神不健全者之外的所有成年人。事实上，包容性问题一直困扰着民主观念。哪些人有权提出成为公民，有充分且平等的权利参与治理共同体的正当性要求呢？达尔认为，这是包容性的核心问题。达尔就包容性问题进行了较为深入的探讨。他从民主理论和实践的历史出发，考察了熊彼特、洛克、卢梭、密尔方案，即完全具有偶然性的公民身份、作为无条件之权利的公民身份、具有偶然性权能的公民身份等备选方案，并指出了各备选方案存在的缺陷。

达尔先后考察了4种方案。熊彼特或许是"完全具有偶然性的公民身份"这一备选方案最明确的辩护者。这一方案认为，决定谁应该被包

① 〔美〕罗伯特·达尔：《民主及其批评者》，曹海军、佟德志译，第149页，吉林人民出版社，2006年版。
② 〔美〕罗伯特·达尔：《民主及其批评者》，曹海军、佟德志译，第150页，吉林人民出版社，2006年版。
③ 〔美〕罗伯特·达尔：《民主及其批评者》，曹海军、佟德志译，第151页，吉林人民出版社，2006年版。

容在民众之内的依据具有内在的特殊性和历史性，而且实际上常常是原始的，不能作为普遍原则而提出来。因此，根据无法预先确定的情况，公民身份就具有完全偶然性。达尔评价熊彼特方案"实际上根本不是解决之道"，该论断导致了诸多荒谬之处。"通过将历史主义和道德相对主义推至极限，熊彼特消除了在民主制、贵族制、寡头制以及一党专制之间进行有益区分的可能性。"① 卢梭、洛克提倡作为无条件之权利的公民身份。他们认为，没有任何一个服从民众统治的人应该被排除在民众之外。达尔批评了卢梭、洛克，指出他们虽然倡导无条件的包容原则，但这种主张仍然停留在表面。比如，他们认为，应该把儿童、妇女、奴隶、许多男性成年的居民排除在外，他们关于公民权的主张并不是无条件的。做出权能判断的无条件的包容性原则也是不能令人接受的，因为诸如儿童、智力不健全的人，以及临时居住的外国人这些例子都使这一原则无法立足。就洛克和卢梭提出无条件的原则而言，他们对该原则的辩护是缺乏说服力的。② 密尔提出了具有偶然性权能的公民身份。在达尔看来，"对权能的判断需要对具体类型的人的理智和道德资格进行证据方面的考量和推断，由于这一判断是偶然性的（有条件的），因为基于权能的决策本质上就是有问题的"。③ 简而言之，如果熊彼特的方案导致了某些荒谬之处，那么，在早期民主思想中，无论是在古典的陈迹，还是在诸如洛克、卢梭和密尔这些近代早期理论家的著作里发现的方案，都为令人满意的程序民主理论提供了非常脆弱的基础。④

---

① Robert Dahl, "Procedural Democracy", in *Philosophy*, *Politics*, *and Society*, *fifth series*: *A Collection*, edited by Peter Laslett and James Fishkin, New Haven: Yale University Press, 1979, p. 112.

② Robert Dahl, "Procedural Democracy", in *Philosophy*, *Politics*, *and Society*, *fifth series*: *A Collection*, edited by Peter Laslett and James Fishkin, New Haven: Yale University Press, 1979, pp. 112 – 123.

③ Robert Dahl, "Procedural Democracy", in *Philosophy*, *Politics*, *and Society*, *fifth series*: *A Collection*, edited by Peter Laslett and James Fishkin, New Haven: Yale University Press, 1979, pp. 117 – 124.

④ Robert Dahl, "Procedural Democracy", in *Philosophy*, *Politics*, *and Society*, *fifth series*: *A Collection*, edited by Peter Laslett and James Fishkin, New Haven: Yale University Press, 1979, p. 124.

在此基础之上，达尔提出了包容性的标准："除临时居住者外，民众必须包括共同体中所有的成年成员。"① 此后，达尔又多次重申这一标准。在《民主及其批评者》一书当中，达尔认为，除了临时居住者以及经证明在精神上有缺陷的人之外，民众必须包括共同体中的所有成员。他明确指出："民众应该包括所有服从共同体中具有约束力的集体决策的所有成年人。"② 我们看到，达尔主张扩大民主的主体，把民主的主体放大到了最广泛的范围内，比历史上各种民主理论家都具有进步的一面。

三 程序民主的外延与模式

程序民主的五条标准，是达尔程序民主的核心。在这五条标准的基础上，达尔融合了 7 条假设，并通过各种满足要求的组合提出程序民主的递进模式，发展出了层次清晰、逻辑严密的程序民主主张。在程序民主五项标准的基础上，达尔进一步提出了狭义的程序民主、有关民众的程序民主、有关民众并考虑到议程的完全程序民主、完全的程序民主。这构成了程序民主的递进发展模式。

在达尔看来，程序民主，也就是理想的民主要想成立，就必须有一些基本的假设。在早年发表的《程序民主》一文当中，达尔系统地阐述了其中的五个假设。这五个假设包括：1. 在成员或假定的成员中，需要至少就某些事务形成有约束力的决策，并因此需要一个过程，这一程序在形成有约束力的决策中必然产生；2. 制定有约束力的决策的过程应包含两个阶段：提出议程，对结果做成决策；3. 有约束力的决策只能由共同体的成员制定；4. 平等有效的要求证明平等份额的正当性；5. 成员中相当数量的成员关于原则、政策等的要求通过有约束力的决

① Robert Dahl, "Procedural Democracy", in *Philosophy*, *Politics*, *and Society*, *fifth series*: *A Collection*, edited by Peter Laslett and James Fishkin, New Haven: Yale University Press, 1979, p. 129.

② Robert Dahl, *Democracy and Its Critics*, New Haven and London: Yale University Press, 1989, p. 120.

策被采纳，这些被采纳的要求是有效的且平等有效的，没有任何成员的要求优于或比共同体成员的要求更重要。①

程序民主的基本假设与基本标准是互相联系的。我们看到，这五个假设，实际上给出了程序民主的基础。如果不存在这五个基本的假设，程序民主可能就不会存在。比如，如果群体没有决策的需求，那么，民主的存在就没有意义；如果决策可以由共同体外的其他主体由外部强加，那这也不存在民主。更为有意义的是，如果不存在平等的要求和平等，民主也是不会存在的。这样，如果我们把程序民主的这些假设和标准组合在一起，我们就会看到不同层次的递进式的程序民主。

在程序民主基本假设和基本标准的基础上，达尔发展了梯次递进的程序民主体系。这个梯次包括狭义的程序民主、有关民众的程序民主、有关民众并考虑到议程的完全程序民主、完全的程序民主。这些不同梯次的程序民主，是因为满足了不同的标准。当满足了平等投票和有效参与标准，就构成了狭义的程序民主；如果同时满足了开明理解的标准，就构成了有关民众的程序民主；如果进一步添加了议程控制，就成为有关民众并考虑到议程的完全程序民主；而如果实现包容，那就构成了完全的程序民主。同时，这些标准是建立在不同的假设基础上的。这些假设包括：集体要有决策的要求，决策包括了议程设定、最终决策两个阶段，而且，服从决策的人做决策，同等正当要求同等份额。如果能够满足这些假设，就能够有效地支持平等投票、有效参与和开明理解，构成了狭义的程序民主。再进一步的扩展：加入偏好同等正当，就会进入有关民众的程序民主；再加上个人是自己利益的最好判断者，就会进入包容的完全的程序民主。这就是达尔以 7 个假设、5 个标准、4 个程度完整地勾画了程序民主的轮廓（见图 1）。②

---

① Robert Dahl, "Procedural Democracy", in *Philosophy，Politics，and Society*, 5th series：*A Collection*, edited by Peter Laslett and James Fishkin, New Haven：Yale University Press, 1979, pp. 97 – 100.

② Robert Dahl, "Procedural Democracy", in *Contemporary Political Philosophy：An Anthology*, edited by Robert E. Goodin and Philip Pettit, Oxford, Blackwell Publishers, 1997, pp. 109 – 111.

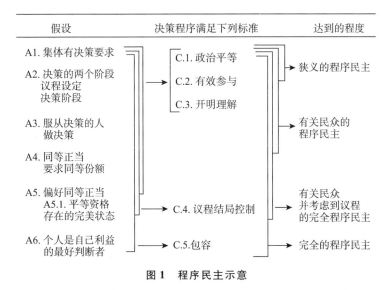

假设	决策程序满足下列标准	达到的程度

A1. 集体有决策要求

A2. 决策的两个阶段
议程设定
决策阶段

A3. 服从决策的人
做决策

A4. 同等正当
要求同等份额

A5. 偏好同等正当
A5.1. 平等资格
存在的完美状态

A6. 个人是自己利益
的最好判断者

C.1. 政治平等

C.2. 有效参与

C.3. 开明理解

C.4. 议程结局控制

C.5. 包容

狭义的程序民主

有关民众的
程序民主

有关民众
并考虑到议程
的完全程序民主

完全的程序民主

图 1　程序民主示意

在达尔那里，民主政治的七个假设，其重要性是不一样的。在这当中，有两个假设是核心的，分别是集体有决策要求；服从决策的人做决策。达尔明确指出："我们首先要假定，为了在一个共同体内共同生存，共同体的成员就需要一个做出决策的程序，以便讨论共同体的各种原则、规则、法律、政策行为，等等。成员们被期望服从这些决策：这些决策具有约束力。由于与此类似的共同体决策在许多重要方面不同于个人选择和决策，我们可以将这些决策称之为统治性的或具有约束力的集体性决策。"①

第一个假设推定，民主决策的群体应该足够多，数量必须超过一个成员，否则，就不需要民主程序，或者程序不是民主的，这看起来虽然简单，但实际上包含着极其重要的内涵，明确地区分了私人领域和公共领域，将私人事务和公共事务区别开来。而且，这一假设把民主与无政府主义区别开来。这个假设的核心是人们需要一种政治秩序，人们为了实现某种目的，需要建立共同体。为实现这些目的，共同体必须做出具

---

① 〔美〕罗伯特·达尔：《民主及其批评者》，曹海军、佟德志译，第 105 页，吉林人民出版社，2006 年版。

有约束力的决策，人们需要一个达成统治性决策的程序，在达尔看来，这个程序就是一种政治秩序。在达尔看来，"为了实现这些目的，共同体必须采取某些政策，以便成员们有义务按照与这些政策一致的方式有所作为"。①

正是从这个意义上讲，民主是一种政治秩序。在达尔看来，民主是唯一可以做出集体性和约束性决策的过程。达尔将做出决策的程序称之为政治程序，这一程序可以是等级式的程序，也可以是民主的程序。事实上，人们可以从不同的角度来界定民主的属性，比如，将民主界定为政治制度和实践，或者是特殊的权利体系，或者是社会和经济秩序，或者是能够保证某些合意结果的体制。达尔并不否认这些对民主的认识，但是，他选择了从程序的角度来理解民主，也就是民主是"唯一可以做出集体性和约束性决策的过程"。②

第二个假设来源于自古代希腊就一直处于民主核心的一条格言，那就是"服从你为自己制定的法律"。③ 这实际上是一种自治的假设。在这条假设当中，自治权成为核心，也因此设定了民主的主体，甚至规定了其权利与义务。在达尔看来，就是"有约束力的决策应该由那些遵守决策的共同体的成员制定，而不是由共同体之外的人制定"。④ 这一假设取决于基本的公平原则，它对于自我决定来说，是必要的。

在这两组假设的基础上，达尔进一步将程序民主的假设扩展成 7个。对决策过程的假设，实际上设定了程序民主的程序过程，将程序分为议程设定、决策阶段两个阶段；同等正当要求同等份额这一原则，为权利和分配埋下了伏笔；偏好同等正当加上扩展的平等资格存在的完美状态，实际上是为民主的平等原则埋下了伏笔。达尔还假设了个人是自

---

① 〔美〕罗伯特·达尔：《民主及其批评者》，曹海军、佟德志译，第 140 页，吉林人民出版社，2006 年版。

② 〔美〕罗伯特·达尔：《民主及其批评者》，曹海军、佟德志译，"导论"，第 6 页，吉林人民出版社，2006 年版。

③ 转引自〔苏〕涅尔谢相茨：《古希腊政治学说》，蔡拓译，第 20 页，商务印书馆，1991 年版。

④ Robert Dahl, *Democracy and Its Critics*, New Haven and London: Yale University Press, 1989, p. 107.

己利益的最好判断者，这实际上是为民主的个人原则埋下了伏笔。所有这七项假设，构成了完整程序民主理论的推论前提。

达尔批驳若干引起误解的概念：比如，程序民主在某种程度上无须道德内涵；正义的要求与民主的"单纯的形式意义上的"程序相互矛盾等。达尔进一步厘清了程序民主的内涵："认为民主过程没有保证可欲的实质性结果是一种失败，这在许多重要方面都是虚假的。正如倡导者所做的那样，我们需要反对在实质和过程之间的类似的对比。因为实质性的权利、善和利益是民主过程的整体构成部分，它们常常被错误地看成是受到了民主过程的威胁。"[①] 达尔最终得出结论认为："民主过程不仅预设了一个广泛的基本权利：它本身就是一种分配正义的形式，因为它直接影响了置于国家政府之上的权力和权威的分配，而且也是由于国家政府针对实质性善而做出的决策的重要性。"[②]

四 结论与讨论

达尔的一生见证了美国乃至西方民主不断发展变化的过程，而其本人又是一位数十年如一日地研究民主的著名政治学家。在达尔的民主理论体系当中，程序民主与多头政体一样，占有非常重要的地位，并与后者形成非常好的对照。从 1977 年开始，达尔对程序民主的研究近 40 年。在这 40 年中，他不断地发展和修订自己的程序民主理论，为我们留下了宝贵的思想资源。应该看到，达尔的程序民主继承了自托克维尔以来形成的传统，形成了一条自托克维尔到杜威、熊彼特等人一以贯之的程序民主线索，而这条线索在达尔这里发展到了一个顶峰，达尔为我们提供的程序民主的 7 个假设、5 个标准和 4 个模式如同公式般精巧，成为当代西方最具代表性的民主理论。

我们看到，根据所满足的条件，程序民主说递进地区分了不同层次

① Robert Dahl, *Democracy and Its Critics*, New Haven and London: Yale University Press, 1989, p. 175.

② Robert Dahl, *Democracy and Its Critics*, New Haven and London: Yale University Press, 1989, p. 191.

的民主，显现了达尔民主理论的丰富性。正是因为如此，达尔在民主条件的问题上，显现了一种递进的逻辑，以 7 个假设、5 个标准、4 个模型为我们描绘了一幅层次分明、丰富多彩的民主图画。这幅民主图画当中，达尔既申明了民主存在的基本假设，也规定了程序民主需要满足的基本标准，同时，还根据不同的标准为我们展示了不同程度的程序民主。这些对民主的理想化描述，不仅为我们提供了思想资源，还为我们透视资本主义国家民主的现实提供了一个视角。

达尔的程序民主充满了各种理想化的成分。比如，程序民主对于平等的要求是非常高的。当民众没有平等的要求，或是平等的要求没有得到认真的考虑而无法达到一种完美状态时，这种程序民主就无法达到一种完全的程序民主，甚至都无法做到实现狭义的程序民主。而在现实的政治生活当中，要想让平等达到完美状态，几乎是不可能的。同时，在西方文化越来越多元的情况下，想让程序民主保持开放的包容，就更有其不现实之处。但是，我们也应该看到，达尔的程序民主本身就是对理想民主状态的一种描述，现实状态的描述还是需要通过多头政体来理解。事实上，达尔自己也发现，他所提出的理想的民主过程的标准因为实际操作的困难而无法应用，最后，他只能把这种民主退守为只是一个标准，并没有得到详细的规定。一方面，它并没有要求在前面阶段的表决平等；另一方面，标准并没有详细规定表决或选举的具体方法。更为重要的是，这一标准也并没有明确地要求一个共同体采纳决策的多数规则这一原则。

对于富人和穷人在参与过程中影响力不平等的问题，达尔并不是没有意识到，但却无法加入他对理想民主的规定当中去。尽管达尔也意识到资源的不平等会导致政治的不平等，而有效参与的实现是需要条件的，但是，达尔还是不能把有效参与更进一步。实际上，在美国等资本主义国家诸条件尤其是经济条件的不平等从根本上限制了有效参与的平等"机会"。

比较政治学研究 2018 年第 1 辑 总第 14 辑

第 115～131 页

论印度政治发展道路的探寻[*]

谭　融　王子涵[**]

内容摘要　20 世纪 50 年代，印度摆脱了英国殖民统治，建立了代议制。然而数十年来，印度既未能形成完全等同于西方式的政治发展模式，也未能走社会主义道路，而是将社会平权运动容纳于已有的自由民主和本土政治文化中。基于后发国家与早发国家在政治、经济、社会结构方面的差异、以及发展时期和发展阶段的不同，二者呈现出不同的发展序列。印度的政治实践表明，遵循本国国情，寻求一条适合自身的政治发展道路，才是后发国家的根本出路。

关键词　印度；政治发展；自由主义；社会主义；本土模式

20 世纪五六十年代，一批新兴国家相继独立，这些国家对自身政治发展道路的探寻为世界所关注，由此一系列政治发展理论应运而生。此期间处于南亚的印度摆脱了英国的殖民统治，建立了代议制。然而数十年来，印度未能形成完全等同于西方国家的政治发展模式，其政治发展道路成为政治学界持续不断的争论焦点。本文拟从印度探求自由

---

[*] 本文系国家社会科学基金项目"世界发展中国家民主化道路比较研究"（项目编号：13BZZ014）、国家社会科学基金重大项目"非西方国家政治发展道路研究"（项目编号：15ZDA003）研究成果。

[**] 谭融，南开大学周恩来政府管理学院教授，博士生导师；王子涵，南开大学周恩来政府管理学院政治学博士研究生。

主义之路、社会主义之路及本土政治发展模式几方面探寻解析印度的政治发展路径，以揭示印度乃至后发国家政治发展的特殊性及内在逻辑。

一　印度的自由主义之路

早在 18 世纪中期至 19 世纪殖民地时期，深受英国和欧洲大陆自由主义学派影响的印度知识分子，便崇尚西方人所倡导的个人自由权利、自由贸易及宗教与社会改革。印度独立后，确立了民主主义和世俗主义的建国原则及代议体制，基于此，一些西方学者认为，英国的自由主义观和民主政治的移植在印度获得了成功。但学术界一些学者基于印度政治发展的现实持另一种看法，认为印度的自由主义并非纯粹西方式的自由主义，而是一种重新塑造的自由主义，表现于政治、经济两个方面。此种看法认为，尽管殖民时期西式民主的引进，客观上对印度国家主权观的形成、民族意识的觉醒和民主政治的建立具有一定进步意义，但英国人所倡导的自由民主与在印度的实践仍属不同体系。

殖民地时期英国殖民者改变了印度传统的政治与行政制度，建立了印度政府、文官制，引入了议会制、联邦制等西式民主制，其中充斥着印度"准备好接受英国人的制度，感激英国人的赐福"、[1] 接受英国人看护照管的内涵。美国政治学者乌黛·辛格·梅塔（Uday Singh Mehta）在《自由主义和帝国》（*Liberalism and Empire*）一书中评价 19 世纪英国自由主义在印度的状况时提出："自由主义理论宣称其理论是跨历史、跨文化和几乎肯定是跨种族的。自由主义原则断言，该理论包含的对象没有边界限制，包括所有选民，即全人类。它表达并捍卫诸如法律、代表和契约等政治权利，而不是以姓名、社会地位、族裔背景、性别和种族等人类特征为界限。"[2] 此种宣言与英国人 1853 年在印度建立完全由

---

① Thomas R. Metcalf, *The New Cambridge History of India*, *Ideologies of the Raj*, Cambridge：Cambridge University Press, 2008, p. 61.

② Uday Singh Mehta, *Liberalism and Empire*：*A Study in Nineteenth-Century British Liberal Thought*, Chicago：University of Chicago Press, 1999, p. 51.

英国人出任议员的准议会民主制（Quasi-Parliamentary System）① 有天壤之别，英国人在印度建立的代议民主呈现为"未开化"、不具有自主权的"自由民主"。可见印度向民主迈出第一步时就不处于英国人声称的"没有边界限制"的"民主"轨道上。

殖民地时期深受自由主义思想影响的印度民族主义者，那些在英国接受过高等教育或在印度本土的英国教育体系中生长起来的印度精英，一方面推崇和向往英国的现代理性、自由思想与政治制度；另一方面则主张进行自我革新，倡导印度宗教与社会等领域的改革。如 1828 年出身于婆罗门家庭的近代印度改革先驱罗姆·莫汉·罗易（Ram Mohan Roy）创建印度教改革团体"梵社"（brahma samaj），进行"布拉霍宗教改革运动"（The Brahmo Movement），力主汲取西方思想中理性等精华，革除印度教中殉夫等陋习。19 世纪 30～50 年代，印度教育家伊什瓦·钱德拉（Ishwar Chandra）推行教育改革，鼓励印度人学习西方科学与哲学；倡导社会改革，反对一夫多妻和童婚制度，主张允许寡妇再婚，改善女性社会地位。印度的民族主义者感怀印度人民的苦难，对印度被殖民的屈辱感到悲愤。印度爱国主义诗人拉宾德拉纳特·泰戈尔（Rabindranath Tagore）称："我对作为人类种族的不列颠种族深为敬爱。它产生了胸怀开阔的人，具有伟大思想的思想家和伟大业绩的实业家……至于这个民族，对我们来说却像一种遮蔽太阳的沉闷的浓雾"，② 因而努力追寻和推进印度文明的复兴。

当代印度的政治实践显现出印度人所建立的"自由民主"与西式自由民主的区别，表现为印度的民主体制对身份政治和特权的认同。根据印度政治学者古佩特·马哈詹（Gurpreet Mahajan）的看法，印度的民主承认文化多样性，以多元形式和态度追求社会正义、解决少数群体的权利和文化趋同问题；与之同时，印度民主对于社会多样性的肯定适

---

① S. P. Verma, "Parliamentary Democracy in India—The Genesis", in V. Bhaskara Rao, B. Venkateswarlu（eds.）, *Parliamentary Democracy in India*, Delhi: Mittal Publications, 1987, p. 4.

② 〔印度〕泰戈尔：《民族主义》，谭仁侠译，第 9 页，商务印书馆，2009 年版。

应于特殊权利的滋长。① 此种民主与经典自由主义理论在原则和价值上存在本质区别。首先，印度历史的延续性使印度的政治文化充满异质性，渴望政治权利的社会群体有意无意地保持着语言、种姓、宗教特性等传统元素，由此实现了对印度民主的再造。其次，印度民主在对待低种姓群体权利一类问题上主张采取配额制，含有特权和歧视内涵。

因此对印度这样一个具有复杂历史文化传统的国家，不能简单以其建立起 "民主体制" 为依据加以评价。印度政治学者彼久特·查克拉巴蒂（Bidyut Chakrabary）认为，印度的自由民主是一个悖论，政客们在选举时热情高涨，在接管政治权力后又无所作为，几乎没有推进民主政治进程和建构民主价值体系的作用，反而由于对民主选举的曲解，损害了自由民主原本的意义。② 尽管如此，查克拉巴蒂仍认为，作为唯一在多语言、多宗教、多文化、多种族，以及极端贫困条件下维持并加强民主运作的国家，印度即使没有发展出真正的自由民主，经过长期努力，民主在印度最终依然能够取得胜利。③ 从印度政治发展现实看，相较于明确规定选举代表的问责、倡导政治多元和个人与群体自由的自由民主（liberal democracy）而言，印度民主更适于被称为选举民主（electoral democracy），④ 即公民具有普遍选举权，国家根据宪法要求定期举行多党竞争性选举，由此选出立法和行政机关的代表。

作为西方人所认可的民主，印度自由主义在政治、经济上具有明显的割裂性。在独立后的 20 多年中，印度自由主义经济处于国家经济的边缘。直至 20 世纪 90 年代，由于经济发展长期停滞，改革呼声日益激烈，才在国家主导下实行 "反计划"（anti-planning）经济，使自由主义

---

① Gurpreet Mahajan, *Identities and Rights: Aspects of Liberal Democracy in India*, New Delhi: Oxford University Press, 1998, p. 154.

② Bidyut Chakrabary, *India Politics and Society since Independence: Events, Process and Ideology*, New York: Routledge, 2008, p. 54.

③ Bidyut Chakrabary, *India Politics and Society since Independence: Events, Process and Ideology*, New York: Routledge, 2008, p. 54.

④ Larry Diamond, *Developing Democracy: Toward Consolidation*, Baltimore: Johns Hopkins University Press, 1999, pp. 8 – 13.

经济得以抬头。① 印度裔美国经济学者贾格迪什·巴格瓦蒂（Jagdish Bhagwati）对印度自由主义经济的研究指出：从最初支持国家统领经济方向，到"印度计划经济连续五年缓慢发展引发关于计划理论和技术问题的思考"，再到反对国家干预、支持自由化改革，印度自由经济的发展经历了漫长的过程。② 与同期其他政府主导的"发展型国家"（developmental state）监管制度相对灵活、注重建设和改善交通、能源、电信等基础设施③情况不同，20 世纪 90 年代前，印度施行僵化、严苛的国家许可制度（Licence Raj），导致基础设施建设匮乏，使印度经济远远落后于其他发展中国家，还使此类制度蜕变为政府寻租的工具。由于国家政策和自由经济间的复杂关系，使印度的自由经济政策未能在国家层面扎根，而是发生于地方邦的不同层次中。因此印度裔美国人类学者阿克希尔·古普塔（Akhil Gupta）等认为，相比殖民地时期，独立后印度虽然生产力水平和社会财富迅速增长，但地区与社会群体间呈现巨大的不平衡状态。④

20 世纪 90 年代后，印度以开放的姿态投入全球化大潮中，借助于全球化和殖民地时期英国人的现代产权和商业化理念，印度经济快速增长，成为南亚经济中心。尽管如此，在世界经济体系的发展序列中，在西方主导的新自由主义殖民体系⑤中，全球经济在印度呈现的仍然是一种"掠夺式积累"（accumulation by dispossession），⑥ 导致印度国内贫富

① G. P. Manish, Shruti Rajagopalan, Daniel Sutter and Lawrence H. White, "Liberalism in India", *Econ Journal Watch*, Vol. 12, No. 3, 2015, p. 435.

② Jagdish Bhagwati, Sukhamoy Chakravarty, "Contributions to Indian Economic Analysis: A Survey", *The American Economic Review*, Vol. 59, No. 4, 1969, p. 3.

③ Akhil Gupta, K. Sivaramakrishnan, *The State in India after Liberalization: Interdisciplinary Perspective*, New York: Routledge, 2011, p. 1.

④ Akhil Gupta, K. Sivaramakrishnan, *The State in India after Liberalization: Interdisciplinary Perspective*, New York: Routledge, 2011, pp. 1-2.

⑤ Arturo Escobar, "Place, Economy, and Culture in a Post-Development Era", in Roxann Prazniak, Arif Dirlik eds., *Places and Politics in an Age of Globalization*, New York: Rowman and Littlefield, 2001, pp. 193-195.

⑥ David Harvey, *The New Imperialism*, Oxford: Oxford University Press, 2003, pp. 137-182.

差距拉大、不平等现象加剧，以致 2016 年印度虽然跻身于世界五大经济体，① 却仍然是世界上最贫穷的国家之一。根据世界银行统计，2011年，印度有 21.3% 的人口未能达到最低生活标准，经济的快速增长未能使印度广大民众的生活水平得到改善，相反，使特权阶层获得大量好处，因而被称为"贫穷的民主国家"。②

二　印度的社会主义之路

继西方自由民主的引入，20 世纪初，马克思主义思想在印度迅速传播，影响了众多知识分子。印度总理贾瓦拉哈尔·尼赫鲁（Jawaharlal Nehru）在其自传中写道："马克思主义理论和哲学照亮了我思维上许多黑暗的角落。"③ 尽管独立后，印度并非社会主义国家，但秉承马克思主义思想的左派学者在印度颇具影响力。④ 20 世纪 20 年代至 30 年代末期，印度逐渐形成一股强大的左翼力量，明确提出印度政治独立和发展社会与经济的目标，将争取国家独立与反对社会经济压迫结合在一起，⑤ 对印度的政治发展产生重大影响。

1925 年印度共产党成立，主张开展工农运动和武装斗争，争取印度的完全独立和民族解放。1926～1928 年印度共产党在地方建立起

---

① 据《福布斯》杂志和《印度时报》报道，2016 年印度 GDP 为 2.3 万亿美元，英国 GDP 为 2.29 万亿美元。印度超过英国成为继美国、中国、日本、德国之后的世界第 5 大经济体。也有评论家指出，这是受英国脱欧事件影响，导致英镑大幅下跌引起的特殊情况。Muhammad Zulqarnain Zulfil, "For the First Time in Nearly 150 Years, India's Economy Surpasses That of United Kingdom", http://timesofindia. indiatimes. com/india/for-the-first-time-in-nearly-150-years-indias-economy-surpasses-that-of-united-kingdom/articleshow/56064690. cms, 访问时间：2017 年 7 月 8 日。

② 按每人每天 1.9 美元花费的标准计算，2011 年世界贫困人口平均比率为 14.1%，印度为 21.3%。见 http://data. worldbank. org. cn/indicator/SI. POV. DDAY? end = 2012& start = 1981&view = chart, 访问时间：2017 年 7 月 8 日。

③ Jawaharlal Nehru, *An Autobiography*, London: Bodley Head, 1936, p. 362.

④ 参见王红生：《论印度民主》，第 11 页，社会科学文献出版社，2011 年版。

⑤ Bipan Chandra, Mridula Mukherjee and Aditya Mukherjee, etc., *India's Struggle for Independence 1857 - 1947*, New Delhi: Penguin Books, 1989, p. 290.

基层组织，1929 年各地区组织联合在一起，并获得共产国际的认可。1929～1933 年世界资本主义经济危机波及印度，引发印度大规模工人罢工，印度共产党被宣布为非法政党。在此种情境下，1933～1944 年印度共产党党员人数依然快速增加，印度共产党的组织结构也逐步得以完善。然而由于共产国际与印共早期极左路线的错误、英国统治和土邦王公的镇压，以及印度共产党自身斗争策略的自相矛盾等，使印共虽然在印度民族独立事业上发挥了一些作用，但作用较为有限，印度民族主义者领导的非暴力不合作运动终究淹没了革命的风潮。尤其在农村，民族主义者恢复印度传统村社生活的努力以及印度种姓制度和村社制度的依附性和封闭性成为印共发动农民运动的障碍，使印共不得不将自身行为纳入"合法"改良的轨道。正如美国比较政治学者巴林顿·摩尔（Barrington Moore）所言，一种形式上的民主制度诸如合法反对派等的存在、批评和抗议渠道的存在，"未经革命暴力便确立起来"，"印度缺乏以革命手段粉碎过去，及缺乏一场通往现代的声势浩大的运动，印度的自由民主面临着稽延时日的落后和极度困难"。[1]

当代印度政坛上有三股势力，分别是以印度共产党[2]（CPI、CPI-M、CPI-ML）为代表的左翼、以国大党（INC）为代表的中间派和以印度人民党（BJP）、湿婆军（SHS）[3] 等为代表的中右翼（见表 1）。

表 1　当代印度主要政党*

类别	中间派	左翼政党	右翼政党
代表政党	国大党（中左）	印度共产党（马）	印度人民党

---

① 〔美〕巴林顿·摩尔：《民主和专制的社会起源》，拓夫等译，第 349 页，华夏出版社，1987 年版。

② 1917 年，布尔什维克在俄国取得胜利，促使国大党内一批中产阶级知识分子转向共产主义，并在各大城市组建共产主义小组。1925 年，印度共产党（CPI）成立。1964年，党内温和派与激进派分裂，激进派组建亲苏共的马克思主义印度共产党（CPI-M）。1967 年，印度共产党革命派在加尔各答建立全印协调委员会，1969 年全印协调委员会转为正式政党——马列主义印度共产党（CPI-ML）。

③ 湿婆（Shiva），印度教三大主神之一的毁灭之神。湿婆军（Shiv Sena），全名湿婆神军党，意味湿婆的军队，是印度中右翼的民族主义政党。

续表

类别	中间派	左翼政党	右翼政党
成立时间	1885 年 12 月	1964 年 11 月	1980 年 4 月
现任主要领导人	拉胡尔·甘地 （Rahul Gandhi）	西塔拉姆·耶楚里 （Sitaram Yechury）	阿米特·沙阿 （Amit Shah）
主要意识形态	世俗主义 民主主义	共产主义、马列主义	印度教主义
党报	《国大党报》	《卡马尔报》	《人民民主报》
下属领导组织	全印学生联合会 （NSUI） 国大党青年组织 （IYC） 全印国大党妇女组织 （AIMC）等	印度学生联合会 （SFI） 印度民主青年联合会 （DYFI） 全印民主妇女联合会 （AIDWA）等	印度人民党青年组织 （BJYM） 印度人民党妇女组织 （BJPMM）等
主要政党联盟	联合进步联盟（UPA）	左翼阵线（LF） 左翼民主阵线（LDF）	全国民主联盟（NDA）
2014 年中央人民院选举结果（共 543）	44 席	9 席	282 席
中央联邦院议员数量（共 245）	54 名	7 名	58 名
中央人民院议员数量（共 545）	48 名	9 名	274 名

注：＊印度中央人民院（下院）五年为一届，议员任期 5 年。2014 年为印度第十六届中央人民院选举。由于诸方面原因，中央人民院选举产生的各政党议席与最终各政党实际议员数额可能不完全一致，且任期期间各政党议席数量也会发生相应变化。印度中央联邦院（上院）由印度各邦和联邦直辖区代表组成，议员任期 6 年，每两年改选 1/3。以上各党两院议员数量均为 2017 年查询数据。

资料来源：Election Commission of India, Archive of General Election 2014, http：//eci. nic. in/eci_ main1/statistical _ reportge2014. aspx；Parliament of India Lok Sabha, Members, http：//164. 100. 47. 194/Loksabha/Members/PartywiseList. aspx；Parliament of India Rajya Sabha, members. http：//164. 100. 47. 5/Newmembers/membersearch. aspx，访问时间：2017 年 7 月 9 日。

20 世纪 70 年代巴基斯坦裔英国评论员迪利普·希罗（Dilip Hiro）在其《今日印度内幕》（*Inside India Today*）一书中说，多年来国大党在国家治理方面表现不佳，削弱了国大党引领民族独立、抵御外来资本和改变封建土地制度的地位，面对困境，国大党既难以摆脱束缚完善治理体系，又无法突破限制改进治理方式。与之相比，伴随印度工业经济

的发展和工人力量的壮大，左翼政治力量不断增强。希罗认为，无论未
来印度经济状况如何，共产主义运动都将有广阔的前程。①

殖民地时期，由于英帝国及统治下的国大党和土邦王公政府的镇
压，以及以印度教文化为基础的非暴力不合作思想的传播，共产主义力
量引领的社会运动在印度民族独立过程中作用并不显著。印度最终以相
对和平的方式建国，独立后建立起国大党"一党主导"（one party domi-
nance）的政治体制。② 印度共产党根据现实情况放弃武装夺取政权道
路，选择以议会方式参与中央人民院选举，并在 1951 年大选中成为印
度第二大全国性政党。

在地方上，印度共产党于西南部的喀拉拉邦和东部的西孟加拉邦等
左翼势力较为集中的地区，广泛开展对抗社会不平等的大众动员运动。
由印度共产党（马）领导的中下层女性，于 1954 年成立印度妇女联合
会（NFIW），附属于国际妇女民主联合会（WIDF），开展争取女性平
等权利和妇女解放运动。1975 年，在喀拉拉邦首府特里凡得琅市
（Trivandrum）召开全印妇女大会（All-India Conference on Women），引
发全国范围女性群体运动高涨。③ 美籍印度社会学者盖尔·欧姆韦特
（Gail Omvedt）认为，20 世纪后期印度大量中低种姓、农民和部落居民
等群体社会运动，正是在社会主义思想的引领下展开的。④

1976 年，印度议会通过宪法第 42 条修正案，将"社会主义"写入
宪法，明确规定印度为"主权的、世俗的、社会主义的民主共和国"，⑤
施行"社会主义"政策。但印度的"社会主义"政策导致印度经济增
长缓慢乃至停滞，引发印度学者对其"社会主义"道路的负面评价和

① 〔英〕迪利普·希罗：《今日印度内幕》，第 360～363 页，天津人民出版社，1980 年版。
② Rajni Kothari, "The Congress System in India", *Asian Survey*, Vol. 4, No. 12, 1964, p. 1162.
③ Gail Omvedt, "Women in Popular Movements: India and Thailand during the Decade for Women", in Silke Staab, Shahra Razavi (eds.), *Gendered Dimensions of Development*, Geneva: UNRISD, 1986, p. 220.
④ Gail Omvedt, *Reinventing Revolution: New Social Movements and the Socialist Tradition in India*, Armonk: M. E. Sharpe, 1993, p. 27.
⑤ Parliament of India, *The Constitution of India (40th to 42nd Amendment)*, New Delhi: The Gazette of India, 1976, p. 903.

悲观态度。以致印度政治学和经济学者拉奥（V. K. R. V. Rao）在其《印度社会主义：回顾与展望》（*Indian Socialism：Retrospect and Prospect*）一书中称"社会主义实践在印度失败了"。① 美国政治学者弗朗辛·弗兰克尔（Francine R. Frankel）则认为，印度经济增长与激进的社会改革目标二者不可调和，主张采行马克思主义具有革命化倾向的理论。

独立后的 30 年里，印度的政治经济问题未能得到解决，根源在于：一方面，代表资产阶级利益的宪法和政治框架无法从根本上解决印度问题，国家领导人无法实现彻底的社会变革，将印度引入了经济和政治的死胡同，阻碍印度朝经济增长和社会公正的方向前进，也无法建构保证政治稳定性和一致性的基础。② 另一方面，独立后几十年，印度农村的经济制度没有发生质的变革，社会分化严重，社会不平等和地区、种姓、教派等群体间对抗加剧，领导层派系斗争日益尖锐，严重损害了中央政府的权威性。在这种情况下，一些学者抨击引发印度社会冲突的不平等结构，③ 主张向有产种姓和阶级发起进攻，改造整个社会结构。④

20 世纪 90 年代，苏联解体、东欧剧变导致世界格局发生变化，印度政治也遭遇巨大冲击，马克思主义话语逐渐消退，自由主义理念回归，引发关于社会主义道路前景的争论。印度政治学者兰迪尔·辛格（Randhir Singh）在回应有关印度发生的马克思主义趋向的争论时指出："一代又一代资产阶级社会科学家和理论家总是迫切感到需要驳斥'马克思主义'思想，并宣告马克思主义的终结和灭亡"，⑤ 然而独立 50 年后的印度，阶级斗争已变得复杂和困难，资本主义无所不在、无孔不入，因此在社会转型过程中应该坚守马克思主义的基本理论思考和策略

---

① V. K. R. V. Rao, *Indian Socialism：Retrospect and Prospect*, New Delhi：Concept Publishing Company, 1982, p. 114.
② 参见弗朗辛·R. 弗兰克尔：《印度独立后政治经济发展史》，第 566 页，中国社会科学出版社，1989 年版。
③ 参见弗朗辛·R. 弗兰克尔：《印度独立后政治经济发展史》，第 687 页。
④ 参见弗朗辛·R. 弗兰克尔：《印度独立后政治经济发展史》，第 50 页。
⑤ Randhir Singh, *Marxism, Socialism, Indian Politics：A View from the Left*, New Delhi：Aakar Books, 2008, p. 41.

方向，以免"最终建立资本主义而不是社会主义国家"。[1] 但在政治实践中，左翼政党虽勉励前进，影响却大不如前。20 世纪末至今，以印度教民族主义为旗帜的印度人民党迅速发展，与国大党形成两极政党联盟和印度温和多党制（moderate system），左翼政党在中央和地方议会的作用逐渐减弱。2011 年选举中，印度共产党（马）丧失了在西孟加拉邦长达 34 年的政权；2014 年第 16 届中央人民院选举，印度共产党在 543 个议席中仅获得 10 个席位。

三　印度本土发展模式的探寻

印度的自由主义和社会主义发展之路一波三折，在既缺乏现代工业经济基础又缺乏现代民主社会政治基础的情况下，有识之士开始探寻适合印度本土的发展模式。英国首相温斯顿·丘吉尔（Winston Churchill）曾公开质疑印度是否具备建设一个可行的政体的能力，认为在印度培育民主和创建代议制都是一种妄谈。[2] 不同于西方国家的政治发展历程，印度本身所承载的厚重的历史文化，建立在低收入、贫困、前工业基础上的经济状态，普遍的低识字率，以及带有分裂、多元异质特性的国情，使之尽管在形式上引进、移植了代议制民主，印度根深蒂固的内在因素和传统制度仍在政治过程中发挥着重要作用。

尽管在殖民抗争时期，印度知识分子曾受到西方自由民主思想的熏陶和马克思主义思想的洗礼，印度的政治、社会和经济基础仍为之"开创了一个重要的先例"："既未经历资产阶级革命，也未经历自上而下的保守革命"，迄今没有发生一场共产主义革命，[3] 因此必然产生一条既区别于英、美、法等国的西式民主道路、也区别于苏联和中国社会主

[1] Randhir Singh, *Marxism, Socialism, Indian Politics: A View from the Left*, New Delhi: Aakar Books, 2008, p. 231.

[2] Sumit Ganguly, "India's Improbable Success", *Journal of Democracy*, Vol. 19, No. 2, 2008, pp. 170 – 174.

[3] 〔美〕巴林顿·摩尔：《民主和专制的社会起源》，拓夫等译，第 349、334 页，华夏出版社，1987 年版。

义的第三条道路。

印度独立后，开国总理尼赫鲁及继任者英迪拉·甘地（Indira Gandhi）力主走"第三条道路"，即兼具自由主义与社会主义的组合模式，实行自由民主政体下国家经济主导、公私营经济并立的混合经济体制。20 世纪 50～70 年代，印度逐步实行国家干预主义的计划经济政策，实施工业许可制度、银行国有化，垄断能源、金融等行业，在经济运行上，不以市场规律和供需变化为导向，以保障国大党政府对资源配置的有效控制，达到促进发展与兼顾公平的经济治理目标。在宪法中确立国家政策指导原则，作为治理国家的根本原则。在工业方面，通过五年计划和工业政策加以引导规制，建设和完备印度的工业体系，尤其重视重工业的发展，从而刺激国民经济增长。在农业方面，废除柴明达尔中间人地主制，实施土地改革，推广现代农业绿色革命，改变农村旧有土地结构模式。

印度独立后近 40 年经济缓慢发展，使开国总理尼赫鲁及其家族继任者推行的社会主义发展目标备受质疑，引发 20 世纪 80 年代国大党经济改革探索。1984 年拉吉夫·甘地（Rajiv Gandhi）在向全国发表的第一次广播讲话中表示：公营部门已经蔓延到了"太多它不该进入的领域，我们要准备引导公营部门来承担私营部门不能承担的工作，但我们也将向私营部门开放更多的领域，使之发展壮大，从而使经济更自由的发展"。这标志着公营部门政策的变化。①

瑞典经济学和社会学者冈纳·缪尔达尔（Gunnar Myrdal）认为，此种模式接受和应用了发展计划思想，但这种经济计划是"既不同于西方世界，也不同于共产主义国家的第三种类型"。② 一方面将发展计划作为消除贫困与实现社会公正的国家意志，不仅将之视为经济问题，还将之视为政治问题；另一方面"不像共产主义国家那样，使生产国有化，使国有企业和集体主义占统治地位，它使用共产主义的纲领性和全面性的

---

① 〔印度〕鲁达尔·达特、K. P. M. 桑达拉姆：《印度经济》（上），雷启淮等译，第 390 页，四川大学出版社，1994 年版。
② 〔瑞典〕冈纳·缪尔达尔：《亚洲的戏剧：对一些国家贫困问题的研究》，张卫东、谭力文译，第 103 页，北京经济学院出版社，1992 年版。

国家计划方法的原理，又避免一些共产主义国家使用这些方法的条件"。①

鉴于独立时印度的国情，尼赫鲁主张发挥国家经济的积极作用，经营和投资铁路、能源等重要工业部门，限制私人部门对经济发展的引领，改善了贫穷阶层的生活状况，提高了广大民众的生活水平。但混合经济在规划与实施过程中出现一些问题：一是经济发展主要着眼于工业部门，忽视占绝大多数人口的农业和农村问题；二是对私营经济管制过多，公营经济效益低下，损害了经济增长的活力和动力；三是以工业许可为基本原则的政策执行滋生腐败，造成黑钱、逃税漏税现象泛滥，妨碍了财税方面的发展。

印度独立后三十年间虽然取得了一定成就，但在总体上经济增长缓慢，在经济增量有限的情况下过度追求均等化，损耗了大量国力，加之特权阶层从中渔利，导致不仅未能实现消除贫困的目标，还加剧了两极分化，扩大了贫富差距，使第三条道路呈现出诸多问题。尽管如此，依然显现出印度政治家为寻求适合自身情况的政治经济发展道路所付出的努力和尝试。

倡导印度本土模式的代表印度政治学者夫拉金德拉·拉杰·梅达（Vrajendra Raj Mehta）提出容纳印度传统因素的"整合多元主义"（integrate pluralism）有机组合系统，认为不论是西方自由主义还是苏联的共产主义，都不适宜印度的政治发展。西方的自由民主将人归为商品经济中的生产者和消费者，苏联的共产主义则把人的行为归结为国家行为。一个过分关注个人主义，强调以自我为中心；另一个过分关注集体主义，排斥个人在社会选择中的多样性，两者都缺乏对人与社会关系的全面认识。主张重视人的多维发展和发展中的整体逻辑，应用于印度则是将各式各样共同体——经济、政治、民族、宗教等——不同类型的人置于结构化的、自治或独立的社会部门集合成的"海洋圈"（oceanic circle）中。②

① 〔瑞典〕冈纳·缪尔达尔：《亚洲的戏剧：对一些国家贫困问题的研究》，张卫东、谭力文译，第102页，北京经济学院出版社，1992年版。

② Vrajendra Raj Mehta, *Beyond Marxism*：*Towards an Alternative Perspective*, New Delhi：Manohar, 1978, pp. 52 - 60.

德国社会学家马克斯·韦伯（Max Weber）和法国人类学家路易斯·杜蒙（Louis Dumont）等在对印度教信仰和种姓制度的分析中，视印度的传统制度与社会文化因素为落后、愚昧、迷信的象征，认为这些制度和文化因素阻碍了印度的政治发展与现代化进程。[1] 伴随西方发展模式在新兴国家的失效和陷入困境，许多学者开始反思西方的政治发展及现代化理论，对传统因素进行重新认识和定位。美国政治学者劳埃德·I. 鲁道夫（Lloyd I. Rudolph）和苏珊娜·霍伯·鲁道夫（Susan Hoeber Rudolph）评价印度的本土影响因素，提出："对印度传统表现的着重观察，有利于我们更好地探索现代化进程中的内部变化和潜力。"[2] 与现代化理论提出传统因素会伴随现代化进程而消逝的看法不同，认为作为联系国家与社会的载体，印度的种姓集团将逐渐融合于现代化进程中，在不断适应政治环境变化的过程中，从追求传统目标转变为追求世俗实用的目标，争取政治权力、经济权益和社会地位。在这一过程中，种姓集团将逐渐转变为协会组织，推动民主政治的发展；[3] 同时也显现出追求低等种姓和落后社会阶层利益的平均主义，从而妨害经济发展。[4] 因而印度在实现其现代化的进程中，种姓制度及其诸种价值观难以被彻底根除，而是发生某种转化，并进而通过"文化整合"的方式，使印度朝着适应现代化发展的方向加以调整。[5]

以色列社会学者 S. N. 艾森斯塔特（S. N. Eisenstadt）认为，印度本土模式最终能够得以生存，源于多元主义与相对宽泛的共同文明相结合的包容性政治文化，此种文化造就了印度权力中心对众多社会群体和社会运动相互抵触和冲突的要求高度通融的姿态，成为迄今"印度政治制

---

[1]　Max Weber, *The Religion of India：The Sociology of Hinduism and Buddhism*, Illinois：The Free Press, 1958；Louis Dumont, *Homo Hierarchicus：The Caste System and Its Implications*, Chicago：University of Chicago Press, 1980.

[2]　Lloyd I. Rudolph, Susan Hoeber Rudolph, *The Modernity of Tradition：Political Development in India*, Chicago：University of Chicago Press, 1967, p. 10.

[3]　Lloyd I. Rudolph, Susan Hoeber Rudolph, *The Modernity of Tradition：Political Development in India*, Chicago：University of Chicago Press, 1967, p. 64.

[4]　Susan Hoeber Rudolph, Lloyd I. Rudolph, *In Pursuit of Lakshmi：The Political Economy of the Indian State*, Chicago：University of Chicago Press, 1987, pp. 225 – 240.

[5]　参见尚会鹏：《种姓与印度教社会》，第 328~329 页，北京大学出版社，2001 年版。

度十分重要（也可能是最重要）的特征"，并且在印度作为宪政国家的连贯性中居于核心地位。① 美国政治学者 A. H. 索姆杰（A. H. Somjee）认为，印度与西方国家的不同在于印度具有一个复杂阶级分层的等级社会，印度民主在等级社会内运作，形成了某种大范围参与序列（participatory queue），使不同社会和经济阶层按照这一序列进行政治参与。②

印度人追求政治发展道路的本土模式已取得相应成效，如今印度民众的政治参与率已有所提高，尤其在穷人和低种姓人群中，显现出越来越大的包容性。③ 但印度在发展中仍显现出政治腐败、行政低效和族群冲突等诸种问题。多元异质社会使印度由于语言、种姓和地区等诸种原因冲突不断加深，使印度的联邦制度陷入重重困境。一些学者甚至因此提出"印度是否能生存下去"的质疑。④ 尽管一些西方学者认为民主已在印度扎根，但事实上印度民选政府的质量令人担忧。⑤

从治理角度出发，"民主的成功最终取决于民主实践的活力"，⑥ 民主政治要关注被剥夺群体的生活、权利和需求，印度的问题恰恰是缺乏对民众，尤其是缺乏对穷人和女性基本生活和需求的关注。印度民主在运用经济增长的果实改善人民生活水平、减少经济和社会不平等方面存在严重缺失。一些学者从经济角度提出，印度的民主扩大了底层民众的政治意识，但政治系统越来越不关注和回应弱势群体的经济利益。⑦ 在

---

① 〔以色列〕S. N. 艾森斯塔特：《反思现代性》，旷新年、王爱松译，第 203~205 页，生活·读书·新知三联书店，2006 年版。

② 〔美〕霍华德·威亚尔达主编：《民主与民主化比较研究》，榕远译，第 109 页，北京大学出版社，2004 年版。

③ 〔美〕史蒂芬·列维茨基、〔加拿大〕卢坎·怀：《民主衰退的迷思》，张飞龙、夏蒙译，《比较政治学研究》，2016 年第 1 辑，中央编译出版社，2016 年版。

④ Selig Harrison, *India: The Dangerous Decades*, New Jersey: Princeton University Press, 1960, p. 338.

⑤ Atul Kohli, Prerna Singh, "Introduction: Politics in India-an Overview", in Atul Kohli, Prerna Singh（eds.）, *Routledge Handbook of Indian Politics*, New York: Routledge, 2013, p. 1.

⑥ Jean Drèze, Amartya Sen, *An Uncertain Glory: India and Its Contradictions*, New Jersey: Princeton University Press, 2013, p. 16.

⑦ Bimal Jalan, *The Future of India: Politics, Economics and Governance*, New Delhi: Penguin Group, 2006, p. 85.

其"民主"背后，面临巨大的治理危机，缺乏责任政党和政府，存在世界上数量最大的贫困人口和最为严重的腐败。美国哲学学者玛莎·努斯鲍姆（Martha C. Nussbaum）从社会暴力的角度提出，印度的多元文化和法治越来越受到宗教意识形态和宗教暴力的威胁，导致社会冲突层出不穷，一些事件甚至演化为种族清洗和灭绝，或对手无寸铁的女性和儿童施以暴力。解决宗教对抗问题，需要发展公共教育和建设公共文化，[1] 而印度领导人对此熟视无睹，使印度社会陷入分崩离析。

印度政治发展中面临的问题和危机，并非完全受传统制度和社会文化因素的影响，也源于现行宪法和政治制度中的缺陷。正如印度政治学者帕萨·查特杰（Parcha Chatterjee）所言："今日的民主，并非由人民进行和为人民所进行的治理，相反，是将人民视为被治理者的政治。"[2] 可见当今印度的政治发展，依然是一场"未完成的战役"。[3]

综上所述，印度在历史上曾经受到自由主义的熏陶，也曾寻求走自由主义道路，但在发展中却未能走出一条完全西方式的自由主义之路（见表2）。

表 2　自由主义、社会主义和印度本土模式比较

	自由主义道路	社会主义道路	印度本土模式
18 世纪中期~20 世纪中后期：探索时期			
	18 世纪中期殖民地时期	20 世纪初殖民抗争时期	1947 年印度独立
主要思想	自由主义	马克思主义	民主主义、社会主义、世俗主义
政治建设	现代政府、文官制、议会制建设，国大党建立	左翼政党建立、国大党内左翼力量形成	1950 年印度《宪法》颁布、议会民主制建立

[1] Martha C. Nussbaum, *The Clash Within: Democracy, Religious Violence, and India's Future*, Cambridge, Mass.: Harvard University Press, 2008, p. 264.

[2] Partha Chatterjee, *The Politics of the Governed: Reflections on Popular Politics in Most of the World*, New York: Columbia University Press, 2004, p. 4.

[3] Ashutosh Varshney, *Battles Half Won: India's Improbable Democracy*, New Delhi: Penguin Book India, 2013, p. 5.

续表

	自由主义道路	社会主义道路	印度本土模式
18 世纪中期~20 世纪中后期：探索时期			
	18 世纪中期殖民地时期	20 世纪初殖民抗争时期	1947 年印度独立
经济建设	殖民经济、半封建经济、自由主义经济	主张社会主义经济	国家经济主导、公私营经济并立的混合经济
主要影响	奠定印度政治现代化基础	深化均等化、社会公正等独立后国大党执政思想	实行民主政治＋混合经济印度式"第三条道路"
20 世纪 80 年代末~90 年代：变革时期			
政治制度	选举型议会民主制	喀拉拉邦、西孟加拉邦左翼政党多年执政	选举型议会民主制
经济发展	新自由主义经济	印度式社会主义经济逐渐式微、改革	自由化、市场化、全球化经济改革，保留五年计划作为国家发展战略
主要影响	印度进一步融入世界经济体系加速发展	左翼政党是印度重要的全国性政党	印度民主进一步获得西方世界广泛认可
21 世纪以来：发展时期			
现状	同变革时期	同变革时期	亚洲民主大国、世界最快经济增长体之一、金砖国家
困境	承受"掠夺式积累"影响，贫富差距不断加大	左翼政党的影响力有限，且有趋弱趋势	行政低效、腐败、贫困、族群冲突等问题严重

  印度的政治家们曾试图运用马克思主义理论寻求社会经济变革和发展，却也未能在实践中走出一条社会主义之路，而是使其社会平权运动容纳于已有的自由民主和本土政治文化中。印度政治发展的历程表明，西方的政治发展理论和发展道路，并不一定符合后发国家的现实。后发国家与早发国家在政治、经济、社会结构方面的差异、发展时期和发展阶段的不同，使二者呈现出不同的发展序列。

  印度探寻本土政治发展道路的经验表明，民主本身是一个过程。对于后发国家而言，并非能够依照早发国家或早期殖民者给定的模式前行。遵循本国国情及现实，找寻到一条真正适合自身的政治发展道路，才是后发国家的根本出路。

比较政治学研究　2018 年第 1 辑　总第 14 辑

第 132～152 页

© SSAP，2018

地区一体化、立宪主义与缅甸政治发展

赵银亮　　岳晓璐[*]

内容摘要　考察地区一体化、立宪主义和国内政治发展之间的关联性，已成为学界当前研究的热点之一。地区一体化的深入发展，带来外部市场准入的变化，这些变化通过对一国的政治经济联盟的影响，改变执政联盟对于财富分配、政治结构、个人权利等制度性变革的预期，并最终推动政治发展。缅甸的地区一体化实践为研究该国的政治发展提供了样本。地区一体化重构了该国精英和大众的关系及决策体制，也深刻影响了精英阶层的嬗变和政治共识的形成。大众联盟的成长正权力改变缅甸的权力结构。

关键词　地区一体化；立宪主义；精英与大众；政治发展

近年来缅甸国家和社会发生的一系列重要变化，已经不仅仅是近十年来缅甸国内权力的变革，也不只是连年刀光剑影中各政治派别的轮替，如今人们面对的是在日益融入地区一体化和全球进程中的缅甸政治发展正经历的深刻变化。而事情的另一面，乃是缅甸国内新兴阶层和大众的集体崛起，也包括在面对诸多的艰难挑战之后，始终还维持着开

---

* 赵银亮，上海师范大学哲学与法政学院教授，法学博士，政治学博士后；岳晓璐，上海师范大学哲学与法政学院硕士研究生，研究方向为比较政治学。本文为赵银亮主持课题的阶段性成果：国家社科基金重大项目"习近平治国理念之外交战略思想研究"（项目编号 15ZDC002）子课题；上海师范大学应用文科咨询项目"一带一路国家战略路径研究"（项目编号 A - 0211 - 17 - 310318）。

拓、改革和坚持不懈的进取状态。总体而言，在国际和地区局势如此"非常规发展"的背景之下，特别是地区政治经济面貌、大国发展取向、国家发展理念等方面都已出现迅速改变的迹象时，人们似乎已经不能不去关注预言家们的说辞：一个重大的历史转变的时刻正在到来。

从晚近几十年的时段观察缅甸政治发展，可以客观地做出判断：任何重大的历史转折，都是在一个个领域的基础性构筑发生变化的长期铺垫之下的渐进累积过程。值得观察的是，一旦面临变局，作为转型之中的缅甸精英阶层已经做了怎样的准备，以及它将如何进一步做出应对？换言之，作为有着地区抱负和处于独特历史方位中的缅甸精英，在多大程度上为推进自身主体的叙事－话语系统的构建，正在做出全方位的努力。

诚然，从历史上看，缅甸的政治议题始被民主化和民族主义者的冲突所主导。有研究认为，从根本上说，缅甸缺乏立宪主义①传统，在一些重大的政治安排和涉及公共事务的问题上，缅甸宪法所体现的国家发展的理想和目标，与大众的政治诉求之间缺乏有效的对接，从而使得缅甸缺乏基于民主和发展议题的政治共识。这些都成为缅甸在地区一体化进程中发挥积极作用的重要障碍。本文拟撷取 2015 年前后缅甸政治改革及取得的重大进展，从地区一体化及缅甸经济发展的角度分析立宪主义与缅甸的政治发展之相关性。

---

① 对于立宪主义的概念，笔者曾在主持的国家社科基金项目"立宪主义与东盟地区一体化发展相关性研究"中有深入论述。立宪主义的传统起源于古希腊的雅典，直到今日，这一历史传统经历了一个漫长的、断断续续的发展进程。立宪主义理念和思想至少包括两方面的现实考虑：一方面是为了维持国家社会生活的正常运转所拟定的制度安排；另一方面是为宪法学界所广泛倡导的思想，即宪法的主要目标在于保护民众的根本利益不受政府和其他公权力侵犯。需要强调的是"制衡原则"（Checks and balances）。在这一原则的作用下，各国政府制定一系列的制度和机制，政府构成和运作的设计方案大都依赖这一原则和相关机制。也可参阅赵银亮：《地区一体化、政治联盟与菲律宾的政治发展》，《比较政治学研究》，2015 年第 1 辑，中央编译出版社，2015 年版。

一　缅甸的政治发展：国家建设之维

研究缅甸的政治发展，需要从学理上分析民主化的发展因素。学界对民主化思考的一个重要方面，在于研究各国在民主转型初期所经历的冲突及其潜在的风险。仅就内涵而言，转型指的是一种制度与另一种制度之间的过渡期或者向另一种制度转变的过程。[①] 民主转型基本完成的标志是公众关于"只有通过选举的政治程序才能产生政府成为广泛共识"，政府权力的获得"则是自由和普遍选举的直接结果"。[②] 20 世纪 80 年代中期以来的大量研究文献中，许多学者强调了政治转型初期国家所面临的风险。有观点认为，成熟的民主制度是以国内政治和国际秩序的稳定为前提的，民主转型初期的国家，均将面临潜在的风险。施耐德（Synder）的《从选举到暴力》一书，研究了民主化为何会伴有民族主义暴力行动的高风险。[③] 也有学者认为，民主转型所带来的利益碰撞与分化，将激化缅甸国内的民族主义情绪。而精英论者则反对由转型而导致民族分裂的观点，他们认为民族和党派间的冲突，主要源于转型期精英的政治安排或者对民族主义情绪的煽动，这些对民族主义情绪的利用，旨在获得自身所期待的政治利益。还有学者认为，民主化进程初期将是利益调整的关键阶段，完成利益调整的重要环节将是建立具有包容性的公民认同，并允许不同的政治团体参与改革。

在施耐德看来，在民主化向前推进的过程中，大众的民族主义情绪很少能够得到真正的发展。当政治认同达到一定程度时，民族主义自然会营造国家和社会的认同意识。他认为在直接的选举进程中，如果政治领袖感觉到来自民众的威胁，就会加强原本孱弱的政治制度，进而产生

---

① 肖克：《亚洲威权国家民主转型的可行路径选择：基于西班牙与缅甸的比较》，转引自《比较政治学研究》，2014 年第 1 辑，第 95 页，中央编译出版社，2014 年版。

② 〔美〕胡安·林茨、阿尔弗莱德·斯泰潘：《民主转型与巩固的问题》，孙龙等译，第 3 页，浙江人民出版社，2008 年版。

③ Jack Snyder, *From Voting to Violence*: *Democratization and Nationalist Conflict*, New York: W. W. Norton, 2000, pp. 31 – 33.

带有军事色彩的政治体制，并由此抑制民族主义情绪的高涨。施耐德强调，民主的实践和巩固需要考虑到社会文化和转型背景。施耐德反对通过如联邦主义和联合政体（consociationalism）等制度设计，来抑制民族分裂。[1] 有观点认为，创建一个公民社会的制度网络，使其能够减少民族主义动员的危险性。即只有当社会的安全网建立起来以后，缅甸由精英主导的政治转型才能真正成功。[2] 当然，这样渐进的民主实践也将面临很多挑战。

（一）缅甸政治发展的历史考察

英国殖民以前的缅甸曾积累了一定的民主经验，其最初的民主发展发生在非殖民化的 20 世纪 40 年代后期，这种政治发展在此后的十年中得以继续。有学者认为，缅甸的第二次民主化尝试发生在 1988 年，随后在 2007 年僧人领导了缅甸的第三次民主化尝试。20 世纪 40 年代后期的缅甸民主化转型，曾经经历这样的背景，即英国殖民者试图扩展其殖民统治体制的基础，客观上这也为缅甸民众的自治准备了前提。在地方政府层面，1882 年的选举逐步实现了民主体制的制度化，这种制度化通过 1921 年的改革得以巩固。在国家层面，民主选举的原则在 1909 年被引进到该体制中，当时曾通过选举选出了立法委员会的成员。1923 年，立法委员会扩展到 103 名成员，其中 79 名是通过年龄 18 岁的家庭投票人选举出来，而且没有性别歧视。

1937 年缅甸从印度分离出来，开始成为具有一定自主地位的英属殖民地，政府对于民众的控制也进一步加强。正如英国学者佛尼威尔（J. S. Furnivall）指出的，"立法委员会在民众中是缺乏根基的。实际上，它仅仅体现了与国家生活相脱离的西方的民主体制"。在他看来，

---

① 在史蒂芬·霍姆斯《民主制度的言论限制》（谢鹏程译）一文中，曾谈论到政治妥协。倾向于妥协的政治一直是阿伦·利杰法特关于联合政体（consociationalism）的研究的重点。他认为，在原生性分裂（primor dialdivision）的社会，自治政府需要"不同集团的领导人超越普通人之间存在的地区的或亚文化的隔阂进行合作"。

② 参见吴文程：《政治发展民主转型：比较政治理论的检视与批判》，第 52 页，吉林出版集团有限责任公司，2008 年版；转引自《比较政治学研究》，2014 年第 1 辑，第 102 页，中央编译出版社，2014 年版。

英属缅甸有四个主要的族群，即欧洲人、华人、印度人和土著居民，他们通过经济联系而凝集在一起，缺乏社会或者文化的关联。期望在这样的基础上培育出单一的民族显然是困难的。他也曾研究缅甸的社会建构，认为"从道德上讲，缅甸的民族主义是正确的"。然而，从揭秘的一些材料可以看出，1948 年 1 月缅甸独立前后并没有出现包容一切的缅甸民众的民族主义，民族分裂问题开始成为热点话题。①

在第一次民主化实践过程中，缅甸民族主义的政治诉求离不开精英主导。殖民主义者的分而治之策略通常被民族主义精英所利用，他们希望保持对国家改革的主导地位。正如有学者所指出的，"军事精英和平民领袖在政治改革的道路上并没有多少选择。在缅甸的后殖民地国家转型时期，他们需要重新设计未来的发展道路以推动分裂的国家实现统一"。②

20 世纪 50 年代后期，缅甸的民族分裂很大程度上被看做普通大众之间的直接对立。1958 年，推动少数民族各州实施自治的宪法条款，激起了起义力量的普遍高涨。几乎就在同时，奈温（Ne Win）将军领导的看守政府所经历的长达 18 个月的改革措施，给予缅甸军事精英掌握权力的重要机会。20 世纪 60 年代早期平民统治的回归，不仅在精英阶层产生了矛盾与彼此的不信任，而且缅甸的国家政体也在经历转变，缅甸加强了构建联盟制度的努力。带有民族主义色彩的缅甸军方在奈温领导下，通过 1962 年 3 月的一场政变掌握了权力。可以看出，缅甸民主化进程举步维艰，民族分裂的趋势也进一步加强。

从根本上说，第二次民主化的尝试，推动了缅甸公民社会的发展，也增强了缅甸中心城区大众的动员能力，此后逐渐在全国范围内形成了200 多个政党。然而，即使国家民主联盟领导人昂山素季遵循其父亲的

① J. S. Furnivall, *Colonial Policy and Practice: A Comparative Study of Burma and Netherlands India*, Cambridge: Cambridge University Press, 1948, pp. 71 - 72, 160, 165, 304; J. S. Furnivall, *An Introduction to the Political Economy of Burma*, Rangoon: Burma Book Club, 1931, p. ix.

② Mary P. Callahan, *Making Enemies: War and State Building in Burma*, Ithaca, N. Y.: Cornell University Press, 2003, p. 5.

意愿，描绘了国家统一的构想并为之付出极大努力，但在缅甸国内，仍存在深层次的、普遍的敌对情绪，这些都困扰着缅甸政治蓝图的实践前景。① 从第一次民主试验的 40 年以后，也是在缅甸民族主义者发动革命政变的 25 年以后，缅甸的民族分裂已经不仅仅是精英主导的产物。这些都说明了现代的缅甸已经与过去有很大的不同。

（二） 缅甸的民主化探索及实践

尽管缅甸政府 1988 年镇压了国内的民主运动，并宣布 1990 年的选举结果无效，但缅甸的民主化议程依然在国家政治议题中占有重要地位。在军政府当政时期，缅甸民主发展的方向实现了转换，这也预示着缅甸未来的转型将经历一条漫长的、充满荆棘的道路。缅甸军政府设计了未来国家发展的路线图。其中，具有里程碑意义的事件是 1993 年国家委员会决定起草的新宪法草案。负责起草宪法的 700 多名代表主要是由国际法律和秩序恢复委员会任命的。② 此后 3 年多的时间，宪法起草委员会在由管理机构设定的严格框架下讨论宪法问题。但自 1995 年 11 月以来，全国民主联盟开始了联合抵制行动，宪法草案也因此在 1996 年被搁置。③ 多年以来，围绕缅甸宪法问题并没有取得多大进展。④ 2003 年 8 月，缅甸的民主化议题重新回归公共政治议程中，候任的总理钦纽（KhinNyunt）将军发表了一项关于缅甸民主的七点行动计划。⑤ 在这个基础上，国家委员会在 2004 年 5 月重新召集，此时有超过 1000 名代表被阻隔在处于孤立的地区。缅甸政府在 2007 年平息了红花起义，

---

① Martin Smith, *Burma*: *Insurgency and the Politics of Ethnicity*, 2nd ed., London: Zed Books, 1999.

② David I. Steinberg, "Myanmar in 1992: Plus Ca Change…?" *Asian Survey*, Vol. 33, No. 2, February 1993, pp. 175 – 183.

③ Mary P. Callahan, "Burma in 1995: Looking beyond the Release of Aung San Suu Kyi", *Asian Survey*, Vol. 36, No. 2, February 1996, pp. 158 – 164, 160.

④ Tin Maung Maung Than, *State Dominance in Myanmar*: *The Political Economy of Industrialization*, Singapore: Institute of Southeast Asian Studies, 2007, p. 343.

⑤ Kyi KyiHla, "Road Map to Democracy in Myanmar", http://www.myanmar.gov.mm/Perspective/persp2003/8 – 2003/map.htm, accessed August 15, 2008.

军事力量和军事机构继续保持对民主化进程的控制。① 随后，2008 年 5 月举行了有关宪政的民意调查。据报告称，在这次有 98% 的人到场的调查中，92% 的被调查者明确支持缅甸未来的政治变革。这些都为缅甸国家和平与发展委员会推进"和平的、现代的而且也是遵守规则的民主化"铺平了道路。

很少有人对缅甸军政府设计的改革进程抱有幻想，国家委员会将受到 6 项国家发展和改革的目标制约，即实现"国家的统一；国家主权的维护；主权的巩固；名副其实的多党制的出现；关于国家公正、自由和平等的原则的发展；在国家政治生活中弱化军队的领导作用等"。此外，国家委员会还规定了一系列重要的限定原则，其中包括：国家总统需要有军队的经验；在国家议会中军队将任命 25% 的席位，在地区议会中将占有 33% 的席位；军队政策和预算将超越行政和立法机构的管辖；等等。所有这些关键的条款在宪法草案中被提出来，并于 2008 年 5 月提交给相关机构，一旦公民投票成功完成即开始实行。从 2010 年开始，缅甸的政治改革开始加速，以政治改革为核心的涉及政治、经济、社会等多方面的全面改革启动。在一直影响缅甸政局稳定的少数民族独立武装问题上，也取得一系列进展：2012 年初政府与克伦民族解放军签订了停火协议；2012 年 9 月，缅甸各少数民族代表在泰缅边界召开民族代表大会（United Nationalities Federal Council），提出和解计划和路线图。

按照施耐德的理论和其中蕴含的政策建议，分析缅甸主要的国内反对派的观点和政策主张，就会发现两者是有差异的。威权主义政体逐步融入带有约束性的协议和框架之中，需要一个长期的过程。如何通过制度性的建设，并通过广泛的对话机制和途径，寻求国内政治党派之间的和解，也需要经历艰难的考验。②

① Human Rights Documentation Unit, Bullets in the Alms Bowl: An Analysis of the Brutal SP-DC Suppression of the September 2007 Saffron Revolution, N. P.: National Coalition Government of the Union of Burma, 2008.

② Reynold et al., "How Burma Could Democratize", *Journal of Democracy*, Vol. 12, No. 4, June 2001, p. 106.

二 地区一体化背景下的缅甸立宪主义实践

缅甸的民主化议程不仅需要从比较经验的角度进行理解，而且也需要结合地区国际贸易发展的背景来看待。从更广泛的意义来讲，缅甸成功的立宪主义转型需要集合精英间的谈判来进行，即需要关注来自军方、民主集团和民族主义者等政治力量的博弈。

在殖民地时期，由于精英的信仰不同而带来了缅甸民族关系的紧张，在独立解放时期民众之间的对立也持续加强。在这样的背景下，就需要设定多层面的国家建立的议程和计划。缅甸未来的政治制度应该能够抑制民族冲突。从建设性的视角来看，这些制度设计应该包括许多人道主义计划，包括经济恢复的振兴计划，发展并孕育文化多样性的社会重建计划，最终是在一个统一的国家共同体内部的彼此尊重，并强力推进国家真正和解的政治计划。这些都需要通过一个真正的授权和廉洁的制度来实现。[1] 总之，这些目标的实现，都需要围绕一个民主国家的概念来设计，在其中必须要表达出公民的身份认同和义务。上述这些都将是未来国家建设的核心内容。[2]

缅甸军方和反对派领袖共同推进国家的统一，应该成为国家和解的核心议题。这些政策性建议的框架至关重要，尤其要考虑缅甸政治生活中的行为体的功能，其中军事精英的力量无疑是非常关键的。施耐德认为，当政治精英受到公众对民主权利要求威胁的时候，激进的民族主义情绪高涨，并因此影响原本虚弱的政治制度。这些观点都与缅甸的情况相吻合。从意识形态角度来说，精英将对国家的保护看作自身不可推卸的义务。在20世纪40年代动荡的年代里，军方将其自身设计为国家的保护者，而如今又试图强制性地将统一的概念加给处于被动

---

[1] Roman David and Ian Holliday, "Set the Junta Free: Pre-transitional Justice in Myanmar's Democratization", *Australian Journal of Political Science*, Vol. 41, No. 1, March 2006, pp. 91 – 105.

[2] Matthew J. Walton, "Ethnicity, Conflict, and History in Burma: The Myths of Pang Long", *Asian Survey*, Vol. 48, 2008, pp. 889 – 910.

地位的民众身上。① 从目前情况来看，未来政治领袖试图摆脱这种根深蒂固的文化影响是困难的。军事精英也非常关注自身的经济利益。

有学者认为，只要缅甸军政府保持永久的领导地位，就不要期待国家政策会有多么大的变化。普遍的担忧是，当缅甸政治领袖意识到未来的民主制度将威胁到其利益的时候，他们将会祭出民族主义的旗帜，并继续领导国家的政治变革。显然，这些政策建议是军事精英民主路线图的扩展。全国民主联盟呼吁军方领袖展开合作，以推动人道主义援助并还权于民。2007 年 11 月，在由昂山素季通过联合国特使易卜拉欣·甘巴里（Ibrahim Gambari）发表的一份声明中也可以看到类似的承诺。② 但所有这些建设性的意见都被缅甸军政府所拒绝。不过最后，缅甸军政府对于全国民主联盟也表现出了某种程度的灵活性，并同该联盟签署了一份关于 2010 年选举的框架协议，这份协议承诺适当保证公民权利的实现，并尽量实现公正的选举。在国内民族精英和流亡的民族精英团体之间，也出现了某种紧张关系，这些将会从根本上使得国家改革计划变得错综复杂。问题的关键是，不能期待从民主的转型中完全清除极端民族主义情绪的影响。当今和未来缅甸国内所做的任何努力，都将围绕如何抑制冲突而展开。总体来看，缅甸的民族分裂日益深化，如何寻找抑制民族分裂和民族冲突的有效途径，已经成为缅甸改革关键的一步。

缅甸国内的反对派力量积极参加 2010 年选举，充分利用既有的制度框架，并将这些制度和框架协议作为平台，为实现国家和解和民主化转型而共同努力，这就需要缅甸反对派积极地与当前依然掌握政权的军方精英携手共进。缅甸民主转型的第一步，涉及设定民主改革的规则，并作为国家和解的前提条件。在此基础上，才能推进进一步的政治变革。2015 年，全国民主联盟（NLD）2015 年大选的压倒性胜利开启了新一轮的民主变革。民盟在少数民族地区如此大规模的胜利，意味着全

---

① Ian Holliday，"National Unity Struggles in Myanmar：A Degenerate Case of Governance for Harmony in Asia"，*Asian Survey*，Vol. 47，No. 3，May/June 2017，pp. 374 – 392.

② 易卜拉欣·甘巴里（Ibrahim Gambari），尼日利亚政治家、外交家，曾任联合国副秘书长，主管政治事务。2007 年 9 月，甘巴里被任命为联合国特使，赴缅甸调解因为大规模抗议而紧张的缅甸国内局势。

缅甸民族希望民盟为缅甸人民开启和平与民主新时代的愿景。

缅甸追求民主化改革的政策目标，外部行为体将发挥重要的推动作用。从当今情况来看，这样的行为体大致可以分为两大阵营。一大阵营是积极推动缅甸政治改革。这些推动者大多位于亚洲，它们期望缅甸国内各个政治派别通过有效的对话机制，为未来国家的变革创造动力和活力，切实推动缅甸军方在实施改革的道路上前进。另一大阵营可以称为孤立主义者，这些行为体通常位于北美和欧洲。它们希望通过政治和经济制裁迫使缅甸军方实施改革。由于两派之间有着一定的差别，那么关键的问题就是，未来这两大阵营将会采取何种政策来影响缅甸的政体改革。或者说，外部的政治行为体和国际组织等将如何更好地参与到缅甸的政治转型之中。

有理由相信，通过渐进主义的改革方式能够推进缅甸的政治转型。许多区域外的国家和国际组织，试图组织并推动缅甸多个党派围绕政治民主议题进行谈判。这些谈判可以通过类似于联合国等国际组织来实施。为了鼓励缅甸深化改革的努力，许多对缅甸政治转型持支持态度的国家，正开始逐步地对缅甸放其特惠的贸易政策。[1] 在非国家行为体中，包括世界援助机构在内的许多国际组织和国际制度，也可以探索适当的途径发挥重要的作用。[2] 同样在非国家行为体中，跨国公司也可以做出重要的贡献。当然，对于缅甸来说，许多改革都需要特定的内部环境和外部环境。[3] 缅甸现在面临的一些重要问题包括，缺乏足够的制度框架，存在普遍的腐败现象，专业技能人员也比较匮乏等。然而，如果

---

[1] Paul Collier, *The Bottom Billion: Why the Poorest Countries Are Failing and What Can Be Done about It*, Oxford: Oxford University Press, 2007.

[2] South Kingsbury, "Political Transition in Myanmar", *Asian Politics and Policy*, Vol. 6, No. 3, June 2014, pp. 249 – 252; Karl Dorning, "Creating an Environment for Participate: International NGOs and the Growth of Civil Society in Burma/Myanmar", in *Myanmar's Long Road to National Reconciliation*, ed. by Trevor Wilson, 2014, pp. 188 – 217.

[3] Ian Holliday, "Doing Business with Rights Violating Regimes: Corporate Social Responsibility and Myanmar's Military Junta", *Journal of Business Ethis*, Vol. 61, No. 4, November 2005, pp. 329 – 342; Ian Holliday, "The Yadana Syndrome? Big Oil and Principle of Corporate Engagement in Myanmar", *Asian Journal of Political Science*, Vol. 13, No. 2, December 2005, pp. 29 – 51.

缅甸的内部环境和外部环境能够通过相应的对话进程而得以改善，那么着手进行一些必要的变革也是可能的。

在缅甸的政治转型中外部力量的参与需要有目的性，需要给予支持。当建立一个正常国家的谈判开始沿着正确的道路前进时，就需要外部的行为体通力合作，以抑制民族之间的冲突，并推动缅甸的去军事化改革。同时，外部行为体必须与当地的民众和相关机构展开合作，建立一个联结公民制度、能够发挥作用的有效的网络制度，并以此作为实现民主的安全防护网。这些外部力量必须保持领导者的角色，在缅甸的协议式的政治转型时期发挥建设性的作用。而且，在推动民众保持对该计划忠诚的基础上，也要关注他们应该完成的任务。如果所有这些都能够如期完成，那么就将为缅甸开辟一个真正开放的机会。

虽然，2015 年至今缅甸所形成的政治体制距离民众的期望仍有一定的差距，但这些努力至少可以产生某种渐进主义变革的平台，这一平台对于一个走向民主的国家来说是必要的。通过扩展一个政治合法性的空间，使其超越少数精英的统治，从而，新的制度推动所有政治图谱中的行为体以通力合作。为了该国所面临的最重要的挑战而努力进取，建立一个共同的身份认同。为了这样的成功，这些行为体也将需要摒弃前嫌，共同聚焦于解决民族主义者的冲突，争取创造一个参与式的、包容性的国家体制。

三　地区一体化进程中缅甸精英
——大众联盟的变革

自 20 世纪 60 年代到 80 年代后期，奈温将军领导下的缅甸经历的依然是相对孤立的发展道路。这条道路明显保持了非自由主义的发展特征。缅甸的国际贸易方式也带有强烈的非自由主义色彩。从学界当前的研究来看，除了探讨国际社会对缅甸的经济制裁之外，很少研究缅甸的外贸形式以及由此带来的政治影响。

根据国际贸易理论的分析，一个国家对外贸易的运行和发展是通过政府实现自身管理，还是在很大程度上由国际和国内市场来决定，不同的治理模式对一国的政治结构影响迥异。国际贸易自身所带来的潜在政治后果和影响，对于威权主义国家同样适用。正如拉丁美洲的发展型威权主义政体（类似于新加坡）所体现的那样，对贸易利益的选择性分配和鼓励，成为许多国家和政府加强自身权力的重要工具。[①] 一方面，对国际贸易的控制有助于增加政府的收入；另一方面，贸易自由化政策并不必然导致政治权力的弱化。客观而言，国际贸易是成为推动民主化变革的重要力量，还是对威权主义政体影响甚微，将取决于一国政府采取怎样的措施来推进国际和地区的贸易一体化进程。就缅甸而言，在东南亚地区一体化迅猛发展的背景下，国际贸易对缅甸有着怎样的影响，缅甸主要的贸易伙伴都包括哪些国家，这些国家的贸易政策经历了怎样的演变，缅甸的贸易体制将带来怎样的政治后果等，都是需要认真进行研究的议题。

目前总体的看法是，随着缅甸对外开放度的增加，缅甸的贸易方式也发生变化，来自东南亚以外的投资者对缅甸的贸易政策有着不同的态度，而美国对缅甸的贸易政策变化也将影响缅甸成长中的新兴阶级，继而影响缅甸民主转型所需要的阶级基础和物质基础。本文拟通过实证分析，探讨 2015 年以来缅甸贸易方式的转换及其政治影响。需要说明的是，有学者结合实用主义的研究方法对这些数据进行考察，并与世界发展银行、各地区发展银行和国际金融机构的资料进行比较，试图探讨缅甸对外贸易的发展趋势和特征。本文尝试研究缅甸国际贸易的发展对于其政治权力结构的影响。

（一）缅甸的国际贸易政策及其政治后果

1. 缅甸的国际贸易政策及经济成就

首先观察缅甸外贸总体的增长率。20 世纪 90 年代缅甸在贸易总额和增长率方面的资料显示了令人鼓舞的变化，尤其是其进出口总额显著

---

① Peter Evans, *Dependent Development*: *The Alliance of Multinational*, *State*, *and Capital in Brazil*, Princeton: Princeton University Press, 1979.

增加。20 世纪 90 年代，缅甸出口和进口总额分别达到 4.72 亿美元和
8.8 亿美元。到 2005 年，则分别攀升到 35 亿美元和 19 亿美元。从贸易
结构来看，2002 年缅甸扭转了长期的贸易逆差状况，开始实现了贸易
顺差，2005 年总量达到 16 亿美元。① 据 2017 年亚洲开发银行统计，到
2016 年为止缅甸总贸易额达到 192179 亿缅元，占 GDP 的 23.6%，贸易
总量不断扩大，贸易伙伴国数量不断增加。②

　　缅甸贸易顺差的主要推动力是能源的出口（主要是天然气）。缅甸
第一次出口天然气是在 1998 年，其总额约是 100 万美元。到 2002 年，
其出口的天然气总额已经达到 8 亿美元，缅甸从而加速实现了贸易顺
差。③ 到 2016 年，天然气出口总量达到了 29 亿美元，占其贸易顺差总
额的 77%。这些都为缅甸的军事政府即国家和平与发展委员会提供了
充足的金融和外交资源。

　　通过数据分析所观察到的另一个情况是，缅甸的进口在 2001 年出
现下滑。从 2001 年到 2005 年，该国贸易进口几乎下滑了 30%。事实表
明，这种下降并非是由于其日益增加的自给自足所导致的，而是西方国
家中断了与缅甸的贸易关系。总的来看，从 1990 年到 2003 年，缅甸的
对外贸易以每年 16% 的速度在增加。这样的增长率是很令人鼓舞的，
这一增长率与当时东南亚邻国的平均增长率接近（当时东南亚增长率
为 17%）。

　　下面以 2015 年以来缅甸的贸易构成进行分析。通过比较缅甸主要
的贸易产品分别占有的比例（总的出口或者进口）可以看出，食品
（主要是干豆和大米）和木制品（主要是柚木和其他木材）是缅甸主要
的出口产品。从历史上来看，缅甸的出口具有重要意义的转换，是自
2000 年以来矿产品的大规模增长，自此矿业成为该国第一大出口产品

① Calculated from the Asian Development Bank（ADB），"Key Indicators 2006"，http：//www. adb. org/statistics，accessed June 29，2007.
② 根据东盟各国贸易数据整理，参见 www. asean. org，最后下载日期：2017 年 12 月 11 日。
③ "Myanmar Achieves First-ever Foreign Trade Surplus"，*People's Daily Online*，April 28，2003，http：//English. peopledaily. com. cn/200304/28/eng20030428 _ 115932. shtml. accessed September 6，2007.

部门。这种转换之所以具有重要的意义，即在于这些相对稳定的经济产业和经济部门，能够对缅甸的政治精英产生重要影响。从进口情况来看，缅甸的进口商品结构相对稳定，主要是工业制成品、机器和运输设备。

但从统计数据来看，缅甸官方的贸易统计排除了三大类产品，即武器、麻醉品和黑市贸易。如果将这些贸易进行综合计算，则会大大增加缅甸的贸易总量。20 世纪 80 年代，缅甸黑市交易的总额大约占到了官方统计贸易额的 50% ~85%。① 在整个的 20 世纪 90 年代的大部分时期内，这种趋势可以说是具有持续性的，这也说明缅甸对外经济的基本结构是保持稳定的。自 2000 年以来，随着缅甸对外的能源贸易总量的激增，再加上与邻国和平条约的签订，缅甸与邻国的边界贸易大为增加，某种程度上讲，这也减少了非法贸易在其贸易总额中所占的比重。从 1990 年到 2005 年，由于多种多样的贸易禁运令，缅甸武器的进口多年来出现大幅波动，从 1993 年的 2.99 亿美元降到 2000 年的 1.3 亿美元。毒品贸易在 2000 年达到了一个顶点，为缅甸带来了大约 2 亿美元的收入，但是从那个时候开始毒品贸易总量开始下滑，主要是由于生产数量大幅减少。从 2004 年到 2016 年，缅甸的鸦片种植面积减少了 87%。②

有两方面的比较结果应引起注意。首先，虽然缅甸的贸易与东南亚邻国保持相近的增长速度，但比起这些国家来说，缅甸的贸易开放度总体上处于相当低的水平。贸易开放度，指一国的国际贸易总额（进口和出口）相对于其国内生产总值的比例，这是一个通用的评估指标，主要用来界定贸易的开放程度。从另一个意义上说，贸易开放度也解释了在特定的经济体中，外部的贸易关系对于一国经济发展的重要性。③ 2015 年缅甸的贸易总额占国内生产总值的 5.6%，而其大多数邻国的贸易额

① Myat Thein, *Economic Development of Myanmar*, Singapore: Institute of Southeast Asian Studies, 2004, p. 80.
② United Nations Office of Drugs and Crime (UNODC), *World Drug Report 2017*, New York: UNODC, 2017, pp. 191 – 197.
③ Alberto Alesina and RomainWaczizrg, "Openness, Country Size, and Government", *Journal of Public Economics*, Vol. 69, No. 3, September 2017, pp. 305 – 321.

与国内生产总值的比例则高达 90.6%。即使与东南亚不发达国家如老挝、柬埔寨和越南进行对比也能发现，后者虽然在经济规模上接近于缅甸，但它们的贸易开放度却处于较高的水平。

此外，可以运用平均关税率（average applied tariff rate，AATR）对缅甸的国际贸易状况进行研究。如果考察在缅甸所有关税项目和种类中关税的平均水平就会发现，20 世纪 90 年代中期缅甸的平均关税率处于 6% 的水平，2005 年降低到 4.5%。这说明，相对于大多数发展中国家而言，缅甸在对外贸易方面保持了一个较为开放的姿态。2016 年，世界上 140 多个发展中国家的平均关税率高出缅甸的约两倍，接近于 19%。① 可以说，缅甸政府通过采用低关税率来鼓励贸易往来，尤其是鼓励进口。尽管缅甸沿用了较低的关税率，但仍然无法从根本上提升缅甸的贸易开放度。究其根源，在于世界其他地区和国家或许不愿意与缅甸发展贸易关系。这其中的原因则是多方面的，不仅涉及最惠国待遇、劳动力的成本，而且也涉及道德伦理、经济制裁等因素。

2. 缅甸的贸易伙伴及其影响

长期以来缅甸实施了有效的贸易自给自足政策。这一贸易政策也体现了下述论断，即世界上较少有国家愿意与军政府体制的缅甸发展经济贸易往来。有数据表明，缅甸的贸易伙伴集中程度较高，贸易伙伴的集中或者分散能够通过对一个国家总的进口额和出口额作以简单的估计而得出。1990～1995 年，缅甸官方统计的进口额中的 81% 来自 10 个国家。贸易伙伴集中的趋势也可以从缅甸的出口额中得以体现。在 1990～1995 年，其前 10 位贸易伙伴国所占缅甸出口额的比重达到 62%。在 2011～2016 年，前 10 位贸易伙伴在其出口额中所占的比重达到 81%。该时期，前 5 位的贸易伙伴对其出口的比重显著增加。泰国是缅甸最重要的贸易伙伴，占泰国出口总额的 44%。在 2003 年以前，美国也是缅甸最重要的贸易伙伴之一。1997 年，虽然美国禁止对缅甸进行新的投资，

---

① World Bank, "Data on Trade and Import Barriers", http://econ. worldbank. org/website/exteral/extresearch/0, contentMDK: 2105044 ～ pagePK: 6421825 ～ piPK: 64214943 ～ theSitePK: 469382, 00. html, accessed August 3, 2017.

但美国仍然购买了缅甸大量的产品，并在 1999～2000 年成为其最大的出口目的地国。2000 年和 2001 年，美国消费了近 5 亿美元的缅甸的物品和服务。2003 年，美国对缅甸实施了额外的制裁措施，禁止缅甸的许多产品出口到美国。但其对缅甸经济的潜在影响力，某种程度上被其他的贸易伙伴，尤其是亚洲的贸易伙伴所抵消。2000 年之后，这些国家与缅甸当政的和平与发展委员会建立了密切联系。其直接导致的后果是，尽管缅甸受到了国际制裁，但其仍然能够在 2004 年增加出口额，而且增长率达到 18%，2016 年则达到 37%。在缅甸总的贸易增长中，其亚洲伙伴所占的贸易比重从 2000 年的 67%，增加到 2016 年的 92%。[①]

（二）缅甸的贸易转型与精英——大众联盟的变革

从理论上讲，研究国际贸易对国家政治转型的影响及其后果，例如国际贸易一体化究竟是推动了国家民主化的实践，抑或是延续了威权主义体制，需要我们从更为宽广的视角来探讨政治结构的变迁。对于缅甸而言，从操作性的角度来看，需要分两步进行：一是要考察哪些政治利益集团从缅甸的贸易转型中获益，或者其利益受到损害；二是需要研究缅甸执政联盟无论是得到还是失去利益，将分别对缅甸的政治体制带来怎样的影响。本文拟运用宏观政治经济学理论进行研究，其中的维度不仅包括缅甸贸易方式的转变，而且也包括缅甸政治结构将实现怎样的变革。

首先，借助史拖普－萨谬尔森定理（Stolper-Samuelson Theorem）思考缅甸专制体制的根源。该定理在解释因贸易转型而带来的政治影响方面，有着令人信服的解释力。该理论假设，贸易保护政策更多地应用于生产要素丰富的国家，这些国家的资本资源较为匮乏；而贸易自由化政策更容易受到生产要素丰富的国家的青睐。[②]

从世界范围来看，近期的研究成果也进一步巩固了该定理的理论假

---

① ADB, "Key Indicators for Asia and the Pacific 2017", Asian Development Bank, November 2016, www. adb. org/publications/key-indicators-asia-and-pacific-2017.

② Wolfgang F. Stolper and Paul A. Samuelson, "Protection and Real Wages", *Review of Economic Studies*, Vol. 9, No. 1, November 1941, pp. 58 – 73.

设。罗戈斯基曾系统地运用这一理论，分析产业间的联盟，及其对未来政治变革的影响。[1] 按照这一定理的分析，土地、劳动力和资本都是重要的生产要素，缅甸虽土地供给充足，但劳动力和资本较为匮乏。20世纪 90 年代，农业占缅甸国内生产总值的 57%，而工业则为 10%。到了 2005 年，这个比例仅有小幅度的变化，农业和工业分别占其国内生产总值的 51% 和 14%。2017 年，据缅甸公布的劳动力数据显示，该国从事农业生产的人口占到总劳动力的 86.2%，而工业人口仅占 6.4%。[2] 按照上述逻辑思路，结合理论假设，可以说从政治角度而言，缅甸日益增加的贸易往来，使得土地所有者在国家政治生活中发挥着更大的影响，而资本拥有者的作用发挥则受到制约。通过对缅甸近期缅甸贸易资料的分析可以看出，缅甸总体的贸易开放度在减弱，即使在贸易总量增加的情况下也是如此。但缅甸对国际贸易所采取的基本政策立场，很大程度上讲则是开放的，这可以从其较低的平均关税率得以体现。

　　另一个客观情况是，缅甸的对外贸易额占其 GDP 的比重，在与其他发展中国家的比较中依然处于劣势。如此形势下，可以说，在国际贸易一体化进程中缅甸国内政治上最大的"失利者"，正是那些以土地作为生产要素的个体或者利益集团，即地主阶层、农民、农业工人等。而事实表明这些产业部门也正在走向衰落。从历史上来看，自从殖民时期以来，缅甸就是农产品的重要输出国。早在 1868 年，缅甸就已经取代孟加拉国成为世界上最大的大米出口国，并一直保持这样的地位长达一个世纪。[3] 1941 年，缅甸的大米出口总计超过 300 万吨，到 1989 年达到了历史的新低 4.9 万吨。[4] 这并不仅仅是由于其国际贸易的减少，降低了大米生产商和土地所有者的政治地位，也由于国家通过调整国内贸

---

[1]　Ronald Rogowski, *Commerce and Coalitions: How Trade Affects Domestic Political Alignments*, Princeton: Princeton University Press, 1989.

[2]　Calculated from the Asian Development Bank (ADB), "Key Indicators 2006", http://www.adb.org/statistics, accessed June 29, 2007.

[3]　A. J. H. Latham and Larry Neal, "The International Market in Rice and Wheat, 1868 – 1914", *Economic History Review*, Vol. 36, No. 2, May 1983, pp. 260 – 280.

[4]　*Far East and Australasia 1996*, London: Europe Publications, 1996, p. 644.

易政策，对这些产业进行有效控制。①

在20世纪80年代中期，另一个以土地为基础的产品——柚木，开始取代大米成为缅甸最主要的出口产品。但自那时起，不仅缅甸工业产品的国际贸易有些下降，而且以土地为基础的产品，包括大米、柚木、干豆等也出现了不同程度的下滑。国家对贸易的控制使得大量的、以土地为基础的产品开始了黑市的非法贸易。而自20世纪80年代晚期开始，黑市交易额几乎下降了一半，部分原因是国内和平条约的签订，政府希望以此加强对反政府力量经济行为的监管。另外一个关键的、以土地为基础的产品是鸦片，其在缅甸的麻醉品交易中占据主导地位。当前种植鸦片的面积已经大幅减少，从1996年的163000英亩减少到到2006年的21500英亩。在这期间，阿富汗取代缅甸成为世界上最主要的毒品供应国。当地经济受到这种转变的影响是巨大的，也是深远的。正如联合国2007年全球毒品报告所指出的，"鸦片种植的减少对于当地的农村民众是一个严峻的挑战，他们还没有可供选择的收入策略"。② 而且，现在取代柚木作为最后一个可以进行贸易的产品是能源，也即石油和天然气产业部门将肯定超越所有产业以前的出口水平。所有这些趋势都意味着，以土地为基础的政治利益集团，以及他们所依赖的民众，构成了缅甸大众的主体，随着国际贸易一体化的发展，将日益发现其所处的艰难困境，也促使他们继续保持对于现有政治体制的挑战态势。换言之，如同其他生产要素，在国际贸易一体化深入发展的背景下，资本所有者将控制相对稀缺的产业部门，进而形成垄断趋势。

资本和商业力量的扩展，将对现有的缅甸政治体制带来新的挑战。缅甸军政府为了抑制商业集团精英可能带来的威胁，对其实施了较为严厉的控制。在过去几十年间，缅甸军政府采取政策的一个主要目标，即是加强政府与资本两者之间的联系，以此实现对金融资本、贸易资本的制约。1989年缅甸政府颁布了《国有经济企业法》，使其可以控制关键

---

① Ministry of Commerce, "Import and Export Procedures", http：//www. commerce. gov. mm/import_export_procedures/index. htm#an2, accessed April 3, 2017.

② UNODC, World Drug Report 2007, p. 213.

的贸易部门。缅甸国家和平与建设委员会控制着许多重要的产业部门，其中包括柚木、石油和天然气、珍珠、翡翠和宝石；鱼和对虾、金属制品等。外来投资者也获得授权，前提是需要与国有企业形成联盟。[①]

在对外贸易的其他主要产业部门，还有缅甸经济股份联盟有限责任公司（UMEH）和缅甸经济公司（MEC）。UMEH 的股份限制在军方和其军事家族的家庭手中。[②] 基于其有利的地位，UMEH 与外国投资者联合发展企业共同控制着天然气、矿山和海产品贸易等的主要股份。MEC则是由军方建立的公司，曾获得授权能够从事任何一个实体性的贸易，而且不受任何限制，可以与其他私营企业共同进行产业贸易。由此，我们可以透视缅甸军事精英与商业精英等社会各阶层的力量博弈和演变。

（三）地区一体化进程中缅甸的政治发展动力

缅甸的贸易方式已经影响到了政治权力的结构性分配。对于缅甸政治权力的控制逐渐从土地转向了资本。简而言之，缅甸的贸易政策，事实上削弱了缅甸大众政治参与的空间，这些民众仍然以土地作为基础。同时，政府对在可贸易产业的私营资本实施控制，无论是农业还是工业，防止对政治体制提出挑战的产业的出现。然而，国际资本的流动，也通过严格的汇率体制和外国银行处理外汇的禁令，而由缅甸政府严格控制。缅甸缺乏独立的资本市场，而且最正式的商业实体的股份，要么属于国有企业，要么属于国有的大型垄断巨头所有，这些都由军方创立并由军方控制。

具有持续性的政治反对力量的物质基础是虚弱的。鉴于这种形势，对缅甸的贸易禁运和经济制裁，不大可能孕育有利于民主的经济条件。美国全方位的贸易制裁在压缩缅甸的制衣产业上取得成效，因为缅甸大部分产业出口到美国的商品都包括这些成衣制品。由于海外缅甸游说集

---

① U. S. Department of Commerce, "Myanmar 2005 Investment Clement Statement", http://web. ita. doc. gov/ticwebsite/apweb. nsf/795c3ca6e24078cd85256bb1006b330e/c35dec820c9ca52485707c005d6367? OpenDocument, accessed August 10, 2017.

② Myanmar Campaign UK, *The European Union and Myanmar: The Case of Targeted Sanctions*, London: The Myanmar Campaign, 2014, p. 11.

团赞成这样的制裁措施，所以，许多外国投资者如日本和韩国的公司都放弃了他们在缅甸的项目。资料显示，韩国在缅甸所建立的纺织公司中有 40% 的公司在 2006 年撤离了该国。其他的一些则转向更加具有资本密集特征的产业，如石油和天然气。① 伴随着这些制裁，缅甸政府加快了能源产业的发展，并将其作为获取外汇的主要途径。缅甸政府利用能源产业的迅速发展，并将其商业财富作为一个挑战的标志。正如 MOGE 的执行主任曾在关于国家解决天然气的出口的一次谈话中声称，"我们并不关心美国的制裁。无论美国政府说什么，我们都会找到办法"。②

国际贸易制裁与缅甸经济发展有着一定的关联性。当国际贸易制裁迫使缅甸远离西方国家的时候，后者也就失去了影响缅甸政治、经济发展的主要影响力。换句话说，缅甸与西方的更好的贸易联系，将增加西方对该国从宏观层面上的政治影响力；在微观层面则通过某些机构或者组织的作用来实现。

对外贸易可以成为一个创造民主转型的工具。尽管缅甸的对外贸易在以一个较快的速度在增长，但也应看到，缅甸利用外部贸易来挖掘其经济资源，并确立了少数可以信赖的贸易伙伴，从而使得其物质基础更加巩固，这些物质基础或许有利于贸易方面的物质增长，并有可能带来民主化的压力。③ 可以推断，缅甸民主化的发展和巩固，很大程度上取决于缅甸的重要贸易伙伴的态度。

结　语

对于缅甸政治发展的研究，学界多从多元现代性的争论而展开。二战以后，有关现代化和政治发展等议题的大多数西方社会科学经典论

---

① Michael Shuan et al. , "Going Nowhere", *Time International* (*Asian edition*), January 30, 2006.
② Wang Ying, "Myanmar Will Export Gas 'No Matter What Bush Says'", *Bloomberg News*, http://www. bloomberg. com/apps/news? pid = 20601013&sid = aei6gogFC3. s&refer = emergingmarkets, accessed September 10, 2016.
③ Jalal Alamgir, "Against the Current: The Survival of Authoritarianism in Burma", *Pacific Affairs*, Vol. 70, No. 3, Fall 2016, pp. 333 – 350.

著，有一个基本的假定：即在欧洲现代性中得到发展的基本制度格局，其调整和整合模式，包括在西方得到发展的现代性文化规划，必将为所有正处于现代化进程中的社会所"自然地吸收"，尽管会有地区差异，但是，这一现代性计划，连同其霸权性和同质化倾向，不仅在西方得以延续，而且将盛行于全世界。① 冷战结束以后，虽然福山的《历史的终结》和亨廷顿的《文明的冲突》等著作，表明历史和思想文化的复杂变化已经超出政治经济的阀域，而成为现代化问题关注焦点，但是，更大范围的现代化进程是否会继续沿着西方的模式推进？从这个意义观察，缅甸近年来的政治发展无疑为我们提供的新的视角。

基于全球化和地区一体化的背景，我们需要研究缅甸究竟有着怎样的政治走向。一般而言，学界认为的政治发展主要有两方面的含义：一是公共资源的分配更为公平合理，二是权力的取得与运用更加规范。这些内容实质上都蕴含丰富的立宪主义理念。从 2015 年缅甸选举乃至对 2020 年缅甸大选的预判，缅甸精英的互动、地区及国际力量的推动，都将深刻影响缅甸政治发展走向。

作为一个晚近加入东盟的东南亚国家，缅甸有着与其他国家不同的历史背景和现实选择。基于东南亚国家对于缅甸未来政治发展和国家建设的不同态度，缅甸在未来的立宪主义道路上依然面临诸多挑战，其中包括：如何在选举之后推动国内大众联盟的实现，如何就人权、民主、地区一体化发展形成政治共识；如何应对东盟内部不同国家对于缅甸的不同政策等。上述议题都将成为困扰缅甸实现民主的重要挑战。② 但从其近年来政治发展的实践来看，日益融入地区化进程中的缅甸将逐步扩大国内各阶层的政治参与，推动国内各党派携手共同参与缅甸的政治建设和改革进程。

---

① 〔美〕福山：《国家构建——21 世纪的国家治理与世界秩序》，黄胜强等译，第 121 页，中国社会科学出版社，2007 年版。
② 参见肖克：《亚洲威权国家民主转型的可行路径选择：基于西班牙与缅甸的比较》，《比较政治学研究》，2014 年第 1 辑，中央编译出版社，2014 年版。

比较政治学研究 2018年第1辑 总第14辑

第 153~173 页

马来西亚执政联盟的非对称协商研究

李 江 储建国[*]

内容摘要 非对称协商是指在参与者的协商过程中，占资源优势地位的参与者能对协商结果产生更大的影响。马来西亚的执政联盟主要是指马华印联盟和国阵联盟。该国的执政联盟为妥善地解决联盟成员党的政治分歧，实现联盟的共同利益，在该国的公共政策、议会竞选、内阁职务分配等方面开展了非对称协商。执政联盟非对称协商的特点是参与协商的政党数量较多，巫统在协商中发挥着主导作用，联盟的内阁职务分配逐渐以竞选结果为标准，联盟的协商向维护社会民众利益转变。执政联盟的非对称协商扩大了联盟政治团结的范围，推动了联盟获得国会的多数议席，也促进了联盟的成员党分享该国的执政权，提高了联盟的运作效率。

关键词 马来西亚；执政联盟；非对称协商；共同利益

20世纪80年代以来，国内外学者对协商民主的理论和实践进行了积极的探讨。"协商民主强调公共协商的重要性，通过公开、公正、自由、平等的讨论来修正自己的偏好和价值，将利益冲突转化为利益共识。协商民主强调在统治中要反映出公民的声音，不同种族、阶层、年龄和地

---

* 李江，武汉大学政治与公共管理学院2016级中外政治制度专业博士研究生；储建国，政治学博士，武汉大学政治与公共管理学院教授，博士生导师。

域的公民可以通过协商来直接影响公共决策。"① 然而在限制社会言论、族群等级划分明显的环境中，参与协商的人员必须在法律许可的范围内表达诉求。甚至为不受外界的干扰，协商人员只能通过秘密的方式进行协商，并且只有社会利益阶层的代表人员才能参与协商。显然该环境下的协商人员的地位是不平等的，协商的过程是不公开的，协商的参与方式也是间接的，这种协商也不是理想的协商民主。但是参与者也要尽量达成协商共识，保持参与者的相互合作，所以该协商与协商民主存在一些共同点，只是具有非对称性特点的协商。所谓非对称协商是指现实中的协商参与方在资源占有上是不平等的，所以参与方对决策的影响力也是不平等的，占资源优势地位的主导者常能对协商结果产生更大的影响。参与者的非对称协商一方面能协调各方的利益冲突，另一方面又能在不同程度上实现共同利益，而且前者的实现常以后者的实现为前提。参与者的共同利益通常是参与者都认可的目标，参与者只有在利益博弈过程中互相妥协，并且通过各种途径实施共同制定的工作计划，参与者的共同利益才能实现。马来西亚的马来民族统一机构（简称"巫统"）为协调与其他党派的利益关系，获得该国的执政权，与马华公会、印度人国大党等党派组成政党联盟，共同协商联盟的事务。但是由于巫统在该国拥有广泛的群众基础，也掌握该国多个重要部门的领导职务，所以巫统主导着联盟的协商过程，也能最终决定联盟协商结果的内容。因此，巫统与联盟的其他成员党之间的协商属于非对称协商。长期获得马来西亚执政权的马华印联盟、国阵联盟的非对称协商对妥善地解决联盟成员党的利益矛盾，实现联盟在不同阶段的共同利益发挥了重要作用，所以有必要深入分析该国执政联盟成员党的非对称协商的运作、特点及优势。

一　马来西亚执政联盟非对称协商的运作

执政联盟是指共同掌握某国政权，分享某国政治权力的两个或两个

---

① 阙天舒：《东亚协商政治与民主转型的比较研究：模式、理论与实践——以马来西亚和印度尼西亚为例》，《比较政治学研究》，2012 年第 1 辑，第 173 页，中央编译出版社，2012 年版。

以上的政治组织。执政联盟的非对称协商运作是执政联盟非对称协商的具体表现形式，所以在分析执政联盟非对称协商的特点及优势之前，必须首先分析执政联盟的成员党如何开展非对称协商。马来西亚近代以来受到的殖民统治、马华印等族群的关系不融洽、联盟成员党的政治纲领存在差异，都要求执政联盟必须开展政治协商，才能实现联盟的共同利益，获得该国的执政权。马来西亚执政联盟的非对称协商主要体现在公共政策、竞选活动和内阁职务方面的协商上。

1. 公共政策的非对称协商

公共政策是指"国家（政府）执政党及其他政治团体在特定时期为实现一定的社会政治、经济和文化目标所采取的政治行动或所规定的行为准则，它是一系列谋略、法令、措施、办法、方法、条例等的总称"。[①] 所以公共政策体现的是执政者在社会主要领域的意志，执政者为解决有关的公共问题也通过多种途径向社会民众展现这种意志。公共政策能规范政治组织或公民的政治行为，使他们在政策范围内开展活动；也能对社会利益进行权威性分配，使利益相关者遵守利益的分配方案。在非对称协商过程中，参与者在资源拥有上的互补性是参与者开展协商的基础，否则参与者难以开展有关事务的协商。20 世纪 50 年代，巫统和马华公会的共同利益是获得议会的多数议席，争取联邦的政治独立。但是由于在马来亚联邦独立前的市议会选举中，华人选民的投票意向能影响选举的结果，由华人的工商界人员组成的马华公会的经济实力也较强，所以为获得较多华人选民的选票支持以及马华公会的经济赞助，巫统必须与马华公会开展政治合作。以华人为主体的马来亚共产党先前开展的武装斗争以及对社会产生的不稳定现象，使多数马来人对华人有较大的恐惧心理，担心华人的激进行为损害马来人的利益。马华公会为消除马来人对华人政党的疑虑心态，所以对马来人尽量表现出友善的态度。英国殖民者也将马来亚各民族的关系和谐列为该国独立的基本条件，所以马华公会为获得马来人的议会选票支持和实现国家的独立，

---

① 陈振明：《政策科学——公共政策分析导论》，第 50 页，中国人民大学出版社，2003 年版。

也必须与巫统开展合作与协商。在马来亚联邦的独立时期，尽管华人是第二大族群，但是马来人与华人的人口数量差距不大，例如 1957 年，马来西亚的"全国人口有 627.88 万人，其中马来人为 312.55 万人，华人为 233.38 万人，印度人为 69.62 万人，分别占人口总数的 49.78%、37.17% 和 11%"。① 华人的总体经济状况也比马来人要好，所以巫统担心华人损害马来人的特权。多数马来人也认为自己是马来亚的原住民，华人只是外来的移民者，马来人应该拥有统治权，华人要接受马来人制定的规则。因此，以维护马来人利益为目标的巫统要求在宪法中明确规定马来人的特权。虽然华人在二战后积极地参与马来亚的经济、文化事务，但是多数华人仍然没有获得该国的公民资格，所以马华公会认为当务之急是解决多数华人的马来亚公民权问题，所以巫统和马华公会组成政党联盟后，就致力于协商解决两党在宪法条例方面的政治分歧。例如，在巫统的主导下，两党开展了多次非对称协商，巫统在公民权和华人经济事务方面进行了妥协，并且承诺马来亚联邦独立后赋予更多的华人公民权，华人在经济活动领域享有自由权。马华公会在马来人优先权方面也进行了妥协，并且承认马来亚联邦独立后，马来人在语言、保留地、政府职务、教育资金等方面享有优先权。巫统与马华公会达成宪法条例的协商共识后，就与英国殖民者开展了联邦独立的谈判，英国殖民者最终同意了联盟党的多项提议，并且在法律上承认马来亚联邦的政治独立。因此，在非对称协商中，参与者必须互相尊重各自的利益诉求，并且做出适当的利益妥协，才能使非对称协商有效进行，取得预期的协商结果。巫统与马华公会在协商公共政策时互相妥协与合作，避免了马来亚联邦独立过程中的政党利益冲突，也为联盟党与英国殖民者的政治独立谈判创造了稳定的内部环境。

马来亚联邦建立后，两党达成的公共政策协议也付诸实施。例如，1957 年，马华公会号召在马来亚出生和在马来亚居住多年，并且愿意永久居住和效忠马来亚联邦的华人注册为联邦的公民。"当年马来亚申请到公民权者共有 1003831 人，其中华人有 803064 人，约占

---

① 廖小健：《世纪之交马来西亚》，第 2 页，世界知识出版社，2002 年版。

总数的 80%。"① 马来亚更多的华人获得公民权，提高了华人在该国的政治地位，增强了华人对马来亚联邦的政治认同感，也促进马来人致力于该国各领域事务的建设。该国宪法的第 3 条、第 152 条、第 89 条也分别规定将马来人普遍信仰的伊斯兰教列为联邦的宗教，州的统治者也作为该州的伊斯兰教首长；将马来人使用的马来语列为国语，并且由国会制定马来语的拼写规则；继续保留联邦独立前的马来人土地，如果某块土地终止为马来人保留地，要将其他具有相似属性、相同面积的土地作为马来人保留地。该国宪法的第 153 条还明确规定"确保公共职务（不包括州的公共职位）、奖学金、助学金和联邦给予的其他教育和培训特权和设施，为马来人和沙巴州、砂拉越州原住民保留其认为适当的定额"。② 该条例还规定为马来人从事经营和商业活动所需的许可证、核准证提供适当比例的定额。此外，巫统主导的立法机构还制定和颁布了《煽动叛乱法》，禁止该国的任何人对语言、宗教、马来人特权等敏感问题提出异议或批评。因此，巫统和马华公会通过非对称协商方式制定的宪法条例建立了马来亚联邦公共政策的基本准则，也为处理该国的族群关系提供了规范性的文件。巫统与马华公会致力于实现联邦独立前的共同利益，所以两党关于公共政策的主张也得以实现。

2. 议会竞选的非对称协商

在非对称协商中，参与协商的政治组织的"力量平衡是很难奢望的，但相互的制约是存在的。强势一方不能随心所欲地吃掉弱势一方。弱势方拥有反制的手段"。③ 如果强势方不顾及弱势方的利益诉求，弱势方很可能终止与强势方的政治合作，强势方的竞争实力也会受到削弱，强势方在国家事务中也难以实现自己的政治目的。尽管马来西亚巫统的政党实力较强，但是该党无法单独获得国会的多数议席，所以巫统

① 〔马来西亚〕林水檺、何启良等：《马来西亚华人史新编》（第 2 册），第 61 页，马来西亚中华大会堂总会，1999 年版。

② 郭伟伟：《世界主要政党规章制度文献——马来西亚》，第 92 页，中央编译出版社，2015 年版。

③ 储建国：《非对称协商：中国的共和传统》，《复旦政治学评论》，第 5 辑，第 207 页，上海人民出版社，2008 年版。

必须联合其他族群的政党竞选国会议席。以巫统为核心的国阵联盟在议会竞选中的共同利益是击败反对党，获得该国的执政权，所以国阵联盟为实现议会竞选的共同利益，制定了议会竞选的协商原则。国阵联盟规定成员党必须服从由巫统主席领导的最高理事会的统一指挥，最高理事会是联盟的最高领导机构和决策机构，它由联盟的成员党领袖组成，成员党领袖才有资格在最高理事会秘密讨论联盟的议会竞选事项。巫统允许国阵联盟的其他党派领袖参与议会竞选事项协商的目的是了解其他党派的发展状况，制定协调各党派利益诉求的竞选策略，促进联盟关系的稳定与和谐。国阵联盟的成员党领袖参与协商，使成员党在议会竞选中都成了利益相关者，能有效避免联盟的成员党在竞选中互相拆台的现象。国阵联盟的"高层决策不采用西方代议制民主式少数服从多数的原则，不采用投票方式，而是采取说服、协商、讨价还价，最后达成妥协的方式"。① 如果联盟的成员党领袖的意见无法达成一致，由巫统主席最后定夺，其他党的领袖必须服从和执行巫统主席做出的决定，所以巫统主席的意见对联盟成员党的协商事项发挥着关键作用，巫统主席与联盟其他成员党领袖关于竞选事务的协商也是具有非对称性特点的协商。国阵联盟的这种非对称协商方式使联盟在议会选举之前快速地制定竞选方案，果断地处理竞选过程中的各类突发事件，提高了联盟对议会竞选的适应能力。

以巫统为核心的马来西亚政党联盟成立之后，也以非对称协商的方式分配联盟的成员党参与竞选的选区和人数，为联盟获得该国的执政权创造有利的条件。该联盟通常是根据成员党在各选区的竞选实力协商分配选区，例如，在华人选民数量较多，选民对马华公会的支持率较高的选区，联盟通常安排马华公会的人员参与该选区的竞选；在印度人选民数量较多，印度人国大党有良好的执政绩效的选区，联盟通常安排印度人国大党参与该选区的竞选。成员党在分配的选区中提名本党最有名气、最有竞选能力的候选人参与竞选，最后由巫统主席统一审定各选区的候选人。由于巫统在联盟中的竞选实力最强，在国内的政治影响力也

---

① 郭伟伟、徐晓全：《独具特色的马来西亚政党政治》，《学习时报》，2013 年 9 月 16 日。

最大，所以巫统在联盟中获得的议席竞选数最多，其他成员党获得的议席竞选数则较少。例如，"1959 年第一届全国大选的 104 个国会议席，马华竞选当中的 31 席，第 13 届全国大选议席增加至 222 席，马华仅被分配到 37 席。反观巫统在 1959 年竞选 70 席，2013 年则有 121 席"。[①]这种议席竞选的分配方案，使巫统有机会获得更多的国会议席，更多的巫统人员能参与国家权力机构的运作，也能促进联盟在大选中获得较好的成绩。如果执政联盟的其他政党在协商中希望获得更多的议席竞选数，但是联盟的其他政党的这种意愿必须获得巫统主席的同意。如果巫统主席认为增加联盟其他政党的议席竞选数，却不能使联盟获得更多的议席，联盟其他政党的这种竞选意图就难以实现。因此，巫统主席在确定该国执政联盟的议员竞选人方面发挥着关键作用，联盟的成员党都必须服从巫统主席对议员竞选人的安排。巫统主席与联盟其他政党的领袖关于议员竞选人的协商也体现的是非对称协商的特点。如果联盟成员党提出的议员竞选人方案能对联盟的竞选活动造成不利影响，巫统主席也会及时地制止成员党的该行为，使联盟在竞选中免于不必要的损失。在议会竞选过程中，联盟的竞选人必须使用经过联盟成员党领袖协商之后，巫统主席确定的竞选标志和宣传口号，并且要共同宣传联盟执政以来，在经济社会领域取得的显著成效以及联盟致力于维护马来西亚的民族关系和谐的执政目标，使联盟的竞选人在选举过程中能始终保持行动一致，增强联盟竞选人的政治凝聚力。

3. 内阁职务的非对称协商

内阁是议会制政体的最高行政机构，政党或者政党联盟获得该国的执政权后，首相通常安排党内政见相同的议员担任内阁职务，使党的政治理念贯彻到国家统治和社会治理层面。马来西亚执政联盟执政后的共同利益是履行在竞选过程中提出的执政计划，所以国阵联盟掌握该国的政权后，联盟的成员党领袖就通过协商的方式分配内阁职务，使联盟的人员分管国家各领域的事务，致力于实现联盟的共同利益。"协商政治

① 〔马来西亚〕谢名彬：《马华政党的媒介竞选策略变迁研究——以 1999～2013 年四届大选〈星洲日报〉竞选新闻为例》，南京大学 2017 年硕士学位论文，第 10 页。

在很大程度上超越了民主政治在多元社会运行所面临的多元竞争格局，强调以协商、合作替代竞争、冲突。"① 协商政治营造的协商氛围，使不同的利益主体能有效地沟通各自的意见，寻求彼此之间的利益共识，齐心协力实现共同的目标。国阵联盟的成员党领袖能参与内阁职务的协商分配，使联盟的成员党领袖有机会表达本党的职务诉求，也缓和了联盟成员党的利益冲突，促进联盟继续发挥统一战线的作用。如果成员党领袖对内阁职务的分配存在不同意见，难以制定各方都满意的分配方案，巫统主席就根据联盟其他政党领袖的意见做出最后的决策，其他政党的领袖也必须服从巫统主席做出的内阁职务分配计划，所以巫统主席在联盟的内阁职务分配中也发挥着关键作用。巫统主席拥有内阁职务分配的最后决策权，能加快联盟内部非对称协商的速度，避免联盟内部长期出现议而不决的现象。由于巫统在国阵联盟中占主导地位，在该国的历届大选中，巫统获得的国会议席数也通常占联盟获得的所有议席的半数以上，例如，"国阵联盟在 1982 年大选中获得 132 个国会议席，其中巫统获得 70 个国会议席；国阵联盟在 1986 年大选获得 148 个国会议席，其中巫统获得 83 个国会议席"。② 巫统在这两届大选获得的国会议席数占国阵联盟获得的国会议席数的比例分别是约 53.03% 和 56.08%。因此，巫统的成员经常担任正副首相的职务，也经常掌握内阁的财政、国防、新闻、外交等重要领域的部长职务。例如，马来西亚 2013 年大选后，"巫统暨国阵主席纳吉继续出任首相和财政部长，巫统署理主席慕尤丁继续出任副首相及教育部长，原内政部长希山慕丁调任国防部长，原国防部长阿末查希则调任内政部长"。③ 联盟的其他成员党领袖则获得内阁的交通部、国际贸易及工业部等不太重要的领导职务，所以执政联盟内阁职务的协商分配，也体现着绩效原则。联盟的成员党领袖担任内阁职务，使他们能在内阁参与国家事务的管理，既增强了成员党领袖对联盟的政治忠诚度，促进联盟成员党的团结与合作，也能使成员

① 林尚立：《协商政治：对中国民主政治发展的一种思考》，《学术月刊》，2003 年第 4 期。
② 曹庆峰：《马来西亚伊斯兰复兴运动研究》，中央民族大学 2013 年博士学位论文，第 82 页。
③ 刘汉良：《新内阁反映政治现实》，《光明日报》（马来西亚），2013 年 5 月 16 日。

党领袖共同贯彻与实施联盟在大选中提出的执政计划。

二 马来西亚执政联盟非对称协商的特点

马来西亚执政联盟在华人的公民权和马来人特权、成员党参与竞选的选区和人数、成员党的内阁职务分配等方面的非对称协商，对协调联盟成员党的关系，实现联盟成员党的共同利益发挥了重要作用。但是在分析马来西亚执政联盟非对称协商运作的基础上，还有必要探讨执政联盟非对称协商的本质规律。

1. 参与协商的政党数量较多

在政治事务的协商过程中，参与协商的组织数量与协商过程提供的信息量存在密切联系。协商的政治组织数量越多，参与者提供的信息量也就越多，参与协商的人员根据有效信息，提出的措施也越能解决有关的政治问题。如果协商的政治组织数量较少，参与者提供的信息量就不多，参与者难以了解有关事项的具体情况，也无法解决有关问题，所以协商的组织者在开展协商之前，必须吸收多个不同领域的主体参与协商。"协商政治有效运作的动力来自不断扩大、不断制度化的多元与多向的参与。这种参与不仅包括社会力量参与政治体系，而且包括政治力量（如政党）参与社会生活。"[①] 政治力量与社会力量的交流与互动，扩大了协商参与者的范围，通过两者的民主协商，政治力量能更好地了解社会发展的实际情况，有助于制定实用性强的政策决定，也增加了社会力量表达政治诉求的途径，对维护社会的动态稳定能产生积极的作用。鉴于马来西亚多族群的基本国情，巫统也难以单独掌控该国的局势，所以该党非常注重吸收社会的其他政治组织联合组成政党联盟。例如，1953 年 8 月，巫统与马华公会组成政党联盟；1954 年 12 月，联盟又吸收了印度人国大党，马华印联盟党正式成立，使马来西亚的三大族群在执政联盟内部都拥有了利益代表的组织。1965 年，马华印联盟与

---

① 林尚立：《协商政治：对中国民主政治发展的一种思考》，《学术月刊》，2003 年第 4 期。

东马两州的联盟党组成马来西亚联盟党，所以该联盟党的势力范围扩大到马来西亚全境。1969 年的大选，马来西亚联盟党的"国会议席从上一届的 89 席降至 66 席，得票率从 58.4% 降至 48.8%"。[①] 反对党获得 37 个国会议席，使该联盟党失去了国会 2/3 以上的议席数。马来西亚联盟党在该次大选中没有达到预期的结果，使该联盟党意识到必须进一步吸收其他政党加入联盟，所以 1974 年 6 月，马来西亚联盟党改组为国阵联盟，国阵联盟由 9 个政党组成；1995 年国会大选之后，国阵联盟又吸收了国内的其他政党，所以联盟的成员党数量增加至 14 个。目前的国阵联盟由巫统、马华公会、印度人国大党、民政党、砂拉越人民联合党、沙巴自由民主党、沙巴进步党等政党组成。以巫统为主导的政党联盟的成员党数量较多，意味着参与执政联盟非对称协商的政党数量较多。"协商政治产生于社会的多元分化，协商政治运作的前提是多元社会和政治力量的共存，所以协商政治的展开不应以削弱社会多元力量共存的基础为前提，相反，应以增强社会多元力量共存的基础为前提。"[②] 社会多元力量的存在与发展，为协商政治的开展提供了源泉和动力，也增强了协商政治的合法程度。马来西亚执政联盟的成员党数量增加，既夯实了联盟的党派基础，使来自社会不同利益阶层的政党领袖能参与联盟事务的协商，也能对联盟的协商事项提供多方面的信息，使成员党领袖能较全面地掌握协商事项的情况，有助于成员党领袖达成切合实际的奋斗目标。

2. 巫统居于协商的领导地位

由于政党的组成人员、政治纲领存在差异，所以参与协商的政党难免会产生意见分歧和利益冲突，使政党之间的协商陷入停滞状态。为调解政党之间的矛盾，促进政党协商的有效开展，有必要建立一个地位高于其他参与者的、有权威的调解者协调政党之间的利益关系，使参与协商的政党在利益相互妥协的基础上，达成参与者都认可的共同目标，保

---

① 宋效峰：《马来西亚现代化进程中的政治稳定：政党制度的视角》，山东大学 2009 年博士学位论文，第 55 页。

② 林尚立：《协商政治：对中国民主政治发展的一种思考》，《学术月刊》，2003 年第 4 期。

持政党之间的政治合作。在马来西亚执政联盟重要事项的非对称协商中，巫统领袖的地位高于其他党派领袖的地位，巫统领袖也主导着联盟内部非对称协商的运作过程。巫统始终占据联盟的领导地位的主要原因是巫统在马来西亚政坛有联盟的其他政党难以企及的政治影响力，巫统也掌握该国内阁重要部门的领导职务，并且控制着该国军队、警察等暴力机构，使联盟的其他政党对巫统存在忌惮心理。巫统的成员主要是马来人，马来人在该国总人口中的比例也逐年增加，例如，"根据 2012 年的统计，马来人占马来西亚全国人口的 55%、华裔为 24%、印度裔为7.3%、其他种族为 13.5%"。① 与该国独立时期的人口比例相比，马来人占全国人口的比例在增长，华人和印度人占全国人口的比例在减少。在 1969 年的"5·13"族群冲突事件中，"据马来西亚全国行动理事会公布报告书的统计，这次族群冲突共造成 196 人死亡，其中华人 143人；受伤的总共 439 名，其中华人 270 名；另外还有 39 人失踪，分别是马来人 7 名，印度人 7 名，华人 25 名"。② 所以在该冲突事件的死亡、受伤和失踪人员中，华人都占多数；华人的商店、汽车、住房等物质财产在该事件中的损失也最大。这次冲突事件使马华公会对马来人产生了很大的恐惧心理，所以该冲突事件之后，马华公会在处理族群事务时经常对巫统和马来人保持隐忍和妥协的心态。随着砂拉越人民联合党、民政党等华人政党先后加入国阵联盟，华人政党在联盟的数量逐渐增加，马华公会代表华人利益的分量逐渐减少，该党在联盟的政治影响力也逐渐弱化，所以马华公会在联盟内部难以挑战巫统的领导地位。印度人国大党和砂拉越、沙巴两州的小党派的群众基础和政党实力更弱，这些政党在大选中只能获得少量的国会议席或者无法获得国会议席，它们为延续自身的政治存在、扩大本党在马来西亚的政治影响力以及分享巫统的执政权，也情愿处于被支配的地位。因此，在马来西亚的执政联盟内部，巫统的政党实力最强，代表的社会群众人数也最多，所以在联盟的

---

① 陈文、黄卫平：《长期执政与政党适应能力建设——新加坡与马来西亚政局发展的比较分析》，《经济社会体制比较》，2015 年第 3 期。

② 杨建成：《马来西亚华人的困境：西马来西亚华巫政治关系之探讨，1957～1978》，第 254～255 页，台北：文史哲出版社，1982 年版。

非对称协商中，巫统始终处于支配地位，联盟的其他政党领袖在达成协商共识之前也要充分考虑巫统领袖的看法。即使联盟内部的成员党出现利益分歧，也必须听从巫统主席的仲裁意见。

　　3. 内阁职务分配逐渐以竞选结果为标准

　　在政党之间的协商过程中，必须存在协商程序的参照标准，否则各政党的协商将是随意的和低效率的。国阵联盟为避免出现内阁职务分配程序无标准的现象，所以制定了内阁职务协商分配的基本准则。2013 年大选之前，国阵联盟通常是按照"固定比例"为联盟的成员党协商分配内阁职务，即无论联盟成员党的国会竞选成绩如何，都会获得相应数量的内阁职务。联盟成员党的内阁职务分配更多的是注重成员党的人数和社会影响力。例如，马来西亚 2008 年国会选举，"马华公会竞选 40 个国会议席，只获得 15 个国会议席，该党的得票率只有 12.17%；民政党竞选 12 个国会议席，只获得 2 个国会议席，该党的得票率只有 2.67%"。① 与 2004 年大选相比，马华公会的国会议席数减少 16 个。然而该国 2008 年大选之后的内阁中，马华公会仍然有"4 名部长和 7 名副部长，民政党有 1 名部长和 2 位副部长"。② 但是 2013 年大选之后，国阵联盟的内阁职务分配标准发生转变，联盟成员党分配到的内阁职务由成员党在大选中获得的议席数或者选票情况决定，获得议席数或者选票多的政党得到的内阁职务数量也多；反之，政党获得的内阁职务数量就少。例如，在 2013 年大选中，国阵联盟获得 133 个国会议席，但是东马的沙巴和砂拉越两州的国阵联盟成员党获得 47 个国会议席，约占国阵联盟获得的总议席的 35%，这些政党为国阵联盟掌握该国 2013 年的执政权做出了突出贡献，所以"在新内阁中，东马的沙巴及砂拉越两州，分别各获得 6 名部长及 4 名副部长职位"，③ 成为东马两州的联盟成员党获得内阁部长数量最多的一届内阁。为国阵联盟获得印度人多数选票的印度人国大党的"部长职位从上届的 1 个增加到 2 个，共获 2 个

---

① 宋晓峰：《2008 年大选后马来西亚政党政治的走势》，《东南亚研究》，2008 年第 5 期。

② 廖小健：《试论马来西亚华人政党的"不入阁"》，《东南亚研究》，2013 年第 6 期。

③ 《马国新内阁宣誓就职》，新加坡：联合早报网，http://www.zaobao.com/yx/yx130517_001.shtml. 2013 - 5 - 17。

部长和 2 个副部长职位，胜选的 4 名国大党国会议员全部入阁"。① 印度教徒权益委员会的首领瓦达姆迪还被委任为首相署的副部长，所以印度人国大党的人员也受到了国阵联盟的重用。巫统的候选人在雪兰莪州的竞选成绩很不理想，所以只有 1 名来自雪兰莪州的巫统国会议员被委任为内阁的农业及农基部的副部长。马华公会在 2013 年大选中，"参选 37 个国会议席和 90 个州议席，仅赢得 7 个国会议席、11 州"。② 与 2008 年大选相比，该党的国会议席减少 8 个，州议席减少 20 个，所以在 2013 年的新内阁中，马华公会只被保留了一个交通部部长的职务，并且由国防部长希山慕丁暂时担任，马华公会被分配的内阁职务大幅度减少。因此，国阵联盟根据成员党的国会竞选结果协商分配内阁职务，使联盟在分配内阁职务时不再重视党派的大小，更加重视成员党的竞选成绩。执政联盟的内阁职务分配标准的转变使联盟的成员党更加重视国会议员的竞选，致力于获得更多的国会议员，实现联盟在竞选中的共同利益。

4. 联盟协商向维护社会民众利益转变

政党通常存在要维护的利益主体，维护政党的成员和代表群体的利益是政党参与政治活动的基本目的，但是如果政党也致力于维护社会其他人员的利益，就更能增强政党的群众基础，提高政党的政治合法程度。在马来亚联邦独立之前，马来人为捍卫苏丹的统治权和马来人独有的公民权，马来人的政治团体在 1946 年联合组成了巫统。英国殖民者为对抗马来亚共产党的武装斗争，在该国颁布的紧急法令和"新村"移殖政策也严重危害了多数华人的正常生产和生活秩序，所以为维护华人的生存权利，华人的部分知识分子和工商界领袖在 1949 年创建了马华公会。因此，巫统和马华公会在早期的非对称协商中主要是维护各自代表的族群的利益。但是该国独立后，巫统和马华公会为争取更多民众的政治支持，获得该国的执政权，所以在联盟的非对称协商中逐渐地向

① 廖小健：《试论马来西亚华人政党的"不入阁"》，《东南亚研究》，2013 年第 6 期。
② 辉明：《马来西亚政治海啸：第 13 届国会选举分析》，《南洋问题研究》，2015 年第 3 期。

维护社会民众利益转变。"协商所形成的合作，从根本上讲是为了发展，然而这种发展的首要价值选择，不应是协商政治各主体的各自利益的实现和发展，而是国家整体利益和社会公共利益的实现和发展。"① 政党在协商过程中以维护公共利益为归宿，才能提高两者的政治协商的意义。巫统和马华公会的利益代表者观念的改变，使两党的章程内容也发生了变化。目前在巫统和马华公会的章程有较多关于维护社会民众利益的规定。例如，巫统在该党的章程明确指出"马来民族统一机构是一个为实现人民、宗教和国家利益而奋斗的政党。通过实施民主的议会制度，发展马来人、土著人以及统称的马来西亚人民经济来维护人民主权和社会正义"。② 马华公会在该党的章程也明确指出要"促进本国经济资源之充分发展与利用，以造惠本国全体公民。促使本国全体公民获得充分与平等就业机会"。③ 巫统和马华公会在章程中设置的为民众谋利益的条例，使两党的领袖在协商中自觉地提出维护和增加社会民众利益的措施。执政联盟维护社会民众利益的目标也体现在该国政策上。例如，国阵联盟执政的马来西亚政府在 1991 年颁布的"国家发展政策"致力于解决该国的主要贫困区的贫困问题以及城乡、区域之间的经济发展差距问题，放松对华人和印度人的资本限制；促进该国文化与宗教的多样化发展；减少社会的不平等现象。2001 年国阵联盟执政的马来西亚政府又提出了"国家宏愿政策"，该政策致力于促进经济的可持续发展，继续提高民众的生活水平；推动社会的公平发展，努力建造互相容忍与关怀的和谐社会。因此，执政联盟积极地维护社会民众的利益，使成员党不只是代表各自族群的利益，更多的是代表全体社会民众的利益。执政联盟致力于增加社会民众的利益，也增强了联盟的竞选实力，促进联盟在竞选中获得更多选民的政治支持，为联盟掌握该国的政权创造了较好的社会基础。

---

① 林尚立：《协商政治：对中国民主政治发展的一种思考》，《学术月刊》，2003 年第 4 期。
② 郭伟伟：《世界主要政党规章制度文献——马来西亚》，第 149 页，中央编译出版社，2015 年版。
③ 郭伟伟：《世界主要政党规章制度文献——马来西亚》，第 175 页，中央编译出版社，2015 年版。

三　马来西亚执政联盟非对称协商的优势

在政治的实践过程中，由于参与者的类别不同，协商的原则不同以及协商的事项不同，所以产生的协商效果也存在差异。为分析马来西亚执政联盟的非对称协商对该联盟产生的积极作用，所以在分析了该联盟非对称协商的运作程序和特点之后，还有必要分析该联盟非对称协商的优势。

1. 扩大政治团结的范围

在政治的博弈过程中，政党必须尽可能地增加政治理念的支持者，政党在与反对者进行政治较量时才有数量较多的同盟者。否则，政党的同盟者数量就较少，在与反对者进行政治角逐时也会处于不利的地位，反对者也可能联合其他政治组织或个人压制政党的势力。巫统非常注重与其他政党建立政治同盟的关系。在1952年的吉隆坡市议会选举之前，巫统为对抗拿督翁组建的跨族群的马来亚独立党，所以与马华公会协商组成了竞选联盟，马华联盟在该次选举获得9个议席，独立党只获得2个议席，马华联盟获得议席数远远多于独立党获得的议席数。在1955年的联邦立法议会选举之前，巫华联盟为对抗拿督翁解散独立党后组建的跨族群性质的国家党，所以与印度人国大党协商组成了马华印联盟党，该联盟党在选举前也共同协商竞选策略。"在立法议会的98位议员中，有52位议员可以由民主选举产生，结果在选举中巫统主导的联盟党取得了压倒性的胜利，获得52个议席中的51席"，① 泛马来亚伊斯兰党也获得1个议席，国家党却没有获得一个议席，最终导致拿督翁迅速退出了该国的政坛。由于在马来亚联邦独立之前，马来人、华人、印度人还存在较大的隔阂，彼此之间的政治互信程度也不高，所以三大族群的多数人员对宣称代表各族群利益的政党的支持程度不高。然而巫统与其他党派的政治团结与协商合作，为该国的政治稳定创造了有利的条

---

① 李辛、凌海：《马来西亚民主化和政治转型的进程与特色》，《比较政治学研究》，2017年第1期，中央编译出版社，2017年版。

件；各族群的政党也能对各自利益互相妥协，致力于解决各族群的现实利益问题，所以多数选民支持巫统主导的政党联盟。在该国 1969 年的大选中，马来西亚联盟党只获得 66 个国会议席，比 1964 年的大选减少了 23 个国会议席。"马华公会在这次大选中派出 33 名候选人，仅赢得13 席"，[①] 比 1964 年的大选减少了 14 个国会议席，主要原因是马华公会在选举中没有获得城镇多数华人的选票支持。鉴于 1969 年的选举失利情况，马华印联盟党又吸收了民政党、砂拉越人联党等华人政党加入联盟，并且在 1974 年将联盟党改组为国阵联盟。在 1974 年的大选中，"国阵赢得了 135 个席位，所占席位百分比高达 87.66%，不但恢复了三分之二多数议席，而且创下了自独立以来的最好成绩"。[②] 国阵联盟的成员党最多时达到了 14 个，其中包括一些以华人为主要成员的政党。目前除了民主行动党在反对党阵营，其他的华人政党都在国阵联盟。这种政党局势使原先执政联盟内的马华公会对抗几个华人反对党向执政联盟内的若干华人政党对抗民主行动党转变，促进联盟最大限度地团结了华人政党。目前多数以马来人为主要成员的政党也在国阵联盟，对吸收较多马来人的选票支持也能产生积极的作用。"国阵的大门一直敞开，使其随时能充分吸纳各新兴政治力量的党派加入国阵中来，这就尽可能地减少和化解了反对派的力量。"[③] 更多的党派参与联盟事务的协商，并且达成联盟的利益共识，也加强了联盟成员党的密切联系和政治合作。

2. 促成联盟获得执政地位

政治组织通常拥有参与政治活动的目的。在议会制国家，政党参与国会议席竞选的目的是获得能执掌该国政权所需的法定议席数，并且能超过竞争者的议席数。在马来西亚国会选举之前，巫统与联盟的其他政

---

① 费昭珣：《马华公会：对马来西亚华人政党的个案分析》，暨南大学 2000 年硕士学位论文，第 9 页。

② 凌海：《马来西亚民主化的特点及其成因》，上海师范大学 2015 年硕士学位论文，第19 页。

③ 徐罗卿：《马来西亚民族政治发展的经验与启示》，《广西师范大学学报》（哲学社会科学版），2008 年第 2 期。

党开展非对称协商的目的是商讨竞选策略，如何在选举中击败反对党，继续获得该国的执政地位。因此，马来西亚的选举委员会公布国会议员的选区之后，国阵联盟就以非对称协商的方式分配成员党的竞选任务。在某族群选民人数较多的选区，国阵联盟通常是安排相应族群的政党人员参与竞选，相应族群的政党人员参与竞选能增加族群选民的亲情感，也能增强族群选民对国阵联盟的认同感，对提高联盟的国会选举得票率具有积极的作用。国阵联盟的成员党领袖还根据联盟的发展情况，在协商的基础上制定大选的竞选主题和执政计划，并由巫统领袖最后决定。例如，马来西亚2013年大选，国阵联盟制定了"希望的承诺"的竞选主题，承诺"降低民众的生活成本，包括增加援助金、建设社保系统、建造更多民众可承担的住房、改善医疗水平等"。① 也承诺增加公路里程，改善现有的供水供电、通信等基础设施，增强招商引资的力度，增加社会的就业岗位、降低个人税率，颁布有助于提高经济增长率的政策，鼓励私人企业参与国家经济建设，加强与主要贸易国家和新兴经济体的经济合作，严惩跨国犯罪行为和国内公职人员的贪污腐败行为，改善公共服务的质量等，所以国阵联盟在该次大选提出了较多关于推动经济发展、加强社会建设、增加民众福祉等方面的执政计划，该计划的内容较全面、可行性较强，也较容易实现。联盟的成员党人员在各选区都使用该主题，也宣传该执政计划。联盟成员党在执政计划方面的协同合作，能促进该国的选民了解国阵联盟致力于发展的主要方向，也使选民体会到国阵是一个目标一致、遵守诺言的政党联盟，有助于增强选民对国阵的政治信任程度。由于国阵联盟有效地开展关于竞选事务的协商，并且制定应对各次大选的方案，所以从1974年至2017年，无论反对党如何分化和组合，反对党联盟提出怎样的竞选理念，国阵联盟都始终掌握马来西亚的执政权。除了2008年和2013年大选外，国阵联盟在其他年份的大选都获得了国会2/3以上的议席。例如，马来西亚1974年大选，"新组建的国阵在总共154个国会席位中赢得了135席，占比高达

---

① 辉明：《马来西亚政治海啸：第13届国会选举分析》，《南洋问题研究》，2015年第3期。

87.66%。在 2004 年大选中执政的国民阵线赢得了 219 个国会议席中的 199 席，占比高达 90%，创下历届大选最好成绩"。① 国阵联盟经常能获得 2/3 以上的国会议席，使该联盟能按照自己的意愿制定和修改国家的宪法，不必受到反对党议员的束缚，也有助于联盟通过国家机构实现执政理念。

3. 促进成员党分享执政权力

在议会制政体中，政党或政党联盟获得国家的执政权后，通常按照党的意愿适当地增加有关的法律条例，修改不适宜的条例，使国家的法律能充分地体现党的意志，赋予党的意志的权威地位。政党或政党联盟也通常重新组建国家的行政机构，尤其是政党联盟会安排成员党的人员担任行政机构的职务，使党的意志在国家的各领域得到贯彻与执行，共同践行在大选中为选民许下的承诺。马来西亚执政联盟的成员党领袖之间的非对称协商，使联盟的成员党人员能有机会在选区获得国会议席，能以国会议员的身份表达本党的诉求，使国会在制定和修改法律过程中能考虑成员党的诉求。"作为一种民主程序与过程，协商是一种民主展开的过程与方式。它以存在多元的政治协商主体为前提，强调通过意见、利益的有效沟通、协调与整合，达成相同的统一，实现整体的发展和多方的共赢。"② 因此，多元的利益主体参与政治协商，达成利益共识之后，各主体共同获得的利益成果应该由各主体共享，才能使参与的各主体有获得感和成就感。如果只是某主体或者少数主体分享利益成果，其他的参与主体不能享有利益成果，必然导致其他参与主体产生失落感，其他参与主体也可能不再与独占利益成果的主体进行协商合作。马来西亚的国阵联盟非常重视成员党的人员分享国会议席，例如，巫统组织联盟的其他政党共同参与该国的 2013 年大选，最终"巫统获得 88 个国会议席，马华公会获得 7 个国会议席，印度人国大党获得 4 个国会

---

① 李辛、凌海：《马来西亚民主化和政治转型的进程与特色》，《比较政治学研究》，2017 年第 1 辑，中央编译出版社，2017。
② 林尚立：《协商政治与中国的政治形态》，《中国人民政协理论研究会会刊》，2007 年第 1 期。

议席，民政党获得 1 个国会议席，国阵的其他成员党获得 33 个国会议席"。[①] 所以国阵联盟的主要政党在该次大选都获得了国会议席，联盟的主要政党人员也能参与国会的有关事务。由于国阵联盟的成员党为联盟获得该国的执政权做出了显著贡献，所以该联盟执政后，并不是由巫统独自掌握内阁的所有职务，而是由联盟的成员党领袖按照内阁职务分配的原则进行协商分配，使联盟的成员党人员都有机会参与该国事务的治理，共同实现联盟在大选中提出的执政计划。由于马华公会和民政党的 2013 年大选成绩都没达到两党的预期要求，所以两党在大选后决定不担任内阁职务，但是国阵联盟在 2014 年 6 月改组内阁时，马华公会还是"获得 2 个部长及 3 个副部长职，民政党获得一部长职位"。[②] 因此，国阵联盟面对国内多族群、多文化的基本国情，为避免联盟的政治分裂，维护国内的族群关系和谐，实现联盟竞选后的共同利益，所以也非常注重联盟的成员党共同执掌该国的内阁权力。国阵联盟的其他政党协助巫统执政，能提高联盟决策的科学程度，减少决策失误的现象，对降低联盟的执政风险，获得多数民众的政治支持具有积极作用。

4. 提高联盟的运作效率

在政党联盟的协商过程中，参与协商的政党范围和人数，与联盟的运作效率存在密切联系。如果参与协商的政党范围广泛，参与者为联盟的协商提供的信息就较全面，联盟也能根据信息快速地做出决策。反之，参与者为联盟的协商提供的信息就较少，联盟也难以根据有限的信息做出正确的决策。如果参与协商的人员太多，必然导致协商过程的争论不休和协商的时间过长，不利于联盟迅速地做出决策；如果参与协商的人员是利益阶层的代表，协商的代表人数也不多，协商的代表在收集利益阶层诉求的基础上，向其他参与者传达利益阶层的重要诉求，能使联盟掌握协商的重点，做出能满足各利益阶层迫切诉求的决策。因此，来自社会多领域的，但是人数不多的参与者是最理想的协商参与状况。

---

① 辉明：《马来西亚政治海啸：第 13 届国会选举分析》，《南洋问题研究》，2015 年第 3 期。

② 《马来西亚内阁改组，三华裔担任部长》，中国新闻网，http://www.chinanews.com/gj/2014/06-25/6320291.shtml.2014-6-25。

来自马来西亚社会多阶层的政党参与执政联盟事务的协商，使参与协商的政党能有机会反映本党的主张以及该经济社会的发展状况，能为联盟的公共政策、竞选策略等方面的协商提供较多实用的信息，有助于联盟更好地解决有关问题。尽管参与协商的政党范围较广泛，但是各政党通常只有领袖才能参与联盟的非对称协商，所以联盟的协商工作也具有代议民主制的特点，有效避免了由于协商的人数太多，导致协商人员的意见难以整合与协调的现象，使参与协商的政党领袖在深入交换意见的基础上，达成参与者都认可的利益共识。"国民阵线的组织程序与制度较健全，使国民阵线各成员党在重大问题上较易达成一致并能相互妥协，大大提高了决策和执行效率。"① 国阵联盟成员党的利益相互妥协，为成员党开展协商建立了良好基础，也能提高成员党协商的效率。然而联盟成员党的政党理念存在较大差异，在协商过程中也会产生暂时难以解决的利益冲突，所以巫统在国阵联盟的协商过程中有必要发挥领导与协调作用，使联盟成员党在协商中遵守联盟的规章制度，摒弃过于利己的意图，更多地考虑联盟的共同利益。各成员党在求同存异的原则下，尽可能地形成解决问题的方案，使联盟在解决利益冲突时不消耗过多的时间，促进联盟协商的稳定有序开展。

四 结语

马来西亚执政联盟在联邦的独立时期、议会竞选时期和掌握该国政权后的共同利益存在差异，但是联盟实现共同利益的目的是为更好地实现成员党各自的利益。该国的执政联盟由马华印联盟党向国阵联盟转变，使参与联盟非对称协商的政党数量大幅度增加，也扩大了联盟协商的参与者范围，有助于联盟制定科学有效的工作目标。联盟成员党领袖在协商中实际上也发挥着集思广益的作用。由于马来西亚的马来人占该国人口的多数，马来人在公共职务、教育、语言等方面享有优先权以及巫统强大的党派实力，所以联盟的成员党在协商中的地位是不平等的。

---

① 郭伟伟、徐晓全：《独具特色的马来西亚政党政治》，《学习时报》，2013 年 9 月 16 日。

具体表现在巫统在执政联盟的非对称协商中始终居于支配地位，联盟的其他成员党处于被支配的地位；巫统在联盟的话语权比联盟的其他政党大得多，巫统在协商中获得的利益也更多。巫统领袖拥有执政联盟的协商事项的最后决策权，所以当联盟成员党的协商工作出现分歧时，能使联盟的协商工作不陷入停滞状态，也促进巫统领袖在全面了解联盟成员党诉求的基础上，迅速地做出关于协商事项的决策，因此马来西亚执政联盟的协商政治也具有民主集中制的特点。该国执政联盟的成员党在联盟的重大事项上都必须听从巫统领袖的指令，使执政联盟能有效地开展非对称协商。国阵联盟逐步以成员党的国会竞选成绩为参照标准分配内阁职务，使联盟成员党重视国会的竞选事务，尽量获得更多的国会议席；国阵联盟逐渐地注重社会民众的利益，能使联盟在大选中获得更多选民的政治支持，有助于实现联盟在竞选期和竞选后的共同利益。

比较政治学研究　2018年第1辑　总第14辑

第 174~193 页

© SSAP，2018

哈萨克斯坦民族共同体的建构与重构[*]

彭庆军[**]

内容摘要　对于任何一个现代民族国家，民族共同体危机都是最严重的危机。民族共同体建设无论是从原生论的族群民族主义建构国家，还是从建构论的公民民族主义国家建构民族，抑或兼而有之，既是一个复杂的理论问题，也是一个复杂的政治实践问题。哈萨克斯坦独立后，其民族共同体建设是在苏联对哈萨克族的"民族"建构基础上的再建构：一方面从原生论族群民族主义出发，通过"哈萨克化"建构哈萨克族的哈萨克斯坦共和国，另一方面从建构论公民民族主义出发，通过"哈萨克斯坦化"建构新的包含所有哈萨克斯坦公民的"哈萨克斯坦人"。但是，哈萨克斯坦民族共同体建设还面临理论困境、实践挑战及对苏联的路径依赖三大未解难题，未来能否最终走出这些困境，将有赖于其政治家的政治实践艺术。

关键词　哈萨克斯坦；族群民族主义；公民民族主义；民族共同体建设

＊　本文系中南民族大学中国城市民族宗教事务治理研究中心 2018 年度一般项目"城市多民族社区互嵌式治理的实证研究"的阶段性成果。

＊＊　彭庆军，中南民族大学公共管理学院副教授。

一 问题提出

戴维·伊斯顿提出，民众对共同体、政体、领导者个人三者的支持是一个政治系统稳固有序的必要条件。然而，对这三个层次的支持有时是紧密结合在一起的，有时又是高度分裂的。在有的国家，经常会有总统下台、内阁被炒，但大多数民众对于政权及其民族共同体的支持仍然是毫无保留的，政体不会频繁变更，国家不至于分裂。在有的国家，对于其领导者个人和国家政体并无特别不满，但部分民众基于民族、宗教、历史等因素，对其民族共同体（nation）并不支持，倾向于另立门户，自成一国。在有的国家，领导人的下台可能导致连锁反应，不仅政权易帜，甚至民族共同体解体。因此，政治系统的稳定固然有赖于政体的稳定、领导者的和平更替，但共同体的稳固最为根本。民族共同体危机，是政治系统的最大危机。派伊也认为，现代民族国家政治发展进程中的首要危机，就是民族共同体的认同危机，政治发展的首要任务就是建设和巩固民族国家共同体，防止出现国家分裂。①

在西方发达国家，其民族共同体建设与自由民主国家建设事实上是同步进行的，大多是一种基于自由民主的公民共同体建设模式。然而，近年来，这一建立在尊重个人权利、市民社会等自由民主体制下的公民民族主义共同体建设模式问题丛生，如英国的苏格兰、西班牙的加泰罗尼亚等。另外，后发民族国家由于大多独立于殖民主义统治或兴起于民族主义运动，其民族共同体建设多为族群民族主义共同体建设模式，而且多为主体族群民族主义共同体建设模式。但近年来，这一模式也步履维艰，收效甚微，甚至激发国内族群冲突。因此，在当今民族国家世界体系中，究竟如何才能维系和巩固各民族国家共同体？

哈萨克斯坦自 1991 年独立以来，就一直面临民族共同体建设的巨大困境。一方面，哈萨克族在人口比例上并不占绝对优势，在其独立之

① 〔美〕鲁恂·W. 派伊：《政治发展面面观》，任晓、王元译，第 81 页，天津人民出版社，2009 年版。

初仅占总人口的 40%。在一系列政策刺激下，到目前为止也不到总人口的 70%。加之此前经过多年的俄罗斯化，哈萨克语普及比例尤显不足。人口比例上的不足及语言上的限制迫使哈萨克斯坦加速以哈萨克族为主体的族群共同体建设。另一方面，出于族群多样性的现实，尤其是北部在经济、科技、文化等各方面占优势的俄罗斯族人口比重、俄罗斯语在日常生活中的广泛运用及权力平衡的考虑，特别是苏联解体后，哈萨克斯坦走上"政治民主化"道路，民族共同体建设在某种程度上与以自由民主为基础的公民民族主义共同体相悖，哈萨克斯坦不得不在官方文件中不断重申多民族公民国家建设目标。自独立以来，哈萨克斯坦政府一直在这二者之间试图找到平衡。本文以哈萨克斯坦为例，试图深入探讨当今世界各民族国家民族共同体建设中族群民族主义与公民民族主义的内在张力及其调和的可能。

二　民族共同体建设：原生论族群民族主义与建构论公民民族主义

哈贝马斯认为，"民族具有两副面孔。由公民组成的民族是民族国家民主合法化的源泉，而由民众组成的天生的民族，则致力于促使社会一体化。公民靠自己的理论建立自由而平等的政治共同体；而天生同源同宗的人们则置身于由共同的语言和历史而模铸的共同体中"。[1] 然而，大多情况下民族的公民政治共同体与语言历史命运共同体之间并不一致，其表现多样，原因复杂。但总体而言，当代世界的民族共同体建设争论可以归结为原生论（Primordialism）与建构论（Constructivism）两大主流派别。

（一）原生论族群民族主义

原生论族群民族主义认为，民族是一种古老的自然现象，族性

---

① 〔美〕哈贝马斯：《欧洲民族国家》，见《包括他者》，曹卫东译，第 135 页，上海人民出版社，2002 年版。

(ethnicity) 是远古的、与生俱来的，而且是可以跨越时空而持续维持的。对于族群的认同是一种基于血缘纽带的原生性依附，它不会轻易在现代社会中改变或者消失。① 因此，民族共同体建设主要是基于族群血缘、文化、语言等历史命运共同体的建设。

这种原生论的产生，最远可以追溯到德国浪漫主义哲学思想，特别是赫尔德（Herder）的民族观念。赫尔德认为，民族就是同一语言群体，语言相同，思想相通。原生论的代表人物沃尔克·康纳（Walker Connor）也认为，大多数西方国家都不是真正的单一民族国家，美国的"熔炉政策"言过其实，事实上许多族群仍然保留着自己的特征。康纳还指出，人不是理性动物（rational animal），而是民族动物（national animal）。民族主义超越了理性解释的范围。② 因此，在原生论族群民族主义看来，是情感，而且是原生的"无法解释的、不可言状的、无法抗拒的"情感，成为民族共同体的强力黏合剂。这种原生情感从何而来？克利福德·格尔茨（Clifford Geertz）认为，语言、习俗、种族、宗教和其他"文化习得"（culture given）造就了人们的原生情感。③

二战后，现代民族国家大量涌现，原生论遭到广泛批评。一方面，原生论族群民族主义无法解释为何族群冲突会在特定时期集中爆发，也无法解释当今世界绝大多数国家都是多民族国家这一现实。另一方面，就像人类无法通过基因等生物科学进行分类一样，以"原生情感"为标签的原生论族群民族主义更无法厘定现代民族共同体边界。在全球化时代，每一个族群的生物基因无法保持纯正，每一个民族的文化基因更是不可能纯粹。因此，原生论族群民族主义不再强调其族群认同的先天属性，但仍然影响深远，并且对于分离主义者而言，仍然特别具有吸引力。正如原生论族群民族主义所认为，人类的族群身份认同具有非常强

---

① 查雯：《族群冲突理论在西方的兴起、发展及局限》，《国外社会科学》，2013 年第 6 期。

② Walker Conner, *Ethnonationalism: The Quest for Understanding*, Princeton University Press, 1994, p. 206.

③ Clifford Geertz, *The Interpretation of Cultures: Selected Essays*, New York: Basic Books, 1973, p. 259.

的持续性，甚至在许多国家的现代民族共同体建设话语体系中，正所谓"血浓于水"，原生论族群民族主义仍是其最重要的理论资源。甚至美国当前都出现了"Blood and Soil"等口号。

（二）建构论的公民民族主义

与原生论不同，建构论公民民族主义认为，人们的族性不是先天的、不可言语与无法改变的，相反，社会、政治、经济的历史与现实对民族和族群的产生是决定性的。

首先，经济、社会、政治的现代化进程会使人们对"原生情感"的认同减弱，进而形成一种更高层意义的公民认同。无论是政治学者卡尔·多伊奇（Karl W. Deutsch），还是民族学者欧内斯特·盖尔纳（Ernest Gellner），他们都对此持乐观主义态度。因此，民族共同体建设的首要任务是加快现代化建设，经济现代化有利于形成稳固的经济共同体，社会现代化建设有利于密切内部的社会联系，而政治现代化建设则有利于形成稳定的公民共同体。

其次，建构论公民民族主义认为，在民族共同体的形成过程中，人为的建构至关重要。对此，无论本尼迪克特·安德森的"想象的共同体"论，还是杜赞奇的"从民族国家拯救历史"观，都否认民族的原生性与不变性。安德森认为，民族是"想象"出来的，"因为即使是最小的民族的成员，也不可能认识他们大多数的同胞，和他们相遇，或者甚至听说过他们，然而，他们相互联结的意象却活在每一位成员的心中"。[①] 杜赞奇也认为，"自我不是原初的或单一的建构，而是在许多变化的、常常相互冲突的表述网络中建构的"。[②] 正是因为这种人为的"想象"与"建构"，驱使着无数"民族英雄"心甘情愿为了本"民族"的理想而奋斗甚至献身。

再次，建构论公民民族主义强调，与其赋予一定族群成员特别权利

[①] 〔美〕本尼迪克特·安德森：《想象的共同体：民族主义的起源与散布》（增订版），吴叡人译，第 6 页，上海世纪出版社集团，2011 年版。

[②] 〔美〕杜赞奇：《从民族国家拯救历史：民族主义话语与中国现代史研究》，王宪明等译，第 5 页，凤凰传媒出版集团，2009 年版。

来保护少数族群，还不如不问族群归属，赋予每一个个人同等的公民权利和政治权利，而且可以通过宪法制度设计与公共政策来保障和实现。法恩认为，公民民族主义意味着基本普遍主权的自由民主国家，它对内尊重个人权利和公民社团的联盟，对外发展与其他民族的友好合作关系。它为政治凝聚提供了情感源泉，希望建立"强大而平等"的国家以消灭民族暴力。①

总之，在建构论公民民族主义看来，民族不是古老的部族，不是不可改变的血亲团体，而是通过人为想象与建构的政治共同体。与传统的族群民族主义相比，公民民族主义反对族群民族主义突出原始血缘性情感，但在思路上并无二致，仍然是民族主义的，而不是世界主义的。二者的根本区别在于，公民民族主义者认为应由国家而界定民族，而族群民族主义者认为应由民族来界定国家。

三　在哈萨克族群民族主义与苏联公民民族主义之间：苏联解体前的哈萨克民族共同体的历史建构

与其他中亚国家一样，在沙俄殖民统治前，哈萨克人还处于部族社会阶段。直到 16 世纪，哈萨克才形成由大、中、小帐组成的游牧部落汗国：南部的大玉兹（Uly zhuz），东北部的中玉兹（Orta zhuz）以及西部的小玉兹（Kishi zhuz）。尽管行政区隔，但三大部落之间语言文化差异甚小。此后，随着俄罗斯帝国的兴起，1825 年，中小玉兹被俄吞并。到 19 世纪中叶，如今的哈萨克全境成为俄罗斯殖民地，玉兹汗国不再存在。而且，在 1886 年至 1916 年殖民化高潮阶段，至少有 150 万俄罗斯人迁入哈萨克境内。② 1917 年，十月革命爆发。哈萨克民族共同体建

---

① 〔英〕罗伯特·法恩:《温和民族主义？公民理想的局限性》，见爱德华·莫迪默、罗伯特·法恩主编:《人民·民族·国家——族性与民族主义的含义》，刘泓、黄海慧译，第 176～183 页，中央民族大学出版社，2009 年版。

② Davis, et al., "The Importance of Being Ethnic: Minorities in Post-Soviet States: The Case of Russians in Kazakhstan", *Nationalities Papers*, Vol. 26, No. 3, 1998, p. 478.

设开启新的进程。

（一）原生论式族群民族主义建构：哈萨克"民族"地位的授予

1920 年，在布尔什维克党的领导下，吉尔吉斯苏维埃社会主义自治共和国成立，属俄罗斯联邦。但当时并没有吉尔吉斯与哈萨克之分，当时的吉尔吉斯苏维埃社会主义自治共和国在区域上包括了当今中亚的大部分地区，是典型的地方自治而非民族自治。[①] 苏联成立后，于 1925 年开始在中亚按民族划界，地方自治转向民族区域自治。因为在当时，俄罗斯殖民压迫的历史可能最终导致其他民族"族性"意识的反弹而危及新生的工农苏维埃国家的巩固。因此，在苏维埃联盟内，有必要在民族、族群平等的基础上，允许前殖民地各民族保留和发展各自的语言和文化传统并获得相应的自治地位。[②] 而最关键的是，在中亚地区首先必须得识别"民族"。

列宁去世后，斯大林强调民族共同体的"共同语言、共同地域、共同经济生活以及共同文化"，其理论实质是将民族本质化，突出历史与血缘之于民族形成的决定性作用，使"民族"具有生物学意义，从而为"民族至上"提供了"科学"依据。[③] 不难发现，斯大林的民族定义具有严重的原生论倾向。按照这种原生论式的民族理论，根据其发展水平，不同的群体被自上而下地授予"nation""people""ethnic group"等不同层级，不同名称享有不同的政治权力。由于哈萨克族符合斯大林的民族定义，从而被授予了"民族"（nation）地位，并且在 1925 年以主体民族（titular nation）的身份成立了哈萨克社会主义自治共和国。1927～1928 年，苏联开始实施本地化政策，各自治共和国招募大量本民族党政机构、文化机构成员，推动本民族语言文化教育活动。尽管这一政策的主要目的是将非俄罗斯人团结到统一的社会主义意识形态和布

---

① 杨恕：《苏联时期的中亚民族政策：过程和思考》，参见兰州大学中亚研究所网页，http：//icas. lzu. cn/f/201701/353. html（访问时间：2018 年 3 月 15 日）。

② Jiri Melich, "Nation—Building and Culture Policy in Kazakhstan", *European Scientific Journal*, Vol. 2, 2014, p. 267.

③ 关凯：《苏联族群政治之鉴》（上），《中国民族报》，2012 年 5 月 11 日，第 006 版。

尔什维克党周围，以期形成新的苏维埃社会主义认同，但也正如 Kesic 指出的，通过本地化政策，在哈萨克社会主义自治共和国，哈萨克与非哈萨克的边界被清晰地创建出来。[①] 此前哈萨克独立自主的民族国家未能建立，但此时以"原生论"为基础的哈萨克民族共同体在形式上得以成功建构，并以制度化的形式正式确立，同时也为苏联解体后哈萨克斯坦的独立埋下了种子，尽管哈萨克斯坦是苏联各加盟共和国中最后一个宣布独立的。

（二）建构论式苏联公民民族主义建构：哈萨克"民族"内容的消解

哈萨克"民族"地位的授予并不意味着现代意义哈萨克民族共同体的正式形成。因为在苏联民族政策尤其是斯大林民族理论的指导下，中亚的地区自治转向民族自治，主要出于两方面的目的：一方面是要防止出现泛突厥主义，布尔什维克党认为，要想彻底摧毁"泛突厥主义"，就要消除泛突厥主义分子试图建立"突厥民族—国家"的幻想，而首要的工作就是要对中亚的突厥语民族进行划分，进而分割突厥斯坦共和国；[②] 另一方面，民族识别及民族自治共和国的建立的另一个目标是设法弱化民众的宗教、地缘、族缘等传统认同，使非俄罗斯族民众认同官方给予的被官方意识形态所控制的各自的"民族"。因此，尽管哈萨克获得了以原生论为基础的"民族"地位的承认，但"民族"的内容却并未充实。

20 世纪 30 年代末开始，列宁提出的民族自决原则及斯大林原生论式的民族标准在现实政策方面开始实现反转。由于列宁提出的民族自决原则本身具有过渡特性，但过渡期持续多长时间并不可预见。1917 年俄国二月革命后，列宁为了重新把各民族团结起来，结成反帝统一战线，提出了包括分离权、自治制和联邦制三个方面的民族自决原则，也

---

① Özgecan Kesici, "The Dilemma in the Nation-Building Process: The Kazakh or Kazakhstani Nation?" *Journal on Ethnopolitics and Minority Issues in Europe*, Vol. 10, No. 1, 2011, p. 41.

② 张娜：《中亚"民族划界"及民族共和国的建立》，《世界民族》，2008 年第 2 期。

就是被压迫民族有从帝国主义殖民体系中分离出来向帝国主义要求自决的权力，并在民族平等和相互信任的基础上实现各自由民族完全自愿的联合，以这种"联邦制"作为各民族由分裂过渡到集中统一的特殊形式。① 社会主义意识形态的绝对领导地位、苏联共产党领导的政治人事纽带以及统一的社会主义行政、经济社会体系，将使"社会主义认同"日渐代替"民族认同"。1971 年苏联领导人勃列日涅夫在苏共 24 大上宣告："一个新的民族共同体——苏维埃民族已经在苏联国境内形成了。"因此，苏联所期望的，正是以社会主义认同为基础的公民共同体，而不是以族群认同为基础的民族联合体。在此种转向下，哈萨克社会主义共和国在实质自治权力上所存无几。

苏联的各民族、族群不仅在名称上不同，在权力上也是不平等的。在哈萨克斯坦，许多民族机构被迫关闭，俄罗斯族官员不再必须学习并使用哈萨克语，俄罗斯化教育在哈萨克全面推行。斯大林去世后，俄语成为新的"苏联人"的共同语言。从赫鲁晓夫到勃列日涅夫时代，各民族共和国、自治州、民族区的行政边界随意调整，共同的社会主义意识形态价值观与奋斗目标是人们的首要认同标识，任何过于热衷于地方性与民族性事务的人都被批判为资产阶级倾向或地方主义者。到 20 世纪 70 年代，哈萨克被称为苏联化最为彻底也最为成功的地区，而且当时大多数哈萨克人为此感到自豪。② 到苏联后期，在哈萨克社会主义共和国，哈萨克族成了少数。在人口最多的城市阿拉木图，仅剩两所哈萨克语学校。③

总之，在苏联时期，一方面民族概念本质化，哈萨克是被建构的，而这种被建构的理论依据却是原生论而不是建构论的。但另一方面，哈萨克又是被解构的，而这种解构的理论依据却不是原生论的，而是置于

① 王战英：《前苏联与中国民族政策之比较——兼论中国共产党人对马列主义民族理论的贡献》，《中央民族大学学报》（社科版），1997 年第 1 期。

② S. Akiner, *The Formation of Kazakh National Identity: From Tribe to Nation-State*, London: The Royal Institute of International Affairs, 1995, p. 51.

③ W. Fierman, "Kazakh Language and Its Prospects for Its Role in Kazakh 'Groupness'", *Ab Imperio*, No. 2, 2005, p. 406.

另一个更大的苏联民族的建构进程之中的，试图创建单一的苏联民族以解构各族群"民族"，力图在保留各民族形式的同时，以社会主义意识形态内容充实。哈萨克是"苏联民族"建构最为成功的地方，特别是人口结构与语言结构的改变，使得苏联解体时，哈萨克斯坦民族共同体性并不突出。但即使是在这最成功的地方，这种同质化的"苏联民族"在哈萨克社会层面也是一个脆弱的神话。到 20 世纪 80 年代末，尽管有 1/3 的哈萨克族不会讲哈萨克语，只会俄语，在 50 个职能部门中，只有 10 个能有效使用哈萨克语，但 99% 的哈萨克族人坚持认为他们的母语是哈萨克语，是政府剥夺了他们的母语。[①]

四 在哈萨克族群民族主义与哈萨克斯坦公民民族主义之间：独立后哈萨克民族共同体的现实重构

1991 年，与其他中亚国家一样，哈萨克斯坦在毫无准备的前提下意外地获得独立，而且哈萨克斯坦还是最后一个宣布独立的加盟共和国。然而，新成立的"哈萨克斯坦共和国"相当"尴尬"。因为作为一个以"哈萨克"命名的民族国家，独立之初哈萨克族人口仅占总人口的 40%，其中 1/3 还不会说哈萨克语。因此，哈萨克民族共同体建设在经历 20 世纪 30 年代末的"大反转"之后，又一次面临"大反转"。只不过此次任务不再是以哈萨克族群共同体为形式而以建构苏联民族社会主义共同体为内容，而是以哈萨克族群共同体为主体建构哈萨克斯坦公民共同体。

（一）哈萨克化：原生论式哈萨克族群民族主义共同体重构

哈萨克斯坦独立后，不论其民族身份，都同等享有公民权。但为了改变其"尴尬"局面，哈萨克作为"民族"（nation）不再只是形式，

---

① 张利军等：《苏联：消除多样性未避免分裂》，《学习时报》，2013 年 06 月 17 日，第 2 版。

而是迅速被哈萨克族（ethnicity）全方面充实。无论是 1993 年宪法，还是修改版的 1995 年宪法，在其宪法序言中都强调哈萨克斯坦是哈萨克人的故乡。1996 年，纳扎尔巴耶夫强调，哈萨克斯坦是哈萨克人的祖国，哈萨克斯坦社会的多元民族主义是非哈萨克人从外部迁入哈萨克领土的结果。哈萨克人在哈萨克斯坦理应享有特殊的地位，任何民族共同体建设都必须考虑这一点。① 除了国旗、国徽、国歌、货币等国家政治象征无一例外地"哈萨克化"以外，基于原生论的哈萨克族群民族主义共同体在人口比例、语言普及及历史记忆上都得以重构。

1. 哈萨克回归运动。独立初，哈萨克斯坦是除拉脱维亚外所有新兴国家中主体民族所占总人口比例最低的。为了提高主体民族人口在国家总人口中的比例，哈萨克斯坦掀起了鼓励境外哈萨克族人"回归历史祖国"的运动。纳扎尔巴耶夫总统在 1992 年世界哈萨克人代表大会上讲话的题目就是《我们敞开热情的怀抱欢迎同胞们》，并于 1992 年出台了《移民法》，于 1998 年又颁布了《哈萨克人重返历史的祖国的构想》。通过一系列优惠政策如提供土地、住房等优惠，吸引分散生活在全球其他 40 余个国家的近 450 万哈萨克人回哈萨克斯坦定居。由于这一政策的鼓励及"哈萨克化"的大力推进，加之当时德国、俄罗斯同样存在回归祖国运动，大量俄罗斯人、德意志人、乌克兰人回流俄罗斯、德国和乌克兰，独立后经过一段时间的发展，哈萨克斯坦各族群人口比例出现了较大程度的改变。据 2009 年官方统计，哈萨克斯坦总人口超过 1700 万，其中哈萨克族占 63.07%，俄罗斯族占 23.7%，乌兹别克族占 2.85%，乌克兰族占 2.08%，维吾尔族占 1.4%，鞑靼人占 1.28%，德意志人占 1.11%，其他占 4.51%。②

2. 哈萨克语推广运动。根据 1995 年哈萨克斯坦宪法第 7 条，哈萨克语是哈萨克斯坦的国语，在国家组织和地方自治机构中，俄语和哈萨克语一样平等地正式使用。但在 1997 年宪法修正案及 2001、2007 年哈

---

① Jiri Melich，"Nation—Building and Culture Policy in Kazakhstan"，*European Scientific Journal*，Vol. 2，December，2014，p. 269.

② 参见哈萨克斯坦总统府官网 http://www.akorda.kz/en/republic_of_kazakhstan/kazakhstan（访问时间：2018 年 3 月 16 日）。

萨克斯坦宪法委员会的解释中，哈萨克语不仅被认定是国语，而且强化了其优先地位。同时，在新闻传播、教育出版等文化宣传各个领域，大力普及推广哈萨克语。法律规定广播电视节目的 50% 以上应为哈语节目，国家组织编写、出版的书籍，首先要出哈语版。同时，大力新增哈语版报纸，提供免费哈语培训，开展哈语水平测试，公职招聘要求哈语水平成绩，推广哈语教学，新办哈语学校等等。

3. 哈萨克历史重构运动。历史是过去的政治，政治是现在的历史。对于任何一个民族国家而言，诉诸历史是其族群民族主义共同体巩固最便捷、最有效的途径，哈萨克斯坦也不例外。众所周知，无论是沙俄时期还是苏联时期，哈萨克的历史并没有受到重视。沙俄时期甚至长期将哈萨克称为吉尔吉斯。哈萨克斯坦独立后，重构历史成为其原生论哈萨克族群共同体建设的主要内容之一。总统纳扎尔巴耶夫也明确指出，重构历史是"唤醒当今青年们的历史觉悟，增强他们的民族意识"。[①] 在历史的重构中，外在的殖民与压迫经历是唤醒民族意识、强化民族共同体的重要手段。因此，沙俄的殖民统治、苏联时期民族压迫被反复书写及重点强调。哈萨克可汗王国的历史及阿什图自治共和国的短暂存在，被用来反复证明其国家领土与主权的合法性。同时，大规模举行对各种历史事件、历史名人的纪念活动和各种重新命名活动，提倡和恢复各种传统节日与习俗。[②]

总之，在独立后的哈萨克斯坦，哈萨克作为一个"民族"不再只具有形式上的意义，其内容迅速被以原生论为基础的哈萨克人口、语言、历史、象征、仪式、宗教等所充实。这既是哈萨克斯坦政府为了巩固国家政权有计划推进的结果，也是哈萨克族社会运动的结果。经过多年的"哈萨克化"，哈萨克斯坦已经开始逐步摆脱独立时的"尴尬"局面，但问题却并非如此简单。

[①] 〔哈〕纳扎尔巴耶夫：《前进中的哈萨克斯坦》，哈依霞译，第 30 页，民族出版社，2000 年版。

[②] 包胜利：《主体民族主义与国家"创建"之间的悖论——论哈萨克斯坦族际政治的困境》，《世界民族》，2006 年第 4 期。

（二）哈萨克斯坦化：建构论式哈萨克斯坦公民民族主义共同体重构

独立后的哈萨克斯坦，不仅是一个"尴尬"的国家，而且是一个相当脆弱的国家。脆弱的是作为一个"民族国家"，其国家政权体系直到今天仍然不完善，匆忙引进了民主制度形式，但其政治实践依然是高度权威主义的。而全面推进的"哈萨克化"运动，使其境内的其他民族感受到严重的身份危机。尤其是对于俄罗斯人而言，在苏联体制下是主体民族，而突然之间变成了所在国的少数民族。"哈萨克化"的历史重构对俄罗斯族"原罪"的指责，使俄罗斯族不断被边缘化。随着原生论哈萨克族群共同体建设的大力推进，基于建构论的哈萨克斯坦公民共同体的再建构也迫在眉睫。

1. 强化公民身份。尽管哈萨克斯坦宪法突出了哈萨克族的主体民族身份，但同时也规定哈萨克斯坦是一个统一的多民族国家，任何群体都不得享有特权。同时，宪法第 19 条还规定，身份证、护照上不再强制性标识民族信息，任何公民有权要求标识或拒绝标识民族信息。强调任何一个公民，首先是哈萨克斯坦人（Kazakhstani）。

2. 强化自由民主。独立后的哈萨克斯坦，一方面以族群民族主义充实"哈萨克"的"民族"内容；另一方面，又从苏联的社会主义转向了自由民主，以自由民主充实哈萨克斯坦公民共同体的建构。哈萨克斯坦宪法第一条规定，哈萨克斯坦共和国是一个民主的、世俗的、法制的、以人为本的国家，其最高价值是个人的生命、权利和自由。同时规定国家事务最重要议题的解决要通过民主的方式解决，包括全民公决或议会投票。宪法第 5 条规定，哈萨克斯坦共和国主张意识形态与政治多样性，法律面前各政治团体平等。当然，宪法中的规定不一定在现实中落实，哈萨克斯坦并不是一个严格意义上的自由民主国家。但在塑造哈萨克斯坦公民共同体方面，哈政府努力在自由民主价值中寻找资源。

3. 强化族群团结。纳扎尔巴耶夫曾多次强调哈萨克斯坦是一个多民族国家，为了防止出现族群冲突，在他的主持下，1995 年成立了哈萨克人民会议（APK）①，该机构是哈萨克直属于总统的执行民族政策、保障社会和政治稳定、增进国家和社会在民族关系上互相合作的组织。2007 年该组织获得宪法地位，而且规定在国民议会中，APK 占有 9 个席位。2008 年总统正式签署哈萨克人民会议法。除了促进民族团结外，该组织主要帮助政府反对极端主义与激进主义，同时基于民主标准促进公民文化的培育。②

总之，意外独立后的哈萨克斯坦，既要克服"尴尬"局面，重构哈萨克族作为"民族"这一族群共同体，又要克服国家"脆弱"难题，重构哈萨克斯坦公民共同体。尽管自独立以来，与其他中亚国家相比，哈萨克斯坦保持了相对较高的族群和谐及政治稳定，但仍然存在诸多未解难题（参见表 1）。

表 1　哈萨克民族共同体建设

	苏联时期	独立后
原生论	哈萨克民族形式建构斯大林民族理论	哈萨克民族内容建构族群民族主义
建构论	苏联公民共同体内容建构社会主义	哈萨克斯坦公民共同体形式建构公民民族主义

五　在理想与现实之间：哈萨克民族
共同体建设的未解难题

政治是理想的，政治也是现实的。回顾独立后哈萨克斯坦民族共同体建设的历史，"哈萨克化"与"哈萨克斯坦化"似乎齐头并进，但其内在的矛盾与困境还难以解决，只是由于以纳扎尔巴耶夫总统为主导的威权主义"委任民主"体制所控制以及不断提升的经济发展和公共服务水平所缓解。特别是近年来，尽管其国家脆弱指数整体上有所下降，

①　APK 即 The Assembly of the People of Kazakhstan，国内也有学者将其翻译为哈萨克斯坦民族会议。

②　参见哈萨克斯坦总统府网站 http://www.akorda.kz/en/national_projects/the-assembly-of-people-of-kazakhstan（访问时间：2018 年 3 月 16 日）。

但其中的群体抱怨（Group Grievance）指数、国家合法性（State Legitimacy）指数却一直不降反升。① 这两项指标的上升，对于任何民族共同体建设而言，都是相当危险的信号。对于哈萨克斯坦而言，短期内民族共同体建设的以下难题仍将难以解决。

（一）理论困境

民族共同体建设，最关键的是认同，而认同背后需要有强大的系统性理论支撑。自近代以来，原生论式的民族主义最具有魅力，正如密尔所说："如果人类的一部分由共同感情联结在一起，这种感情不是他们和任何别人之间共同存在的，这部分人类就可以说构成一个民族。"② 然而，当今世界再难以找到一个密尔理想中的单一民族国家（也是自由民主国家）模型。不管哈萨克斯坦独立后如何想方设法增加哈萨克族的人口比例，也不论其历史重构如何彻底，以原生论为基础的"哈萨克化"族群共同体本质上仍将是高度纯洁性的，其他民族要么被同化，要么被排斥。因为"民族主义是一头善变的野兽。脾气好的时候，它可以把人类从殖民压迫中解放出来并使分离的人们统一起来，但同时，它也会将那些被认为不属于其中的人排除在外，只认可'自己人'"③。即使是抛弃原生论式的民族主义而采用更为温和的亨廷顿的"文化特性论"，但其本质上也是文明冲突论，政策上只能是文化同化论。哈萨克族文化如何可能同化强大的俄罗斯文化？对于哈萨克斯坦而言，这与原生论式的民族主义路径并无二致，显然无法为其民族共同体提供合法性论证，其结果可能恰恰相反，成为北部俄罗斯族分离的理论依据。

---

① 脆弱国家指数（Fragile State Index）是世界和平基金会发布的衡量一个国家是否脆弱的主要指标，由国家整合、经济发展、政治稳定、社会进步等 12 项分指标构成，每项 10 分，得分越高，说明该国越脆弱。自 2006 年发布该指数以来，哈萨克斯坦总体得分不断下降，由最初的 71.9 分下降到目前的 65.9 分，排名由全球第 88 位下降到113 位。但其群体抱怨指数、国家政权合法性指标却不降反升，前者由 2006 年的 5.1上升到 2017 年的 7.6，后者由 2006 年的 7.5 分上升至 2017 年的 8.3 分。

② 〔英〕J. S. 密尔：《代议制政府》，汪瑄译，第 220 页，商务印书馆，1982 年版。

③ 〔英〕罗伯特·法恩：《温和民族主义？公民理想的局限性》，爱德华·莫迪默、罗伯特·法恩主编：《人民·民族·国家——族性与民族主义的含义》，刘泓、黄海慧译，第 179 页，中央民族大学出版社，2009 年版。

另外，新兴的哈萨克斯坦共和国产生于苏联解体，原有的支撑苏联民族的社会主义意识形态资源自然被抛弃，但在匆匆引进自由民主人权后，除了将其写在宪法文本中之外，现实政治中自由民主人权对于"哈萨克斯坦公民共同体"建构并不能提供多少有效支持。这正如金利卡所说："现在的情况，不是传统的人权理论对这些问题做出了怎样错误的答案，而是根本没有答案。言论自由权并没有告诉我们什么是合适的语言政策；选举权没有告诉我们政治边界应该如何划分，权力如何在各级政府之间分配；迁移权也没有告诉我们什么是合适的移民和归化政策。"[①]

当然，哈萨克斯坦也无法在以金利卡为代表的自由主义少数民族权利理论中寻求支持，因为金利卡少数民族群体权利理论本身，也存在相当大的解构风险，尤其是对于哈这样的新兴转型国家而言。所以，自1991年独立后，哈政府就明确否定了这一理论路径，少数民族作为"民族"更多的是文化意义上的，而不是政治意义的。如宪法第5条在明确规定政治意识形态多样性的同时，也明确禁止成立以州为单位的政党。少数民族作为群体并不能享受任何群体性政治权利。

（二）现实挑战

哈萨克斯坦现有近130个民族，10余种宗教，有俄罗斯族、乌兹别克族、德意志民族、维吾尔族等诸多跨国民族，尽管近年来哈萨克族人口比例不断上升至总人口的近70%，伊斯兰教也大面积复兴，但以原生论为基础的哈萨克族群共同体再建构已经引发国内少数族群的普遍不安，特别是对由"多数"变为"少数"、由"境内"变为"境外"的俄罗斯族而言最为强烈。哈萨克斯坦毫无准备意外获得独立，在哈境内的数百万俄罗斯人也毫无准备地意外成为"少数民族"，现实中的边缘化与原罪化指控短期内会导致具有相对较高城市化水平、科学文化水平及收入水平的俄罗斯族及其他欧裔民族外流。在20世纪90年代早期，上百万的斯拉夫群体用脚投票，离开了哈萨克斯坦，在1993年至

① 〔加〕威尔·金利卡：《多元文化的公民身份——一种自由主义的少数群体权利理论》，马莉、张昌耀译，第6~7页，中央民族大学出版社，2009年版。

1999 年间总数达 1123960 人，其中 1994 年就有 30 万之多。而且，在此期间，近 50 万德意志人也同样选择了离开。在独立后的近十年间，哈境内包括俄罗斯族在内的欧裔人口比例由 49.8% 下降至 39%，近年来则更是持续下降。[①] 特别是长远来看，随着俄罗斯民族主义的兴起及俄罗斯国力的恢复，过度的"哈萨克化"可能引发俄罗斯族聚居较为集中的哈北部三州出现乌克兰"克里米亚"式危机。

另外，如果说苏联时期哈萨克作为"民族"只是获得了形式意义，那么，在独立后的哈萨克斯坦，其哈萨克斯坦公民共同体建构，在很大程度上也只是法定形式上的。相比于哈萨克族群共同体建设，除了宪法和相关法律有所规定以外，无论是政府还是社会，并没有多少实质性举措。历史来看，哈萨克斯坦作为一个族群共同体，在苏联时期完成了民族的"形式建构"，而独立后，既作为一种官方推动，也作为一种社会运动，迅速地完成了"内容建构"，最终实现了民族形式与内容的高度统一，而且随着哈萨克族群民族主义运动的持续推进，这一趋势会越来越强化。但对于哈萨克斯坦公民共同体建构而言，就像苏联时期授予哈萨克"民族"地位一样，只有形式，而缺少相应的内容。

特别是，苏联解体后，世界并没有像福山所声称的那样走向自由民主的历史终结。哈萨克斯坦基本具有了一套自由民主制度架构，但在自由主义者看来，不仅其公民权利受到诸多限制，而且其民主化进程相当缓慢，是典型威权主义国家。在一个典型的威权主义国家建设以自由民主人权为基础的公民共同体，最终不是依靠强力就是历史机遇。而且，就具体协调处理哈萨克斯坦国内族际关系与民族问题的人民会议（APK）的设置来看，尽管在议会有 9 个法定席位，但该机构直属于总统，而目前的纳扎尔巴耶夫自独立以来长期执政，合法性很大程度上不是来自总统这个职位而是其个人魅力及传统合法性。因此，该机构本身也是相当脆弱的。近年来，以纳扎尔巴耶夫总统为首的政府当局不断重

---

① Donnacha Ó Beachain and Rob Kevlihan，"Threading a Needle: Kazakhstan between Civic and Ethno-nationalist State-building"，*Nations and Nationalism*，Vol. 19，No. 2，2013，p. 342.

申"哈萨克斯坦"公民共同体建构的目标与重要性,但与哈萨克族群共同体建构相比,并无多少理论与体制资源可供支持。

(三) 路径依赖

事实上,哈萨克斯坦民族共同体建构,除了理论困境与现实难题以外,无论是"哈萨克化"族群共同体建构还是"哈萨克斯坦化"公民共同体建构,都无法摆脱苏联民族共同体建构的路径依赖。

首先,哈萨克族群共同体的认同得益于苏联时期的民族识别与建构,在苏联的民族体系中,哈萨克族获得了"民族"地位,哈萨克语言、文学、音乐、传统食物、习俗、舞蹈等在某种程度上都被"创造"出来。但是,哈萨克族的现代化又是通过俄罗斯化而实现的,特别是在科学技术领域,离开俄语目前还难以为继。而且,由于 20 世纪 30 年代末斯大林中断了各地方的本地化运动,哈萨克族这一民族,后期主要是通过"俄语"建构起来的,而且经过长达几十年的建构,要想彻底"去俄罗斯化"并不容易。

其次,尽管从苏联下属的"哈萨克社会主义自治共和国"变为了"哈萨克斯坦共和国",由社会主义阵营转向"斯坦"阵营,但与苏联一样,当前"哈萨克化"族群共同体建构同样面临泛突厥主义及泛伊斯兰主义的冲击。安德森认为,民族本质上是一种现代的想象形式,民族被想象为有限的、主权的、互爱的共同体。然而,这一现代"世俗的、水平的、横向的"共同体的产生,正是基于世界宗教性的共同体、王朝以及神谕式的时间观念的没落。[①] 对于哈萨克斯坦而言,尽管王朝以及神谕式的时间观念没落了,但随着近年来泛伊斯兰主义与泛突厥主义影响的扩大,从历史渊源上哈萨克民族共同体的想象与建构无法完全脱离与这二者之间的关系,民族想象的有限性正遭受宗教共同体及突厥文化共同体无限性的冲击。一方面近年来不断有哈萨克民族主义者要求向土耳其和阿塞拜疆学习,已经将斯拉夫化的哈萨克文字改为拉丁化的

---

① 〔美〕本尼迪克特·安德森:《想象的共同体:民族主义的起源与散布》(增订版),吴叡人译,第 32 页,上海世纪出版社集团,2011 年版。

哈萨克文字；另一方面，泛伊斯兰主义及其宗教极端思想近年来不断渗
透。因此，当今的哈萨克斯坦共和国与当年的苏联一样，在哈萨克族群
共同体的建构上既要创造其族群性，又要严格限定其族群性。为了防止
泛突厥主义和泛伊斯兰主义的影响，哈萨克斯坦是中亚五国中国旗上唯
一没有伊斯兰"星月"标志的国家，也是在宪法中明确规定奉行"世
俗"的国家。

再次，哈萨克斯坦公民民族主义共同体的建构，遭到哈萨克族民族
主义者的激烈批评，认为其不够哈萨克化，还遭遇到苏联时期苏联社会
主义公民共同体建构同样的难题，即在社会层面，作为官方政治正确的
意识形态建构多大程度上不是一个神话？对于大多数非哈萨克人而言，
保持其民族性是非常重要的，但大多数人并没意识到哈萨克斯坦人民会
议的存在，对于巩固哈萨克文化与语言也是相当模糊不清的。[1] 更何况
作为支持哈萨克斯坦公民共同体的自由主义意识形态本身就存在诸多问
题与体制障碍。

最后，与苏联一样，哈萨克斯坦民族共同体建构与政权合法性、领
导人权威是紧密结合在一起的。苏联解体后，尽管指导哈萨克斯坦的意
识形态变了，但其政治体系结构及其内在运行机理并没有发生西方自由
民主所期望的变化。对于哈萨克斯坦政府而言，其共同体、政权、领导
者个人三者的合法性仍然是紧密结合在一起的，共同体的危机有可能危
及政权及领导者个人的地位，反之亦然。如何克服未来可能引发的政权
危机特别是共同体危机，防止族群冲突甚至国家分裂，也许是当前哈萨
克民族共同体建设的最艰难的任务。

六　余论

"民族国家成功地证明了它组织世界的能力，将社会团体限制在其

---

[1]　Jones, N. P., "'Assembling' a Civic Nation in Kazakhstan: The Nation-Building Role of the Assembly of People of Kazakhstan", *Caucasian Review of International Affairs*, Vol. 4, No. 2 (Spring), 2010, p. 167.

疆域内，屏蔽了所有可能质疑事物当前状态的观念。"① 然而，民族国家内部往往也是剪不断理还乱，因为在一个全球化认同竞争时代，多民族国家如何才能不至于因其国民认同分裂而解体，是每一个现代民族国家都在探索的难题。哈萨克斯坦作为一个多民族转型国家，其民族共同体在近百年的历史中不断被建构，在哈萨克族群民族主义与哈萨克斯坦公民民族主义之间摇摆，未来能否最终走出困境，将有赖于其政治家的政治实践艺术。

2008 年 10 月，在第 14 届哈萨克斯坦人民会议上，总统纳扎尔巴耶夫提出《民族团结宣言》（National Unity Doctrine）。该宣言自一提出就遭到反对党和哈萨克民族主义者批评，认为其低估了哈萨克族在国家中的地位与作用，后经反复讨论与修改，2010 年 5 月 1 日哈萨克斯坦民族团结日前一天，官方与民间最终达成共识，通过了其最终版本。该宣言不是法律，而是一份共有精神的宣言。宣言主要强调三个原则：一是"One country, one destiny"，强调每一个哈萨克斯坦公民都有责任共同为其子孙后代创造更美好的未来；二是"Various origins, equal opportunities"，强调其民主社会的核心价值观，不论其历史、宗教及阶级背景如何，都享有同等的发展机会；三是"Development of a national spirit"，强调文化在塑造包容性民族认同中的作用，特别是强调普及哈萨克语对于民族团结的重要意义，同时也严格规定各少数民族使用和保护自身语言的合法权利。② 从以上三个原则看，在民族共同体建设这块调色板上，如何有机地调和族群民族主义与公民民族主义，将取决于哈萨克斯坦政治实践家们的政治艺术。

总之，多民族国家民族共同体建设既是一个理论问题，更是一个实践问题。当今世界既没有一个普适性的理论可供指导，也没有一种现存的实践模式可供照搬。未来哈萨克斯坦民族共同体建设，在很大程度上将是一个历史的、政治的、经济的、技术的综合建构过程。

---

① 〔加〕卜正民、施恩德：《民族的建构：亚洲精神及其民族身份认同》，陈城等译，第 1 页，吉林出版集团有限责任公司，2008 年版。

② 参见哈萨克斯坦驻美国大使馆官网：http://www.kazakhembus.com/content/national-unity-doctrine#sthash.E63iUMv1.dpuf（访问时间 2018 年 3 月 16 日）。

比较政治学研究　2018 年第 1 辑　总第 14 辑

第 194~220 页

© SSAP，2018

比较视野下的土耳其总统制研究[*]

徐国冲　霍龙霞^{**}

内容摘要　本文以土耳其新宪法为依据，采用马修·S. 舒加特（Mattew Soberg Shugart）、约翰·M. 凯里（John M. Carey）等学者提出的量化测量方法并加以适当修正，形成量表评估土耳其总统的权力：即总统权力不仅要衡量其正式权力，还要考量其非正式权力；前者取决于宪法设计中的权力归属，后者则与政党制度、权力制衡等政治过程有关。并与美国、俄罗斯、法国和韩国等代表性的总统制国家进行比较。结果显示，土耳其总统享有极大的立法性权力和非立法性权力，呈现出与俄罗斯超级总统制类似的特点；土耳其新宪法设计中缺少对总统强有力的制衡机制。研究表明，影响民主的发展不在于实行的是总统制还是议会制，关键在于制度设计时能否融入权力制衡机制。

关键词　总统权力；超级总统制；土耳其；比较政治

一　问题的提出

学界一般将普选产生总统和固定任期制视作总统制的基本特征。[①]

---

* 本文受福建省社会科学规划项目（FJ2017B025）、中央高校基本科研业务费专项资金（20720181099）资助。

** 徐国冲，厦门大学公共事务学院副教授；霍龙霞，厦门大学公共事务学院研究生。

① 马修·舒加特、约翰·凯里：《总统与国会：宪政设计与选举动力》，曾建元等译，第 23 页，韦伯文化国际出版有限公司，2002 年版。

尽管如此，但并不意味着不同国家的总统均享有同等的权力。随着总统制从美国扩散到其他国家，为了实现特定政治和文化情境下追求的目标，以分权制衡为特点的美式总统制经过改造，采用不同的制度组合或是融入议会制的制度安排，形成总统制的变体。以拉美国家的总统制为例，约瑟·安东尼奥·柴巴布（Cheibub Jose Antonio）等发现起初该地区的总统制主要以美式总统制为参照，但彼时拉美国家刚刚废除了君主专制，如何建立起全国性的行政权威成为当务之急。① 因此，上述国家的宪法安排中不仅赋予总统的一般性行政权力，还有众多立法性权力。作如是观，总统制和议会制的类型划分固然是分析的重要起点，但是制度原型也只能是原型，深入国家制度设计中研究具体权力安排也不容忽视。

如前所述，不同的制度设计组合促成多种总统制类型的出现。其中与分权式总统制相对的极端形式便是超级总统制。其突出特点是，总统作为行政首脑权力独大，特别是拥有广泛的立法性权力。② 那么究竟应该以何种标准判断总统权力大小？现有研究总统权力的文献主要形成了两种实证研究路径。

一种是分项检查法（checklist method）。主要方法是将总统可能拥有的权力一一列出，如果研究对象的确有这些权力则赋值为1，否则赋值为0。为了增加分项检查法的敏感性，有些学者会根据总统选举方式对权力赋予不同的权重。弗赖伊·蒂莫西（Frye Timothy）列出了总统拥有的27项权力，认为如果总统是直接选举产生，其独占权力则赋值为1，共享权力则赋值为0.5；如果总统是间接选举产生，独占权力赋值0.75，共享权力赋值0.375。③

---

① Cheibub Jose Antonio, Z. Elkins, and T. Ginsburg, "Latin American Presidentialism in Comparative and Historical Perspective", *Texas Law Review*, Vol. 89, No. 7, 2011, pp. 1707 – 1740.

② Antonio Cheibub Jose, Z. Elkins, and T. Ginsburg, "Latin American Presidentialism in Comparative and Historical Perspective", *Texas Law Review*, Vol. 89, No. 7, 2011, p. 1709.

③ Frye Timothy, "A Politics of Institutional Choice: Post-communist Presidencies", *Comparative Political Studies*, Vol. 30, No. 5, 1997, pp. 523 – 552.

分项检查法虽然详尽地列出了总统权力，但存在重要缺陷。首先，难以判断列表上的权力是否同样重要；其次，仅仅将总统选举方式和权力占有情况作为条件，导致结论区分度差；最后，这种方法得出的结论与现实出入较大。[1] 窥一斑可知全豹，总统权势的差异往往是取决于是否拥有关键性权力。

第二种方法则是以总统的关键性权力为依据评价。舒加特等颇具洞见地将总统权力划分为立法性权力和非立法性权力。每个维度都选取几项代表性权力作为反映总统权力状况的指标，按照相应标准进行赋值，最后求和加总测量该维度上权力情况。[2] 相形之下，这种方法比分项检查法更符合实际情况。此后梅特卡夫·李·肯德尔（Metcalf Lee Kendall）对赋值标准进行局部调整，增加了半总统制国家之间的区分度，推动实证研究的进一步发展。[3] 福廷·杰茜卡（Fortin Jessica）又运用实证方法分析了舒加特等提出的指标和总统实际权力的相关性，进一步确认和拓展了决定总统权势的关键性因素。[4]

相形之下，舒加特方法具有以下优点。一方面，该方法不存在对权力的重复性计算。反观分项检查法虽然囊括了总统可能拥有的所有权力，但许多内容属于相同范畴，导致重复性计算。影响测量方法的效度，致使结论与实际情况出入较大。例如，弗赖伊列出的 27 项权力中，总统的任命权多达 10 项（且属于多数宪法会授予总统的一般性权力），解散议会的权力则仅占 1 项。[5] 若以此标准计算，那么总统任命权的重要性远远超过解散议会权力。这一点显然是有待商榷的。另一方面，使用舒加特方法测量结论更具区分度。此方法对每个维度上的各项权力，

① Metcalf Lee Kendall, "Measuring Presidential Power", *Comparative Political Studies*, Vol. 33, No. 5, 2000, pp. 664 – 668.

② 参见马修·舒加特、约翰·凯里：《总统与国会：宪政设计与选举动力》，曾建元等译，第 187～212 页，韦伯文化国际出版有限公司，2002 年版。

③ Metcalf Lee Kendall, "Measuring Presidential Power", *Comparative Political Studies*, Vol. 33, No. 5, 2000, pp. 664 – 668.

④ Fortin Jessica, "Measuring Presidential Powers: Some Pitfalls of Aggregate Measurement", *International Political Science Review*, Vol. 34, No. 1, 2013, pp. 91 – 112.

⑤ Timothy Frye, "A Politics of Institutional Choice: Post-communist Presidencies", *Comparative Political Studies*, Vol. 30, No. 5, 1997, p. 548.

按照 0~4 的区间进行赋分。有利于突出制度安排细节，区分由此产生的权力差异。反观分项检查法，弗赖伊仅仅依据总统选举方式和权力占有情况赋权，忽视了制度设计条款差异产生的影响。以土耳其和俄罗斯为例，两国总统均由普选产生，且享有否决议会法案的独占权。但是，依据宪法规定，议会推翻土耳其总统否决权须绝对多数；俄罗斯宪法的要求则是 2/3 多数。显然，土耳其总统否决权弱于俄罗斯。但是依据分项检查法，则会得出两国总统权力相当的结论。

尽管如此，舒加特的方法仍存在一些瑕疵。比如，该方法更适用于高权力水平之间的差异。[①] 但是，梅特卡夫对其赋分标准进行部分调整。以提请全民公决为例，他认为总统经其他主体同意可发起全民公决，与总统无权发起公决应予以区分，因此将在赋值时考虑了上述情况并赋值为 1。[②] 修改后，法国总统提请全民公决的权力从 0 提升至 1，有利于进一步增加结论的区分度。此外，虽然福廷质疑了舒加特方法的单峰性和一维性[③]，但目前没有可供替代的方法。总体而言，尽管存在一些缺陷，但瑕不掩瑜，舒加特的方法在衡量总统权力上仍是最具权威性的。因此，本文选择此法为研究基础。

二 研究设计

上述研究无疑为总统权力的国际比较分析提供了坚实基础，笔者也是基于此采用量化方法，研究土耳其总统的权力状况。判断土耳其是总统制是否符合学者所言的超级总统制的特点[④]，填补现有关于土耳其总统制文献中量化研究的空白。本文依循舒加特等路径将总统权力划分为

① Metcalf Lee Kendall, "Measuring Presidential Power", *Comparative Political Studies*, Vol. 33, No. 5, 2000, p. 667.

② Metcalf Lee Kendall, "Measuring Presidential Power", *Comparative Political Studies*, Vol. 33, No. 5, 2000, p. 671.

③ Fortin Jessica, "Measuring Presidential Powers: Some Pitfalls of Aggregate Measurement", *International Political Science Review*, Vol. 34, No. 1, 2013, p. 91.

④ Özsoy Boyunsuz, S., "The AKP'S Proposal for a 'Turkish Type of Presidentialism' in Comparative Context", *Turkish Studies*, Vol. 17, No. 1, 2016, pp. 68 - 90.

立法性权力和非立法性权力，并根据已有文献选取否决权、行政命令权、紧急命令权和提请全民公投评价立法性权力①，以内阁任命、解除内阁职务、国会谴责权和解散议会权衡量非立法性权力。具体调整如下：在法规命令权方面，舒加特的定义过于模糊，本文进一步将其细化为行政法令权和紧急命令权进行测量，并分别依据法规命令是否立即生效、作用范围，紧急状态的确认者、总统行为的限制进行赋值；提请全民公决权力方面，本文考查了发起全民公投所需的条件和议题范围限制可能产生的各种情形；在否决权和内阁任免权方面，则采用梅特卡夫的评价标准。

值得注意的是，考虑总统权力不仅要衡量其正式权力，还要考量其非正式权力。前者取决于宪法设计中权力归属，后者则与政党制度、权力制衡等政治过程有关。因此，为了全面勾勒总统权力，本文还考虑了优势党体制和权力制衡程度。

正如梅因沃林·斯科特（Mainwaring Scott）所言，"政党制度的本质会对总统制产生举足轻重的影响"。② 总统和议会之争在多数情况下不过是政党权力争夺的另一种表现形式，一国的政党制度势必会对总统权力产生重大影响。优势党体制下，总统隶属的党派或是占据一党独大

---

① S. Mainwaring, and M. Shugart, "Juan Linz, Presidentialism, and Democracy: A Critical Appraisal", *Comparative Politics*, Vol. 29, No. 4, 1997, pp. 449 - 471；马修·舒加特、约翰·凯里：《总统与国会：宪政设计与选举动力》，曾建元等译，第 165 ~ 212 页，韦伯文化国际出版有限公司，2002 年版；John Carey, *Presidential versus Parliamentary Government*, Springer, 2005, pp. 91 - 122；"Measuring Presidential Power", *Comparative Political Studies*, pp. 664 - 668；Jose Antonio Cheibub, "Making Presidential and Semi-presidential Constitutions Work", *Texas Law Review*, Vol. 87, No. 7, 2009, pp. 1375 - 1408。

② Mainwaring Scott, "Presidentialism, Multipartism, and Democracy, The Difficult Combination", *Comparative Political Studies*, Vol. 26, No. 2, 1993, p. 200. 梅因沃林·斯科特提出总统制中多党联盟具有议会制不同的特点，造成政党联盟不稳定。这些特点是（1）议会制中，政党联盟选择了内阁组成和首相，就必须支持政府；总统制中，总统自行组成内阁，政党联盟对政府的支持不太坚定；（2）在许多总统制中，内阁成员所属的党派不支持政府；（3）在总统制中打破联盟的激励更大。参见 S. Mainwaring, and M. Shugart, "Juan Linz, Presidentialism, and Democracy: A Critical Appraisal", *Comparative Politics*, Vol. 29, No. 4, 1997, pp. 449 - 471。

的优势地位，或是少数党处于下风。在前一种情形发生时，议会不但倾向于支持总统提出的法案，而且议会通过的法案也是总统偏好的法案。由此观之，除了宪法赋予的各项权力，总统事实上还控制了立法机关，权力获得极大扩张。当后一种情形发生时，总统必须选择和议会妥协才可能通过所希冀的法案。这是因为，不论宪法安排中是否赋予总统解散议会的权力，优势党体制下重新大选很难改变总统所属政党处于议会少数的不利地位；即使选择与其他小党结盟，但这种联盟与议会制相比极不稳定。[①] 因此，总统必须在诸多事项上对议会多数做出让步，受立法机关掣肘，权力也因此被削弱。

权力制衡是描述任何政治制度的关键要素[①]，直接关系到总统行使权力时所受限制情况，因而直接影响总统权力强弱。否决权拥有者的数目与之紧密相关。相形之下，在偏好不同的众多否决权拥有者和单一否决权拥有者的情况下，改变政策现状的差异难度存在显著差异。简单来说，否决权拥有者数目愈多，改变政策现状的难度愈大，更可能避免总统恣意妄为；数目愈少，改变现状的难度愈小，则总统更倾向于滥用权力（具体指标来源及赋值标准见表1，表2）。

（一） 立法性权力的测量

1. 否决权

作为制衡立法机关的机制，总统制宪法中通常规定立法机关的法律草案须经总统签署后方能生效成为法律。"通过否决权的形式总统实际上向立法机关传达了自身的立法偏好。"[②] 倘若立法机关希冀顺利通过所偏好的法律，就可能需要和总统讨价还价，彼此做出一定的退让。由此观之，总统也实际上参与立法过程之中。在一定程度上扮演了立法机

---

① 参见 Thorstenet Beck, G. Clarke, A. Groff, and P. Keefer, "New Tools in Comparative Political Economy: The Database of Political Institutions", *The World Bank Economic Review*, *Vol.* 15, No. 1, 2001, pp. 165 – 176.

② 马修·舒加特·约翰·凯里：《总统与国会：宪政设计与选举动力》，曾建元等译，第172页，韦伯文化国际出版有限公司，2002年版。

关的角色，尽管这种权利是负向（negative）的，并不能主动创制法律①。更有甚者，认为否决权使总统成为主要立法者。②

否决权进一步细分，可以分为全案否决权和部分否决权。③ 全案否决权的最大特点是"要么全有，要么全无"。"当立法机关提交的法案夹杂总统偏好的条文时，总统就不得不在拒绝立法和容许更多的搭便车者中进行艰难抉择。"④ 部分否决权则允许总统保留其同意的部分，仅须将否决的条款发回议会重新审议。相形之下，部分否决权赋予总统更大的灵活性，强化其相较于与议会的议价能力，成为总统参与立法过程的有力工具。总统否决权的强弱取决于立法机关推翻总统否决时所需的人数，人数要求越多意味着推翻总统否决权的难度就越大，总统享有的否决权就越大。舒加特也是据此衡量总统全案否决权和部分否决权，梅特卡夫则进行了一些调整。在此笔者采用的是梅特卡夫的评价标准⑤：无全案（部分）否决权赋值为 0，以简单多数推翻赋值为 1，以绝对多数推翻赋值为 2，以特别多数推翻赋值为 3，无法推翻则赋值为 4。

2. 行政法令权

法规命令权（decree power）是行政机关发布的具有法律效力的约束性法律，是一种取代立法机关行动的立法权。舒加特等将法规命令权划分为两种形式：宪法授予的固有权力和立法机关授权的授予权力。但这种划分实在过于宽泛，缺少对实践的指导意义。很难准确判断究竟该以哪些权力作为评价对象，难免导致测量失误。因此，笔者选取行政法令（executive decree）和紧急法令（emergency decree）这两个最重要的法规命令分析总统的法规命令权。

① Larry Alexander, and Solum Lawrence, "Popular Constitutionalism?", *Harvard Law Review*, Vol. 118, No. 5, 2005, pp. 1594 - 1640.

② V. Kesavan, and G. Sidak, "The Legislator-in-Chief", *William and Mary Law Review*, Vol. 44, No. 1, 2002, pp. 1 - 64.

③ 马修·舒加特、约翰·凯里：《总统与国会：宪政设计与选举动力》，曾建元等译，第 169～171 页，韦伯文化国际出版有限公司，2002 年版。

④ 马修·舒加特、约翰·凯里：《总统与国会：宪政设计与选举动力》，曾建元等译、第 170 页，韦伯文化国际出版有限公司，2002 年版。

⑤ Metcalf Lee Kendall, "Measuring Presidential Power", *Comparative Political Studies*, Vol. 33, No. 5, 2000, pp. 664 - 668.

行政法令是有关法律贯彻执行的法律。这一含糊的定义为总统在各个领域发布行政命令提供了可能。那么，行政法规的运用直接关系到总统的势力范围，成为总统权力扩张的利器。行政法令实际上已经成为理解现代总统权力、塑造当代总统行为的重要工具。[1] 总统行政法规命令权威由两个因素决定：一是总统法规命令是否立即生效成为政策；二是立法机关没有明确予以废止的情况下，法规命令是否会成为永久性法律。凯里认为由于清除成本的存在，前者比后者更为重要。[2] 事实上若想废除立即生效的法令不仅要考虑清除成本，还应该考虑议会成员的谈判成本和信息搜寻的成本。当成员具有很强的一致性时，议员之间讨价还价的成本就会激增，带来高昂的交易成本。加之，总统直接负责法令的具体执行，相比之下立法机关处于信息不对称的劣势，加大了信息搜寻的成本。这些因素都使得行政法令的执行存在巨大的制度惯性。即便在一开始就缺少议会多数的支持，也很难在日后将其废除。[3] 故而，前者比后者更利于总统采取单边行动。据此，笔者以是否立即生效和作用范围对舒加特的赋值方式进行修改：无行政命令权赋值为 0，需要国会批准且权力范围有限则赋值为 1，行政命令立即生效且范围有限则赋值为 2，行政命令立即生效且范围限制极小赋值为 3，国会无法废止则赋值为 4。

3. 紧急命令权

"紧急命令权是指危急状态下，政府权力扩大的同时个人自由范围的改变，以及第一立法权（first-instance lawmaking）从立法机关转移至行政机关。"[4] 这是因为，适合于保护自由的标准共和式制度（standard republican institutions）太过烦琐，无法在紧急状态下使用。需要特别的

---

① Terry Moe, and William Howell, "Unilateral Action and Presidential Power: A Theory", *Presidential Studies Quarterly*, Vol. 29, No. 4, 1999, pp. 850 – 873.

② John Carey, *Presidential versus Parliamentary Government*, pp. 103 – 105.

③ John Carey, *Presidential versus Parliamentary Government*, pp. 103 – 105.

④ Mark Tushnet, "The Political Constitution of Emergency Powers: Parliamentary and Separation-of-powers Regulation", *International Journal of Law in Context*, Vol. 3, No. 4, 2007, p. 275.

制度条款来保护、维护国家的完整性。[1] 由此推之，紧急命令权是与日常稳定状态下相对的，国家在战争、暴乱、自然灾害等危急状态下运行的制度安排。行政机关在紧急状态下暂时充当立法机关的角色，伴随着总统和行政机关暂时性的权力急剧扩张。尽管这一设计的初衷乃是恢复原有的稳定状态，但若是缺少对总统在此情形下行为的限制（诸如禁止解散议会、修改宪法等），则很有可能产生南辕北辙的结果，总统拥有的大量暂时性权力成为永久性权力。

各国总统拥有的紧急命令权因宣布紧急状态的条件、紧急状态的确认者和紧急状态下总统行为的限制不尽相同。[2] 笔者以后两条为依据评价总统的紧急命令权：总统无紧急命令权赋值为 0，需要议会授权且仅有有限权力则赋值为 1，需要议会授权且权力限制少则赋值为 2（可以解散议会或修改宪法），总统可直接宣布紧急状态且权力限制较少（可以解散议会或修改宪法）则赋值为 3，完全不受限制则赋值为 4。

4. 提请全民公决

宪法设计中通常允许总统将修改宪法或决定独立等重大制度或政策问题交由公民投票决定。在现代民主社会中，全民公决是一种少有的、实施直接民主的重要途径。借助它选民可以直接表达自己的偏好和意见，且全民公投的结果具有最终决定权。但这又会带来一个两难问题：信息不对称的存在，使得那些拥有最终决定权的人反而掌握的信息是最少的。正因为如此，政治家操纵全民公投就成为可能。对于颇受选民欢迎的总统而言，他可以借全民公投绕过立法机关，并利用民粹主义操纵全民公投推动个人偏好的法律或政策获得合法性，由此获得了额外的立法性权力。发起全民公投所需的条件以及议题范围成为决定总统该项权力的重要因素。据此，笔者对舒加特方法加以修改对其进行测评：总统无权提请全民公投赋值为 0，须其他主体同意方可提请全民公决且议题范

---

① J. Ferejohn, and P. Pasquino, "The Law of the Exception: A Typology of Emergency Powers", *International Journal of Constitutional Law*, Vol. 2, No. 2, 2004, p. 233.

② Jose Antonio Cheibub, Z. Elkins, and T. Ginsburg, "Latin American Presidentialism in Comparative and Historical Perspective", *Texas Law Review*, Vol. 87, No. 7, 2009, pp. 1707 – 1740.

围有限制则赋值为1，须其他主体同意议题范围限制较少则赋值为2，无须其他主体同意且限制较少则赋值为3，议题范围无限制则赋值为4。

（二）非立法性权力的测量

1. 内阁任免权

总统对内阁成员任免能力的强弱直接关系到总统对内阁的控制能力，这主要取决于总统是否排他性地拥有这项权力。评价时笔者采用梅特卡夫的评判标准：在内阁任命上，总统只能任命议会推荐的人选赋值为0，总统提名总理后须经议会调查，之后由总理任命内阁成员赋值为1，总统经议会批准或调查后提名内阁赋值为2，总统经议会同意后任命部长则赋值为3，总统无须议会批准即可任命部长赋值为4。在解除内阁成员职务上，解除内阁成员职务免由议会决定赋值为0，经总理提议后免去内阁成员职务赋值为1，只能在特定条件下解除内阁成员职务则赋值为2，经议会同意解除内阁职务则赋值为3，总统可以任意解除内阁职务则赋值为4。

2. 国会谴责权

"国会谴责权本质上属于国会，但直接关系到总统之于内阁的主权。"[1] 评价时主要根据舒加特的标准：无限制的谴责权赋值为0，建设性不信任投票（议会多数先行提出继任的内阁名单并表决通过）赋值为1，议会可以谴责内阁，但总统可以通过解散议会回应，则赋值2；议会无法谴责内阁或其个别成员则赋值为4。

3. 解散议会

"总统制和议会制的政治行动者成功地将那些一度被认为与本国宪法结构不相容的机制融入本国的宪法设计之中。"[2] 部分总统制国家宪法中，将解散议会的权力授予总统便是其中一例，在此安排下总统可以提前解散议会进行大选。这一做法普遍见之于半总统制国家，主要是为

---

[1] 马修·舒加特、约翰·凯里：《总统与国会：宪政设计与选举动力》，曾建元等译，第195页，韦伯文化国际出版有限公司，2002年版。

[2] R. Albert, "The Fusion of Presidentialism and Parliamentarism", *The American Journal of Comparative Law*, Vol. 57, No. 3, 2009, p. 532.

了应对行政双头制可能出现的僵局。在半总统制国家，行政权力是由总统和获得议会信任的总理共同执掌。权力共享的制度设计本身就容易导致总统和总理的矛盾，当二者分属于不同的阵营时，这种内在张力极有可能转化为不可调和的冲突。此时，解散议会权力就成为破除僵局的关键。该权力作为总统与议会分庭抗礼的手段，构成总统权力的重要维度。笔者在评价总统解散议会权力大小时主要采用舒加特的评价方法：无解散议会的条款则赋值为 0，只有在议会通过不信任时才能将之解散赋值为 1，解散议会后总统也需要改选则赋值为 2，解散议会有次数或任期时间点上的限制则赋值为 3，可以随意解散议会则赋值为 4。

表 1　指标描述

指标	描述
否决权[①]	总统可以否决议会法案，议会需要达到一定人数才能推翻总统否决
行政法令权[②]	议会授予总统在贯彻执行法律时可以发布行政决定和宪法授予总统除紧急状态权之外的、在特定领域发布法令而无须事先征得议会批准的权力
紧急命令权[③]	宪法授予总统权力可以在紧急状态之下暂时中止公民权利，并将第一立法权转移至行政部门
提请全民公决[④]	总统有权将立法法案或特定政治事项交由公民投票
内阁任免权[⑤]	任免内阁成员时需要总统同意，或总统单独任免内阁成员
议会谴责权[⑥]	总统对内阁的控制受制于议会，或完全由总统主宰内阁
解散议会[⑦]	总统可以解散议会重新大选

资料来源：笔者根据相关资料自制。

[①]参见马修·舒加特、约翰·凯里：《总统与国会：宪政设计与选举动力》，曾建元等译，第 165～212 页，韦伯文化国际出版有限公司，2002 年版；Lee Kendall Metcalf, "Measuring Presidential Power", *Comparative Political Studies*, Vol. 33, No. 5, 2000, pp. 664 – 668。

[②]参见 John Carey, *Presidential versus Parliamentary Government*, Springer, 2005, pp. 91 – 122。

[③]参见, Jose Antonio Cheibub, Z. Elkins, and T. Ginsburg, "Latin American Presidentialism in Comparative and Historical Perspective", *Texas Law Review*, Vol. 89, No. 7, 2011, pp. 1707 – 1740.

[④]参见马修·舒加特、约翰·凯里：《总统与国会：宪政设计与选举动力》，曾建元等译，韦伯文化国际出版有限公司，2002 年版，第 165～212 页。

[⑤]参见 Metcalf, Lee Kendall, "Measuring Presidential Power", *Comparative Political Studies*, Vol. 33, No. 5, 2000, pp. 664 – 668.

[⑥]参见马修·舒加特、约翰·凯里：《总统与国会：宪政设计与选举动力》，曾建元等译，第 165～212 页，韦伯文化国际出版有限公司，2002 年版。

[⑦]马修·舒加特、约翰·凯里：《总统与国会：宪政设计与选举动力》，曾建元等译，第 165～212 页，韦伯文化国际出版有限公司，2002 年版。

表 2 赋值标准

立法性权力		
指标	内容	得分
全案否决权	无法推翻总统否决权	4
	以特别多数推翻总统否决权	3
	以绝对多数推翻总统否决权	2
	简单多数推翻总统否决权	1
	无总统否决权	0
部分否决权	无法推翻总统否决权	4
	以特别多数推翻总统否决权	3
	以绝对多数推翻总统否决权	2
	简单多数推翻总统否决权	1
	无总统否决权	0
行政法令权	国会无法废止	4
	行政命令立即生效且范围限制极小	3
	行政命令立即生效且范围有限	2
	需要国会批准且权力范围有限	1
	无行政命令权	0
紧急命令权	完全不受限制	4
	总统可直接宣布紧急状态且权力限制较少（可以解散议会或修改宪法）	3
	需要议会授权且权力限制少	2
	需要议会授权且仅有有限权力	1
	无紧急命令权	0
提请全民公决	议题范围无限制	4
	无须其他主体同意且限制较少	3
	须其他主体同意议题范围限制较少	2
	须其他主体同意方可提请全民公决且议题范围有限制	1
	总统无权提请全民公投	0

续表

非立法性权力		
指标	内容	得分
内阁任命权	总统无须议会批准即可任命部长	4
	总统经议会同意后任命部长	3
	总统经议会批准或调查后提名内阁	2
	总统提名总理后须经议会调查，之后由总理任命内阁成员	1
	总统只能任命议会推荐的人选	0
解除内阁职务	总统可以任意解除内阁职务	4
	经议会同意解除内阁职务	3
	只能在特定条件下解除内阁成员职务	2
	经总理提议后免去内阁成员职务	1
	解除内阁成员职务免由议会决定	0
国会谴责权	议会无法谴责内阁或其个别成员	4
	议会可以谴责内阁，但总统可以通过解散议会回应	2
	建设性不信任投票（议会多数先行提出继任的内阁名单并表决通过）	1
	无限制的谴责权	0
解散议会	可以随意解散议	4
	解散议会有次数或任期时间点上的限制	3
	解散议会后总统也需要改选	2
	只有在议会通过不信任时才能将之解散	1
	无解散议会的条款	0

资料来源：笔者根据相关资料自制。

三　研究发现

研究总统权力时有必要考虑总统个人（individual presidents）的权力和总统职位（presidency）的权力。前者主要与政治过程有关，受政党制度、选举制度等因素的影响；后者则取决于制度设计中的权力归属情况。① 目前土耳其政治生态、宪法修正案中赋予总统的广泛权力共同塑造了总统独揽大权的特点，呈现出与超级总统制的类似特点。

（一）优势党体制（dominant-party systems）

2011 年的议会选举标志着土耳其出现了正发党主导的一党独大制。② 尽管 2015 年 6 月大选中正发党曾经短暂失去单独执政地位，但是在短短几个月后就重新占据绝对主导地位。总体而言，正发党作为主导政党的地位情况没有发生根本性改变。③ 而且，从长远来看，正发党的优势地位还可能继续。

首先，土耳其大国民议会选举制度阻碍潜在竞争者的出现。宪法中关于政党进入议会的要求是，地方选票和全国选票比例都要达到 10% 的规定一直饱受诟病。起初这一规定主要是为了避免政党的碎片化，从近年来土耳其的有效政党数目④一直在 3 个以内的情况来看（见表 3），上述规定的确起到了这一作用。但是如此高的门槛带来了其他问题，一方面社会中的部分群体在议会中缺少利益代表，另一方面阻碍新政党的出现不利于政党竞争。此外，新宪法中关于议会选举和总统选举同时进行的规定更是不利于改变现状。当总统选举和议会

---

① Carlos Pereira, Timothy Power, and Rennó, Lucio, "Under What Conditions do Presidents Resort to Decree Power? Theory and Evidence from the Brazilian Case", *Journal of Politics*, Vol. 67, No. 1, 2005, pp. 178 – 200.

② ALİ Carkoglu, "Turkey's 2011 General Elections: Towards a Dominant Party System?", *Insight Turkey*, Vol. 13, No. 3, 2011, p. 13; Barış Kesgin, "The 2011 Parliamentary Election in Turkey", *Electoral Studies*, Vol. 31, No. 2, 2012, pp. 867 – 870.

③ Mehmet Bardakçi, "2015 Parliamentary Elections in Turkey: Demise and Revival of AKP's Single-party Rule", *Turkish Studies*, Vol. 17, No. 1, 2016, pp. 4 – 18; Sabri Sayarı, "Back to a Predominant Party System: The November 2015 Snap Election in Turkey", *South European Society and Politics*, Vol. 21, No. 2, 2016, pp. 263 – 280.

④ 根据 Laakso 和 Taageper 提出的公式计算 $N = \frac{1}{\sum_{i=1}^{n} pi^2}$，pi 是第 i 个政党在议会中的议席比例。参见 M. Laakso, and R. Taagepera, "Effective Number of Parties: A Measure with Application to West Europe", *Comparative Political Studies*, Vol. 12, No. 1, 1979, pp. 3 – 27。

选举同时进行，总统选举的燕尾效应会显著增加。[①] 作为当代土耳其政坛中少有的克里斯玛式人物，埃尔多安具有非凡的号召力，其政治影响力无出其右。此举无疑有助于增加正发党成员当选议员的可能性，埃尔多安也更有可能获得议会多数的支持。其次，相较于在野党，正发党的执政地位使其能够获得更多的资源支持。特别是将国有资源用于政治化用途，以吸引选民支持当权者[②]。值得注意的是，修宪后当选总统无须终止其党员资格，彻底与 1982 年宪法中将总统作为党派争斗调停者的角色相背离。最后，就选民偏好而言，正发党的选举吸引力具有全国性，而其竞争者（CHP、MHP、HDP）具有吸引力的地域则不断缩小。[③] 而且，"在教俗冲突、种族对立的社会撕裂大背景之下，土耳其并没有形成简单的反正发党同盟，而是陷入了僵局——每个政党的支持者都对其他政党支持者'敬而远之'"。[④] 而这一点在 2015 年 6 月大选后组建联合政府的努力频频流产中展现得淋漓尽致。作如是观，社会极化状态下出于选票的考虑很难构建有效的联盟挑战正发党的执政地位。在此情形下，正发党垄断了政治议程和公共政策；而执政党由此获得的政治资源优势，则进一步弱化了反对党与执政党竞争的能力。

在正发党可能持续占据议会多数的情况下，总统埃尔多安也就同时掌握了行政权和立法权，且新宪法将发起总统弹劾案的议员人数门槛从至少 1/3 提升至绝对多数，弹劾获得议会多数支持的埃尔多安非常困难。

① David Samuels, "Concurrent Elections, Discordant Results: Presidentialism, Federalism, and Governance in Brazil", *Comparative Politics*, Vol. 33, No. 1, 2000, p. 4.

② Kenneth Greene, "Dominant Party Strategy and Democratization", *American Journal of Political Science*, Vol. 52, No. 1, 2008, pp. 16 – 31.

③ Ilhan Can Ozen, and Kerem Ozan Kalkan, "Spatial Analysis of Contemporary Turkish Elections: A Comprehensive Approach", *Turkish Studies*, Vol. 18, No. 2, 2017, pp. 358 – 377.

④ Cengiz Erisen, "An Assessment on the Behavioral Foundations of Electoral Decisions in the 2015 Turkish General Elections", *Turkish Studies*, Vol. 17, No. 1, 2016, p. 50.

表3　土耳其2002～2015年历次大选有效政党数目

大选时间	政党名称	议席数目	议席比例	有效政党数
2002年	AKP（正发党）	363	66.00%	1.85
	CHP（共和人民党）	178	32.36%	
2007年	AKP（正发党）	341	62.00%	2.26
	CHP（共和人民党）	112	20.36%	
	MHP（民族行动党）	71	12.91%	
2011年	AKP（正发党）	327	59.45%	2.36
	CHP（共和人民党）	135	24.55%	
	MHP（民族行动党）	53	9.64%	
2015年6月	AKP（正发党）	258	46.91%	3.13
	CHP（共和人民党）	132	24.00%	
	MHP（民族行动党）	80	14.55%	
	HDP（人民民主党）	80	14.55%	
2015年11月	AKP（正发党）	317	57.64%	2.45
	CHP（共和人民党）	134	24.36%	
	MHP（民族行动党）	40	7.27%	
	HDP（人民民主党）	59	10.73%	

资料来源：笔者根据相关资料自制。

（二）各国总统权力比较

事实上，1982年宪法本身就赋予土耳其总统一定的权力。吸取联合政府时期党争危及国家稳定的教训，1982年宪法将总统视作监护制度，能够进行行政监督并对行政部门享有广泛的自由裁量权，希望总统能够超然于党派之外，维护国家的共同利益免受党争之害。埃尔多安当选总统后利用各种手段攫取权力，并通过修宪使这些权力合法化。2017年修宪后，原先归属内阁的行政权力转移至总统。总统的权力大大增加，呈现出与俄罗斯超级总统制类似的特点。

1. 立法性权力维度

（1）全案否决权

新宪法中将推翻总统否决权的门槛从议会中的简单多数提升至绝对

多数，故赋值为 2。这一权力强于法国总统①（赋值为 1），但弱于俄、美、韩等国总统权力②（赋值为 3）。绝对多数要求议会超过总议员的50% 提出否决，当议员没有全体出席或者部分议员弃权，而总统又得到议会多数支持时，部分被总统否决的法案实际上很难重新获得通过。那么，议会中来自反对派的议员就很难实现本党的主张，议会作为构建共识的场所的作用也会大打折扣。

（2）部分否决权

土耳其宪法赋予总统部分否决权，同样需要议会绝对多数才能推翻，故赋值为 2。而这种安排即使是超级总统制的俄罗斯也不具备，遑论美、韩、法等国（均赋值为 0）。如前所述，部分否决权增加了总统行使否决权时的灵活性，于总统同议会的博弈有利。但还应该考虑到一旦正发党内部发生分裂，或是从长远来看，出现总统和议会多数分属对立党派，议会和总统的立法偏好大相径庭，一方所偏好的法案恰恰是另一方最不愿接受的。具备部分否决能力的强势总统面对议会提出的不为自己所偏好的法案，如果总是选择予以否决，那么就很有可能产生立法机关消极立法的局面。"即议会策略性地选择不予立法，而此时双方的处境会比总统仅拥有全案否决权时更差。"尽管这种情况有些极端，但并非不可能发生。达乌特奥卢黯然辞去正发党党首一职，昭示正发党内部的确存在不小的分歧。尽管目前埃尔多安能够占据主导地位，一旦他的时代过去，那么正发党内部分歧又该如何解决就成为不确定的问题。

（3）行政令

根据土耳其宪法规定，总统有权发布具有法律效力行政令。倘若立法机关和总统就同一问题发布了法律，则立法机关具有先占权。这一条文实际上赋予了总统在议会尚未立法的领域发布法令的权力，故赋值为3。这一权力明显强于法国总统，法国宪法中行政令是由总理发布的

---

① 需要简单多数即可推翻，Metcalf 将法国总统全案否决权力赋值为 1。参见 Lee Kendall Metcalf，"Measuring Presidential Power"，*Comparative Political Studies*，Vol. 33，No. 5，2000，pp. 664 – 668。

② 均需要 2/3 多数才能推翻。

（赋值为 0），而且比韩国总统发布行政令的范围大① （赋值为 2），和美、俄等国总统拥有的权力相当② （赋值为 3）。土耳其总统发布行政令时，除不能侵犯个人权利和自由外，几乎不受限制。相当于总统在相当大范围内的事务享有立法权。特别是总统拥有的强势否决权和行政命令权策略性结合，使得总统在行政、立法关系互动中处于相对优势：当维持现状于己有利时，动用否决权抗衡立法机关打破现状的努力；改变现状收益更大时，则可运用行政命令做出其所希冀的调整。

（4）紧急命令权

虽然修正案中规定总统宣布紧急状态需要议会批准方能生效，但紧急状态期间总统权力所受限制极少，没有禁止解散议会和提请宪法公投的限制，故赋值为 2。这一设计强于法国但弱于美、俄、韩等国。法国总统在咨询总理、议会议长、宪法委员会后才能宣布紧急状态，在此期间不能解散议会（赋值为 1）；美国总统有权发布紧急命令，但行为受议会监督（赋值为 2.5）；韩国和俄罗斯总统都可以自行发布紧急状态，然后通知议会，紧急状态期间不能解散国会（赋值为 2.5）。紧急命令权作为应对例外状况的制度设计，其初衷乃是保守意图（conservative purpose），"即秉持恢复原有秩序的信念解除危机，不允许紧急命令权拥有者对法律或是宪法制度做出任何永久性的改变"。③ 但实践中却可能为掌权者滥用借以扩大个人权力。一方面，宣布紧急状态的条件"紧急""危机""经济危机"等相当模糊，几乎可以用于所有的领域。以美国为例，自 1976 年紧急状态法案颁布以来，美国数十次宣布进入紧急状态，俨然成为"永久紧急状态之国"。④ 另一方面，如果获得议会多数的支持，并且在紧急状态期间拥有的权力不受限制，紧急状态权力自然会背离其保守意图。"没有什么可以阻止总统与议会多数结盟对法

① 总统只能就法律规定的具体范围、委任事项和执行法律的必要事项发布总统令。
② 美国宪法中规定总统负责法律的执行隐晦地赋予了总统发布行政命令的权力；俄罗斯联邦总统发布命令和指示。
③ J. Ferejohn, and P. Pasquino, "The Law of the Exception: A Typology of Emergency Powers", *International Journal of Constitutional Law*, Vol. 2, No. 2, 2004, p. 211.
④ 朱马烈：《美媒：美国"紧急状态"趋永久化成总统"魔杖"》，环球网，http://world. huanqiu. com/exclusive/2014-10/5177364. html,（访问时间 2017 年 6 月 29 日）。

律作出永久性改变，如果最高法院法官愿意的话这种转变更有可能发生。"① 目前，土耳其的情况也印证了这一点，此次修宪正是发生在紧急状态期间，将埃尔多安掌握的权力予以制度化、合法化。不仅如此，埃尔多安已经三次延长紧急状态，称"除非土耳其恢复安宁，否则不会取消紧急状态"。②

（5）提请全民公决

土耳其宪法规定，总统认为必要时可将修宪的法律提请公民复决。提请复决时总统所受限制较少，故赋值为 3。这一权力强于美、法，弱于俄罗斯，与韩国总统相当。美国公决权力属于地方，联邦不具备此权力（赋值为 0）；法国总统需要根据内阁联名才能发起公决，只要不违反宪法但可能影响现行制度运行的条约的一切有关公共权力机构组织的法律草案，公决事项十分广泛（赋值为 2）；俄罗斯总统的公决权力几乎不受任何限制③（赋值为 4）。如前所述，全民公决作为直接民主的手段，给总统利用民粹主义操纵选举的可乘之机。尤其是公投与制度问题紧密相连时，总统则倾向于以此重塑政治规则、增加个人权力。这一点在土耳其 2017 年宪法公投中展现得淋漓尽致。一方面，埃尔多安强大的号召力，使得其追随者关注的不是议题本身，而是将公决和对埃尔多安及正发党的支持联系起来。调查显示，普通选民对总统制知之甚少，政党因素在很大程度上影响了选民观点。④ 埃尔多安深谙此道，将议题塑造成中心和边缘之争，借此争取选民支持。全民公决的结果与其说是总统制的胜利，毋宁说是埃尔多安个人的胜利。另一方面，正发党的资源优势特别是在拉票宣传时对新闻媒体的钳制，使得反对党很难传达自

① J. Ferejohn, and P. Pasquino, "The Law of the Exception: A Typology of Emergency Powers", *International Journal of Constitutional Law*, Vol. 2, No. 2, 2004, p. 236.

② 唐斓：《土耳其总统称暂不会取消紧急状态》，新华网，http://news.xinhuanet.com/world/2017 - 05/19/c_1121001973. htm（访问时间：2017 年 6 月 29 日）。

③ Metcalf Lee Kendall, "Presidential Power in the Russian Constitution", *Journal of Transnational Law & Policy*, Vol. 6, No. 1, 1996, p. 142.

④ S. E. Aytaç, A. Çarkoğlu, and K. Yıldırım, "Taking Sides: Determinants of Support for a Presidential System in Turkey", *South European Society and Politics*, Vol. 22, No. 1, 2017, pp. 1 - 20.

己的观点，选民也因此很难获得充分的信息。

2. 非立法性权力维度

（1）内阁任免权

修宪后，土耳其废除了总理职位，总统可以任免内阁成员无须经过议会同意。① 在内阁任命权上可得 4 分，强于美、俄、法、韩等国。俄、法、韩均存在行政双头领导，总统经议会同意后可任命总理，内阁其他成员则根据总理的提议予以委任（赋值为 1）；美国总统须经议会同意后才能任命内阁成员（赋值为 3）。在解除内阁职务权力上可得 4 分，和美、韩、俄等国完全由总统免除内阁职务的设计相同（赋值为 4），但法国总统的权力则小得多，只能根据总理提议解除内阁成员职务（赋值为 1）。

（2）议会谴责权

本次修宪删去了议会谴责内阁的条款，仅能对副总统和内阁部长以 3/5 多数发起犯罪指控。而且，只有当内阁成员所犯罪行禁止其参加选举时，才能予以解职，故赋值 4。相形之下，俄罗斯国家杜马则可以谴责内阁，但是总统可以选择解散议会②（赋值为 2）；尽管在美、韩议会也无权对内阁通过谴责使其解职（赋值为 4），但是土耳其授予内阁成员豁免权的做法尤为引人关注，即使在议会制国家也不多见。

（3）解散议会

修宪后，宪法中仍然保留了总统解散的权力（赋值存疑），可以在议会通过不信任投票后将其解散，故赋值 1。美国总统则不具有此项权力（赋值为 0），俄、法两国总统解散议会的权力则受次数或任期时点

---

① Ş. Özsoy Boyunsuz, "The AKP'S Proposal for a 'Turkish Type of Presidentialism', in Comparative Context", *Turkish Studies*, Vol. 17, No. 1, 2016, pp. 68 – 90.

② 俄罗斯联邦宪法第 117 条规定，国家杜马可以对俄罗斯联邦政府表示不信任。关于不信任，俄罗斯联邦政府的决议由国家杜马议员总数的多数票予以通过。国家杜马对俄罗斯联邦政府表示不信任之后，俄罗斯联邦总统有权宣布俄罗斯联邦政府辞职或不同意国家杜马的决定。在国家杜马三个月内再次对俄罗斯联邦政府表示不信任的情况下，俄罗斯联邦总统宣布俄罗斯联邦政府辞职或者解散国家杜马。

的限制（赋值为 3）。① 尽管土耳其总统解散议会的权力弱于俄、法，但是俄、法两国议会可以谴责内阁以制衡行政权力。土耳其则废除这一条款，因此在权力制衡机制上缺失了重要一环。

总体而言，土耳其总统拥有极大的权力，且缺乏有效的制衡机制，呈现出明显的超级总统制特点（见表 4）。其立法性权力仅逊色于俄罗斯总统，而非立法性权力则在五国中居于首要地位。这主要是因为，土耳其宪法赋予总统较为强势的否决权、法规命令权和提请全民公投的权力，总统因此具有较强的行政立法权。论及土耳其总统强大的非立法性权力，则主要是新宪法的制度设计中一方面保留议会制之下解散议会的权力，另一方面又摒弃其权力制衡机制，即议会通过谴责权对行政权施加制衡，导致总统的非立法性权力极度膨胀。值得关注的是，总统权力独大、不受限制还不限于此。在行政—立法关系上，新宪法将议会发起针对总统的调查人数门槛从 1/3 提升至 3/5，这无疑使弹劾总统这一最后手段生效变得难上加难；在行政—司法关系上，宪法法院 15 名成员中，总统能够任命 12 名法官且法官有任期限制，这一安排无疑会影响司法机关的独立性。

表 4　土耳其总统权力比较

宪法	立法性权力						非立法性权力				
	全案否决权	部分否决权	行政令	紧急命令权	提请公民复决	总计	组成内阁	解除内阁职务	议会谴责权	解散议会	总计
土耳其	2	2	3	2	3	12	4	4	4	1	13
美国	3	0	3	2.5	0	8.5	3	4	4	0	11
俄罗斯	3	0	3	2.5	4	12.5	1	4	2	3	10

① 俄罗斯：国家杜马选出后一年内不能根据俄罗斯联邦宪法第 117 条规定的理由予以解散；国家杜马对俄罗斯联邦总统提出指控之后直到联邦委员会做出相应决定之前不得被解散；国家杜马在俄罗斯联邦全境实行战时状态或紧急状态时期以及俄罗斯联邦总统任期届满前 6 个月内不得被解散。法国：共和国总统可以在征询总理和议会两院议长意见后，宣布解散国民议会。在此次大选后一年内不得再次解散国民议会。

宪法	立法性权力						非立法性权力				
	全案否决权	部分否决权	行政令	紧急命令权	提请公民复决	总计	组成内阁	解除内阁职务	议会谴责权	解散议会	总计
法国	1	0	0	1	2	4	1	1	0	3	5
韩国	3	0	2	2.5	3	10.5	1	4	4	0	9

资料来源：笔者自制。

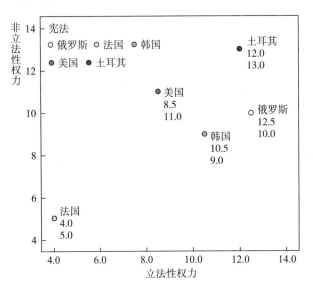

图1 土耳其总统权力比较

资料来源：笔者自制。

（三）权力制衡比较

贝克·索斯滕（Beck Thorsten）等提出客观指标衡量权力制衡的程度，其后经过修改，目前已广泛应用于学者研究之中。基于此，本文对土、俄、美、法、韩五国的权力制衡情况进行了测量。该方法通过计算政治制度内否决权拥有者（veto players）的数目衡量权力制衡情况，因为否决权拥有者的数目越多，个体行动者出于利益考量，改变或维持现状的难度越大。所谓否决权拥有者，是指"为了改变现状需要获得其同意的个人或集体行动者（征得集体行动者同意时，按多数制行事）"①。其中既包括制度性否决权拥有者（institutional veto players），也包括党派性否决权拥有者（partisan veto players）。② 此外，上述方法还考虑了封闭名单（closed-list）和开放名单（open list）对执政联盟政治整合（political cohesion）的影响。③④ 如果行政或立法机关选举竞争程度（见表5）小于6，则无论采取何种政体，制衡程度均仅得1分。否则，则有：（1）如果存在行政首脑⑤（chief executive），则制衡程度加1；（2）如果行政首脑是竞争性选举产生（行政机关选举竞争程度大于6），则制衡程度加1；（3）如果反对党控制立法机关，则加1。进一步而言，总统制中，以下情况制衡程度加1：（1）立法机关的数目（两院制还是一院制），但当总统所属党派在下院中占据多数且采取封闭政党名单制度，则不予计算；（2）和总统所属党派结盟的政党数目且意识形态接近于主要反对党，议会制中，以下情况权力制衡情况加1：（1）为了维持多数所结盟的政党数目；（2）联合政府中，经济问题上所持立场接近于反对党的政党数目；（3）如果采用封闭政党名单制度，则总理隶属党派不计算在内。

表 5　行政/立法选举竞争程度

标准	得分
无行政/立法机关	1
非选举产生的行政/立法机关	2

---

① G. Tsebelis, "Decision Making in Political Systems: Veto Players in Presidentialism, Parliamentarism, Multicameralism and Multipartyism", *British Journal of Political Science*, Vol. 25, No. 3, 1995, p. 289.

② 制度性否决权拥有者（总统、议会）存在于总统制中，党派性否决权拥有者（政党）则至少存在于议会制。

③ 采用封闭名单制度时，选民不能根据偏好选择候选人，总统或总理对本党成员形成严格控制，因此不构成对总统或总理的制衡机制。

④ 以下关于制衡程度规则的说明可参见 C. Cruz, P. Keefer, C. Scartascini, *Database of Political Institutions Codebook, 2015 Update*（DPI 2015），Inter-american Development Bank。

⑤ 主要指：（1）公众直接选举产生；或（2）公众选举产生的选举人团选举产生，且选举行政首脑是选举人团的唯一目的。

标准	得分
选举产生，但只有一个候选人	3
多个候选人，均隶属同一党派	4
存在多个合法政党，但只有一个政党赢得席位（因为其他政党不存在，没有参与竞争或是赢得席位）	5
多个政党参与竞争并获得席位（但有政党获得了75%及以上的席位）	6
最大的政党获得席位少于75%	7

资料来源：笔者根据相关资料自行整理。

1. 法国权力制衡①

据此，可以计算出法国权力制衡程度为5。因为法国存在行政首脑，且行政机关选举竞争程度为7，则得2分；此外，法国目前是由同属中间政党的前进之中（En Marche）和民主运动（Mouvementdémocrate）组成执政联盟，而且总理则是由反对政党共和党（The Republicans）成员出任，则得3分。因此，共计得5分。

2. 韩国权力制衡

韩国权力制衡程度则为2。因为韩国存在行政首脑，且行政机关选举竞争程度为7，则得2分；此外，目前总统隶属的左翼政党共同民主党（MPK）成为执政党，并且控制了议会多数席位，采取封闭名单制度，不予计算。因此，共计得2分。

3. 俄罗斯权力制衡

俄罗斯权力制衡程度为2。因为俄罗斯存在行政首脑，且行政机关选举竞争程度为7，则得2分；此外，目前总统隶属的中间政党统一俄罗斯党是执政党，并且控制了议会多数席位，采取封闭名单制度，不予计算。因此，共计得2分。

---

① 根据DPI，法国采取的选举制度既不是纯粹的封闭名单制度，也不是纯粹的开放名单制度。

4. 美国权力制衡①

美国权力制衡程度是 4。因为美国存在行政首脑，且行政机关选举竞争程度为 7，则得 2 分；目前总统隶属的共和党是执政党，并且控制了议会多数席位。同时，美国采取的不是封闭名单制度，且实行两院制，故得 2 分。因此，共计得 4 分。

5. 土耳其权力制衡

土耳其权力制衡程度为 3。因为土耳其存在行政首脑，且行政机关选举竞争程度为 7，则得 2 分；此外，总理隶属的正发党单独执政，且采用的是封闭名单制度，故不予计算。因此，共计得 2 分。在同等条件下，假设土耳其采取的是总统制，根据 1982 年宪法，当选总统须终止党派成员资格，加之土耳其实行一院制，故得 1 分。因此，共计得 3 分。修宪后土耳其废除了总理、实行总统制。此外，新宪法废除总统终止党派成员资格的规定。那么，在相同情况下，埃尔多安隶属的正发党控制了议会多数席位，并且采用封闭名单制度，无异于总统控制了议会，故而，不予计算。此时，土耳其权力制衡程度为 2。作如是观，这一条款的废除无异于削弱了权力制衡机制的有效性，有损于民主发展。

总体而言，相形之下土耳其目前权力制衡情况小于法、美，但强于韩、俄，处于中等水平。但修宪后，总统不再超然于党派之外，土耳其权力制衡程度则下降。

四　结论和启示

时至今日，比较政治制度的量化研究已经取得了长足的进步，但土耳其政治的比较研究仍不多见。本文试图借鉴前人的量化研究方法，探究土耳其总统制本质。已有文献显示，所谓土耳其式总统制，其实质是超级总统制。本文力图通过国别比较研究证实这一观点。如前所述超级总统制的特点，在于总统作为行政首脑大权独揽，尤以立法性权力为

---

① 根据 DPI，美国采取的选举制度既不是纯粹的封闭名单制度，也不是纯粹的开放名单制度。

甚。由此推知，若上述观点属实，则土耳其总统将在各权力维度上获得较高的分值。

本文以土、俄、美、法、韩五国的宪法条文为依据，运用舒加特和梅特卡夫测量总统权力的赋值方法，衡量以上国家总统权力并加以对比。结果显示，俄罗斯作为典型的超级总统制国家，在立法性权力和非立法性权力上均具有较高的得分，且权力制衡水平较低。尽管如此，行政双头领导的存在、立法机关具有的谴责内阁的权力，削弱了总统对内阁的控制。因此，非立法性权力稍显逊色。韩国总统同样在两个维度上得分较高，但弱于俄罗斯总统。这是因为，前者的行政命令权、提请公民复决权力相对弱势，且未被赋予解散议会的权力。然而，同样实行半总统制的法国，总统享有的立法性权力和非立法性权力都极为有限，不仅如此，总统所受权力制衡程度极高。由此可见，即使是相同政体，不同的制度设计也导致总统权力有云泥之别。美国总统则在非立法性权力上，拥有对内阁的主导控制权，但是总统仍受颇多限制。量化研究的结果证实了土耳其式总统制属于超级总统制：总统不但享有极大的权力、把持权柄，且缺少有效的制衡机制。究其原因，土耳其总统制一方面保留议会制特点，并将权力授予总统；但另一方面又抛却权力制衡机制，形成与俄罗斯相似的超级总统制。

本文结论再次表明，影响民主的发展不在于实行的是总统制还是议会制，关键在于制度设计时能否融入权力制衡机制。林茨·胡安（Linz Juan）曾指出"总统制的悖论在于，一方面希望拥有平民主义式合法性（plebiscitarian legitimation）的总统能够同议会中纷繁复杂的利益相抗衡，另一方面又担心权力的个人化"[1]。当一国宪法制度赋予总统广泛的权力，又缺少约束手段时，权力个人化的风险无疑会成为现实。土耳其式总统制中赋予了总统极大的权力，但立法、司法机关能够对其施加限制的手段却被弱化，缺乏有效的双向制衡机制。反观其他四国，总统权力在不同程度上受到有效的限制。在法国和俄罗斯虽然总统可以解散议会，但

---

[1] Juan Linz, "The Perils of Presidentialism", *Journal of Democracy*, Vol. 12, No. 1, 1990, p. 54.

是存在解散时点和次数的限制；而且，议会可以通过对内阁的不信任案对行政权力施加限制；此外，总统还需和总理分享内阁控制权。在美国尽管总统拥有对内阁的主导控制权，但是任命内阁成员时必须获得国会批准；而且，总统无权解散议会。在韩国虽然议会无权通过对内阁的不信任案，但总统也无权解散议会；此外，总统和总理共同享有内阁控制权。总体而言，这些国家的制度设计中都存在有效的双向制衡机制。

此外，本文对土耳其国内政治研究具有颇为重要的意义。如前所述，比较政治制度的量化研究已结出累累硕果。但国内学界极少借助量化方法探讨土耳其政治问题，而且比较研究多局限于中东地区或伊斯兰国家。本文采用的量化方法，则打破地域和宗教背景限制，将比较研究对象拓展至背景各异的其他国家；不仅如此，还以量化对比的形式提供了更为直观、更具说服力的研究结论。更为重要的是，从比较政治学科发展来看，本文采用的方法有利于该领域的进一步发展。长期以来，政体类型划分一直在比较政治中大行其道，研究多局限于总统制和议会制的争论。但是这种二分法不免落入简化事实的窠臼。事实上，总统制和议会制在运行中具有诸多相似之处①；即便是实行相同政体的国家其宪法设计中关键的制度特征也会表现出高度的一致性。② 由此观之，简单的二分法所揭示的内容可能远远少于其掩盖的问题，是时候超越总统制、议会制二分法的视角了。本文采用的方法正是如此，它以权力比较为核心，不但可以实现不同政体之间的比较，还能够详尽勾勒出同种政体内部的差别，无疑会推动未来比较政治的发展。

尽管如此，本文仍存有不足之处亟待改进。囿于知识局限，笔者采用的衡量总统权力方法存在瑕疵，需要更进一步研究后加以修改。针对福廷的批评，今后研究中需要探索单峰性和一维性测量方法。此外，本文中衡量权力制衡程度的方法主要考虑否决权拥有者，未来可以考虑通过比较行政—立法、行政—司法相对权力大小，衡量对总统施加的权力制衡。

---

① R. Albert, "The Fusion of Presidentialism and Parliamentarism", *The American Journal of Comparative Law*, Vol. 57, No. 3, 2009, p. 543.

② Jose Antonio Cheibub, Z. Elkins, and T. Ginsburg, "Beyond Presidentialism and Parliamentarism", *British Journal of Political Science*, Vol. 44, No. 3, 2014, p. 515.

比较政治学研究　2018 年第 1 辑　总第 14 辑
第 221～243 页
© SSAP，2018

族群分裂社会何以实现平稳民主转型：以南非为例[*]

马正义[**]

内容摘要　民主化研究中较为普遍的看法是，由于族际信任与包容的缺失、国家权力的族群化、族群性政党的形成以及族群冲突的重新激活，族群分裂社会很难实现平稳民主转型。然而，作为一个曾因种族矛盾走向内战边缘的国家，南非从种族对抗到民族和解的转型奇迹对这种看法提出了挑战。分析发现，政治精英的理性引导，渐进的转型速度，转型过程中各方的参与，武装力量的有效整合，新政治契约的达成，转型正义的实现，以及理性的制度设计是南非避免大规模政治冲突，实现和平转型的内在逻辑，也是其他族群分裂社会走出转型陷阱的他山之石和路径借鉴。

关键词　族群分裂；转型困境；南非案例；经验启示

一　问题的提出

20 世纪后半期，始于南欧的第三波民主化浪潮席卷拉美、东亚、

---

[*] 本文系 2017 年度教育部人文社科基金青年项目"台湾地区民主治理模式与绩效研究"（项目编号：17YJC810014）和 2013 年国家社科基金项目"世界发展中国家民主化道路比较研究"（项目编号：13BZZ014）的阶段性成果。

[**] 马正义，政治学博士，广州大学台湾研究院讲师，研究方向为比较政治与比较民主化。

东欧和非洲地区，形式各异的威权政体纷纷垮台，开启民主化进程。民主化现象令人瞩目，但政治转型的过程却远非一帆风顺。一些国家实现顺利转型，确立稳定有序的民主政体，另一些国家却遭遇转型失败，陷入政治混乱，难以自拔。致使转型失败的因素很多，但对许多发展中国家而言，"族群冲突成为转型失败的一个主要原因"。[①] 后冷战时期，族群冲突沉渣泛起，成为引爆政治冲突的重要导火索，不仅影响政治转型的启动，也关乎稳态民主的确立，"成为 21 世纪民主化进一步发展的主要障碍"。[②]

民主转型在族群分裂社会如布隆迪、肯尼亚、尼日利亚、缅甸、斯里兰卡和危地马拉等一波三折、步履蹒跚的现实表明，族群分裂社会似乎与民主转型之间存在难以化解的张力。统计显示，1989～2002 年，世界总共发生了 116 次大规模的武装冲突，其中有 109 次都是与民主化有关的内部族群冲突。[③] 学界的基本共识是，同质社会和政治共识是平稳转型的动力和前提，而社会分裂和族群冲突，则会导致转型失败和民主崩溃。

那么，是什么因素导致族群分裂社会的平稳转型如此艰难？族群分裂社会究竟能否实现平稳民主转型？如果可以，其摆脱转型困境，实现平稳转型的路径选择是什么？这是本文关注的核心问题。

二　研究方法与设计

本文主要的研究方法为案例分析法，旨在通过对特定异常性案例展开精细而深入的分析，挖掘族群分裂社会实现平稳民主转型背后的影响

---

① Donald L. Horowitz, "Democracy in Divided Societies", *Journal of Democracy*, Vol. 4, No. 4, 1993, pp. 18 – 38.

② Andrew Reynolds, *The Architecture of Democracy: Constitutional Design, Conflict Management and Democracy*, New York: Oxford University Press, 2002, p. 38.

③ Mikael Eriksson, Peter Wallensteen and Margareta Sollenberg, "Armed Conflict, 1989 – 2002", *Journal of Peace Research*, Vol. 40, No. 5, 2003, pp. 593 – 607.

变量与因果机制，形成一般性的研究结论，对学界已经形成的理论观点进行检验、反思和补充，实现已有解释框架的更新与完善。因此，从研究方法上看，本文的研究既带有理论证伪型个案研究的特点，也含有解释型个案研究的色彩。①

本文选择的特定案例是南非。之所以选择南非，是因为在族群高度分裂的社会背景下，南非的民主转型与成功的案例相比具有代表性，与失败的案例相比具有异常性。南非曾是一个高度分裂和严重不公的国家。种族隔离撕裂了南非社会，造成黑人与白人之间根深蒂固的敌视情绪和仇恨心态，整个国家陷入内战边缘，被视为"最不可能实现政治转型的国家之一"。② 然而，它最终避免大规模的政治动荡与暴力冲突，实现和平政治转型，成为第三波民主化的奇迹。在相似的社会背景下，为何一些国家遭遇民主转型的失败，而南非却走向种族和解，成功实现转型？其中的内在逻辑非常值得探究。虽然南非是分裂社会实现平稳转型的少数特例之一，但特例研究的价值在于，"即使它未必会推翻某些基于概率建立的因果相关性，它也会推翻这种因果关系的历史必然性，从而为我们思考政治发展的多样性与可能性提供思路"。③

本文首先分析族群分裂社会的概念、类型和特征，从理论层面考察族群分裂社会实现平稳民主转型面临的困境。然后以南非为案例，揭示其种族分裂的根源、表现和影响，从经验层面考察其平稳民主转型的过程。最后，探究南非在族群高度分裂的背景下，克服挑战，实现和平转型的动力机制和内在逻辑，总结南非民主转型的经验及其对其他分裂社会走向平稳民主转型的借鉴意义。

① 周忠丽：《比较政治学研究中的个案方法：特征、类型及应用》，《比较政治学研究》，2011 年第 1 期，中央编译出版社，2011 年版。
② Hermann Giliomee, "Democratization in South Africa", *Political Science Quarterly*, Vol. 110, No. 1, 1995, pp. 83 – 104.
③ 刘瑜：《民主转型与政治暴力冲突的起落：以印尼为例》，《学海》，2017 年第 2 期，第 46 页。

三　理论考察：族群分裂社会实现平稳
民主转型的困境

在高度分裂社会，民主能否实现一直是备受关注的议题，多数学者对此表示悲观。如约翰·穆勒认为，民主在族群分裂社会很难运作，"在一个有不同民族组成的国家里，自由制度建立的可能性很小。在一个没有共同感情的民族国家，尤其是在其人民使用不同语言的情况下，对于代议制民主制度运作非常重要的一致性公共观念并不存在"。① 罗伯特·达尔也表达了类似的看法，指出"多元亚文化的存在经常对公开争论制度所需要的宽容和共同安全造成紧张的危险"。② 据此，政治共识与合作只有在同质性较强的社会才能达成，而在族群多元和高度分裂的社会中，"受到个体偏好差异的限制，无法为民主观念和稳定提供良好的生存环境"。③ 族群分裂与民主转型之间似乎存在难以化解的张力。

（一）族群分裂社会的概念与类型

1. 族群分裂社会的概念

阿伦·利普哈特认为，当今世界上的政治共同体可以分为同质性和多元性两种类型，在同质性较强的社会里，不存在政治分裂，但在多元社会中，政治分裂则较为普遍。④ 不过，在尤尔格·斯坦纳（Jurg Steiner）看来，这种分类似乎将多元社会与政治分裂等同了起来，忽视了

---

① John Stuart Mill, *Considerations on Representative Government*, New York: Liberal Arts Press, 1958, p. 230.

② 〔美〕罗伯特·达尔：《多头政体：参与和反对》，谭君久、刘惠荣译，第 121 页，商务印书馆，2003 年版。

③ Alvin Rabushka, Kenneth A. Shepsle, *Politics in Plural Societies: A Theory of Democratic Instability*, Ohio: Merrill, 1972, p. 92.

④ Arend Lijphart, *Democracy in Plural Societies: A Comparative Exploration*, New Haven: Yale University Press, 1977, pp. 71 – 74.

二者之间的差别。① 从当今世界民族国家的整体情况来看，几乎所有的国家都存在宗教、文化、语言和族群上的多元，族群同质性社会非常罕见。更重要的是，社会多元只是为社会分裂提供了一定可能，并非所有多元社会都是分裂社会。

对于族群分裂社会的概念，本文采用苏吉特·乔杜里（Sujit Choudhry）的观点，认为族群分裂社会的基本标志是，"在该社会中，族群多元具有政治重要性，也就是说，族群身份成为政治身份和政治动员的持续性标志。族群文化上的多元性转变为政治上的分裂性。族群身份成为政治表达的主要途径，族群间的冲突与政治冲突的边界相一致"。②

2. 族群分裂社会的类型

从结构与模式上看，族群分裂社会可以分为"横切分裂"（cross-cutting cleavage）和"重叠式分裂"（reinforcing cleavage）两种类型。

在"横切分裂"社会，如果按照一种划分标准，某个个体可能属于一个群体，如果按照另外一个标准划分，则属于另外一个群体，身份的交叉促使一个维度上相互冲突的群体在其他层面上具有共同利益，从而在整体上缓和了因特定问题产生的社会分歧和冲突。比如，两个在种族上不同的群体如果按照阶级进行划分的话可能就会被归于同一群体，这时，共同的阶级利益将减缓因种族差异而产生的矛盾与冲突。

在"重叠式分裂"社会，一个层面上存在分歧的两个群体如果用另一个维度进行分析的话依旧存在分歧，那么两个群体的分歧与冲突就出现了重叠与累积，社会分歧与矛盾将会出现相互强化的情况，"由于分歧与矛盾得以强化，很容易造成极化社会的出现"。③ 比如苏丹，其政治冲突与地区差异（南方与北方）、宗教差异（伊斯兰教与基督教）和种族差异（阿拉伯人和黑人）高度重叠在一起，使政治冲突愈演愈

---

① Jurg Steiner, "The Consociational Theory and Beyond", *Comparative Politics*, Vol. 13, No. 3, 1981, pp. 339 – 354.

② Sujit Choudhry, "Bridging Comparative Politics and Comparative Constitutional Law", in Sujit Choudhry, *Constitutional Design for Divided Societies: Integration or Accommodation?* Oxford and New York: Oxford University Press, 2008, p. 5.

③ Kisangani N. Emizet, "Political Cleavages in a Democratizing Society the Case of the Congo (Formerly Zaire)", *Comparative Political Studies*, Vol. 32, No. 2, 1999, pp. 185 – 228.

烈，长期得不到解决。

虽然政治极化在两类社会中都很突出，但相较于重叠式分裂，横切分裂在一定程度上淡化了族群身份的封闭性和排他性，也更加有利于族际之间共同情感和政治共识的达成，为平稳政治转型创造了一定的条件。

（二）族群分裂社会迈向平稳转型面临的挑战

1. 族际信任与包容的缺失

政治转型是一个解构政治旧秩序，重构政治新秩序的过程。在这个过程中，为确保转型的顺利进行，族群间最低限度的政治信任和宽容是必要条件。

然而，在族群分裂社会，族群界定了自我政治身份，建构了自我政治认同，形塑了自我政治利益，制约着自我政治行为。族群身份决定了特定的政治共同体内，谁拥有合法的成员资格，谁享有权利和资源的分配。在确定自我身份的同时，族群身份也划清了与其他族群之间的界限。这种原生性的族群情感和族群认同具有稳定性和持久性，是将族群成员团结在一起的纽带，但也是造成族群封闭和排外的持续根源，很容易引起族群矛盾和冲突。而且，冲突中的各方并非通过成本和利益的权衡来采取行动，而是以族群身份来界定敌我关系或合作对象，将族群竞争视作零和游戏，一方所得必将导致另一方所失，具有强烈的情感性和非理性特征。结果，族际信任和政治包容无法建立，跨越族群的政治合作无法达成，阻碍了政治转型的启动。

2. 国家权力的族群化

在族群高度分裂的社会，国家权力通常被某个族群或族群联盟所垄断，成为特定族群或者族群联盟维持自身政治地位，满足自身利益的工具。国家完全丧失中立性和自主性，失去维护公共秩序和改善公共利益的职能。在国家权力体系中，"族群身份提供了一个清晰的界限，决定了谁将被接纳，谁将被排除在外"。① 族群身份不仅决定政治地位，也

---

① Donald L. Horowitz, "Democracy in Divided Societies", *Journal of Democracy*, Vol. 4, No. 4, 1993, pp. 18 – 38.

影响经济资源的分配和社会福利的提供。

在无法通过正当渠道影响国家决策的情况下，处于弱势地位的族群通常诉诸暴力推翻政府以实现权力的轮替。由此，"国家沦为一种众所追求的宝贵战利品，不仅因为它能提供职位，分配资源，更重要的是它影响（甚至决定）族群关系的条件和成本的能力"。① 不过，即便通过暴力实现政权更迭，若新任当政者与昔日统治者无法实现和解，国家依然由特定族群所掌控与垄断，公权力仍然摆脱不了强烈的族群化色彩，那么，政治转型只不过是另一个非民主政体的回归，多元包容的民主政治仍将是空中楼阁。

3. 族群性政党的形成

族群分裂社会中，社会分歧通常沿着族群界限展开，政党的组建也依据族群边界完成。不过，以族群身份和族群边界为基础形成的政党是族群性政党，指那些"公开宣称主要代表某一个族裔类别群体的利益，并在选举中主要通过动员本族群成员的认同和支持来赢得选票和席位的政党，或者是虽然没有直接宣称代表某一族群，但其支持基础限于单一族群的政党"。②

族群性政党的形成是族群性政党体系下政治精英的选举策略和选民的投票倾向互动催生的结果。一方面，政治精英通过文化唤醒、历史再现和话语构建等手段强化族群意识，争取选民忠诚，甚至"诉诸极具暴力性的民族主义呼吁，将对手妖魔化为国家的敌人，以便在选举中获胜"。③ 另一方面，选民对候选人的个人资历、政治背景和政策主张难以在较短时间内通过理性判断进行甄别。"面对不确定性，将身份认同

---

① Donald Rothchild，"From Exhortation to Incentive Strategies Mediation Efforts South Africa in the Mid – 1980s"，in Edmond J. Keller，Louis A. Picard（eds.），*South Africa in Southern Africa：Domestic Change and International Conflict*，Boulder：Lynne Rienner，1989，p. 25.

② 左宏愿：《选举民主与族群冲突：断裂型多族群国家的民主化困局》，《民族研究》，2015 年第 2 期，第 33 页。

③ Edward D. Mansfield and Jack Snyder，*Electing to Fight：Why Emerging Democracies Go to War?* Cambridge，MA：MIT Press，2005，p. 2.

作为政治判断的信息捷径，也并不奇怪"，"既然我对你们将要干什么都不清楚，不如选一个'自己人'"。①

族群性政党体制下，无论哪个政党上台执政，都会从本族群的利益出发制定全国性决策，从而引发一连串针锋相对的冲突。结果，族群身份压倒了公民身份，族群利益超越了国家利益，族群政治遮蔽了民主政治，民主选举也仅有族群人口普查（ethnic census）② 的功能，国家走向平稳转型的可能性大大减小。

4. 族群冲突的重新激活

一般而言，威权体制和成熟民主体制下的族群冲突相对较少。威权体制通过高压统治，限制政治表达，压制集体抗争，维持刚性稳定；成熟民主体制通过制度平台回应利益诉求，化解族群冲突，实现柔性稳定。

从威权向民主的过渡，则可能引发高频率的族群冲突。原因在于，转型过程中政治参与的成本大大降低，政治行为者进入政治体系，采取行动改变现状的政治机会结构发生转变，"当精英为快速政治变局所惊吓，以及当政治参与扩张先于有力的公民制度的形成，此时最有可能刺激民族冲突"。③

政治转型意味着过去曾经被压制的族群矛盾被再次激活，瞬间得以释放。面对政治的秩序重新构建，各个族群都会使出浑身解数，甚至诉诸暴力以获得更加有利地位，使社会分裂和族群矛盾进一步加剧。

然而，对转型国家而言，其政府能力已经严重退化，既缺乏足够的高压工具以压制族群冲突，也缺乏民主化的机制以化解族群怨恨。民主化的开启固然值得赞誉，但能否实现平稳转型依旧充满不确定性。

---

① 刘瑜：《民主转型与政治暴力冲突的起落：以印尼为例》，《学海》，2017 年第 2 期，第 49 页。

② Roger Southall, "From Liberation Movement to Party Machine? The ANC in South Africa", *Journal of Contemporary African Studies*, Vol. 32, No. 3, 2014, pp. 331 – 348.

③ 〔美〕杰克·斯奈德：《从投票到暴力：民主化和民族主义冲突》，吴强译，第 273 页，中央编译出版社，2017 年版。

四 经验分析：南非从种族对抗到
民族和解的转型奇迹

南非是一个族群高度分裂的社会。黑白之间的政治排斥、经济不公和文化隔阂高度重叠，从族群分裂的类型上看，属于典型的重叠式分裂。少数白人垄断国家权力，族群怨恨根深蒂固，种族主义政党对峙严重，似乎并不具备和平转型的条件。但是，经过艰难曲折的制宪谈判，南非于1994年举行首次不分种族大选，建立民族团结政府，实现了政治制度从少数白人统治的种族主义政权向多元包容民主政体的转变。根据胡安·J. 林茨和阿尔弗莱德·斯泰潘的分析标准，在南非，"只有通过选举的政治程序才能产生政府成为广泛共识，政府权力的获得则是自由和普遍选举的直接结果，并且这一政府事实上拥有制定新的政策的权力，而行政权、立法权和司法权来源于新的民主程序，不必与其他法律（de jure）主体分享权力"，① 最终顺利完成民主转型。

（一）南非族群分裂的根源、表现及影响

1. 南非族群分裂的根源

南非是一个多种族和多元文化的社会。从种族上看，南非居民包括黑人、白人、有色人和亚裔人四大人种。各个种族还可以划分为不同的族群。比如，黑人可分为祖鲁（Zulu）、科萨（Xhosa）和斯威士（Swazi）等9个部族；白人也可以划分为以讲阿非利卡语为主的荷裔白人和以讲英语为主的英裔白人两大群体；有色人是开普殖民地时期黑人奴隶与白人通婚繁育的后代；亚裔人主要是被招募到南非从事矿业开采的印度人和华人。

南非在族群、语言和文化方面的高度多元只是造成其社会分裂的必要但不充分条件。在当今世界，"很难想象哪个国家不是在语言、族群

---

① 〔美〕胡安·J. 林茨、阿尔弗莱德·斯泰潘：《民主转型与巩固的问题：南欧、南美和后共产主义欧洲》，孙龙等译，第3页，浙江人民出版社，2008年版。

或者宗教方面具有多元性"，[①] 但是，像南非那样出现社会高度分裂的情况却屈指可数。

白人政权的种族隔离政策是导致南非社会高度分裂的根本原因。种族主义政权以肤色差异为基础，通过制度性和法律性的手段将黑人与白人强制隔离开来，严重撕裂了南非社会，"一种以先赋性差异为基础的统治与服从关系成为南非社会的典型特征"。[②] 少数白人依靠专断性的国家权力，在政治和社会领域处于主导地位，黑人的各项权利遭到残酷剥夺，处于社会的边缘，两极分化严重。种族归属和文化认同成为政治认同的基础，种族差异成为政治冲突的根源，种族隔离造成南非社会的持续分裂。

2. 南非族群分裂的表现

"种族隔离"（apartheid）是南非荷兰语，其"核心理念在于使白人与黑人在南非实现彻底的隔离"。[③] 白人当局陆续颁布了 300 多条种族隔离法令，将种族隔离的触角渗透到社会各个方面，造成了深刻的社会分裂。

首先，地域空间上的分离。白人抵达南非后，便开始对黑人展开疯狂驱赶，大肆掠夺黑人土地。20 世纪初期，白人已经将大部分黑人土地据为己有。1913 年，白人当局通过《土著人土地法》，在占南非总面积不到 8% 的贫瘠土地上建立保留地，专门给黑人居住，并规定其不得在保留地之外租赁和购买土地，否则视为违法。1951 年又通过《班图权力法》，在保留地基础上成立 632 个部落自治单位。1959 年通过《班图自治法》，以部族归属为基础，将部落自治单位划分为 10 个所谓"黑人家园"，并鼓动特兰斯凯、博普塔茨瓦纳、文达和西斯凯四个"黑人家园"创立自己的宪法和政府，试图将其变为"外国"，从南非

① Sujit Choudhry, "Bridging Comparative Politics and Comparative Constitutional Law", in *Constitutional Design for Divided Societies: Integration or Accommodation?* Oxford and New York: Oxford University Press, 2008, p. 5.

② Donald L. Horowitz, *A Democratic South Africa? Constitutional Engineering in a Divided Society*, Berkeley: University of California Press, 1991, p. 42.

③ Robert M. Price, *The Apartheid State in Crisis: Political Transformation in South Africa 1975 - 1990*, New York and Oxford: Oxford University Press, 1991, p. 13.

土地上分离出去。随着南非经济发展，大量黑人涌入城镇。白人当局又通过《集团居住法》，规定城镇居民必须按照种族来划分居住区，黑人、白人、有色人和印度人各有自己的居住区域，不得杂居，在居住空间上将不同族群隔离开来。

其次，社会交往的断裂。为控制黑人的行动自由，防止黑人反抗，白人当局以种族为基础对所有南非人进行登记，并于1952年通过《通行证法》，强制规定年满16岁的黑人必须随身携带"通行证"，以备检查。若无法出示，将遭到殴打或拘留。为了维持所谓白人种族纯洁，白人当局还通过了《禁止杂婚法》和《不道德行为法》，禁止白人和黑人通婚，若有两性关系也会遭到严肃处置。此外，还在1953年通过《公共场所隔离保留法》，规定不同种族必须使用不同的公共设施，出入不同的公共场所。"白人专用"的标志遍布南非社会各个角落，切断了黑人和白人的社会交往，加剧了族群隔阂和矛盾。

再次，职业和教育上的阻隔。为维护白人的特权地位和经济利益，白人政权通过了《矿山与工厂法》和《工业调解法》，实施职业保留制，"大量白人被优先安排在铁路、港口、邮电以及市政机关等条件较好、工资较高的部门"。① 黑人只能从事工作繁重、环境恶劣的工作。另外，为了防止黑人反抗，当局禁止其成立工会组织。经济不景气时，黑人又成为裁员的首要目标。白人和黑人的工资待遇有很大差距，"1982年，南非全国白人雇员月均工资为1073兰特，黑人雇员为278兰特，两者之比为3.9∶1"。② 为了确保白人教育优先，当局在1953年通过《班图教育法》，在黑人家园为其建立独立的学校，但在教育开支上，严格控制，政府只提供部分经费，剩下的由黑人自己承担。学校的管理全部由白人操控，黑人毫无话语权。种族主义教育致使黑人入学率很低，文化水平普遍不高，影响了族群文化的互动与融合。

3. 族群分裂对南非民主转型的影响

与其他族群分裂社会一样，南非的民主转型也面临族际信任缺乏、

① 夏吉生：《南非种族关系探析》，第48页，华东师范大学出版社，1996年版。
② 李放、卜凡鹏：《南非——黄金之国的崛起》，第70页，民主与建设出版社，2013年版。

国家权力族群化、种族性政党存在和新冲突的激活等难题。

首先，族际信任与包容的缺失。种族隔离制度下，少数白人拥有政治特权，黑人被排除在政治之外；占南非 20% 的少数白人控制了南非 80% 的财富，黑白双方经济地位悬殊；黑人与白人社会地位的巨大反差，在南非形成了两种截然不同的生活景象，"一者如'天堂'，一者似'地狱'"。① 种族隔离严重撕裂南非社会，摧毁了族际信任，黑人与白人之间的敌对态度和仇恨情绪根深蒂固，国家一度走向内战的边缘。

其次，少数白人垄断国家权力。白人凭借国家暴力机器，以制度性和法律性的手段，逐步将种族隔离全面化和系统化，完全将黑人排除在国家权力之外，形成了少数白人对多数黑人的压迫和控制。白人当局虽然在南非推行选举政治，但仅限于白人内部，黑人则因种族和肤色差异从未获得过实质权利。因此，种族隔离时期，南非的国家权力完全掌握在少数荷裔白人和英裔白人的手里，国家权力族群化现象极为突出，基于族群合作之上的多元民主希望渺茫。

再次，黑白种族性政党的形成。种族隔离制度下，南非政党的组建以族群身份和族群认同为基础，以社会分裂和族群分歧为边界。不仅有以荷裔白人为主的国民党和以英裔白人为主的进步联邦党，也有以黑人科萨族为主的非国大和以黑人祖鲁族为主的因卡塔自由党。白人政治选举和政党竞争基本上是白人内部事务，与黑人无关；而黑人民族解放组织的动员和招募也主要面向黑人族群。结果，南非族群性政党体系特征明显，成为制约其政治转型的重要因素。

最后，转型启动与新冲突的激活。以国民党为代表的白人统治集团和以非国大为代表的黑人民族解放组织是南非政治转型中的两大核心力量。然而，政治转型启动后，各政治力量纷纷加入权力博弈，并且出现角色重组与力量分化。族群冲突不仅体现在黑人内部改革派与激进派之间，也体现在白人内部开明派与保守派之间。力量分化甚至超出种族界限，出现了跨越族群的黑白政治联盟，使南非的政治转型一波三折，冲突不断。

---

① 张象：《彩虹之邦新南非》，第 121 页，当代世界出版社，1998 年版。

（二） 族群高度分裂背景下南非民主转型的平稳实现

1. 政治转型的启动

1990 年 2 月，德克勒克宣布无条件释放曼德拉，解除对非国大、泛非大和南非共的禁令，南非民主转型的序幕正式拉开。德克勒克指出，"越来越多的南非人意识到，只有那些能够代表全体南非人民的政治领导人通过和谈达到谅解，南非才能实现持久的和平"。① 德克勒克的演讲引起世界轰动，"在一个种族、财富和文化分裂如此严重的背景下，很少有国家能够像南非这样实现民主政治转型，也很少有哪个统治集团能够在没有严重冲突或者外力干预的情况下主动放弃统治权力"。②

随后，南非议会清理了大批种族主义法令，实际上摧毁了种族隔离制度的核心支柱，是种族隔离制度走向彻底瓦解的重要标志。这也表明，种族主义政权的统治合法性不复存在，通过谈判与对话建立一个非种族主义的新南非成为不可扭转的历史趋势。

为此，黑白双方展开了系列会谈，签署了《格鲁特·斯库尔备忘录》、《比勒陀利亚备忘录》、《马兰协定》和《全国和平协定》等一系列双边协定，就释放政治犯和避免暴力冲突等议题达成初步共识。系列会谈和双边协定消除了黑白双方长久以来的隔阂，增进了彼此的政治信任，使"黑白双方都认识到，自己的妥协将能够帮其从对方那里赢得回报"，③ 为政治转型中的妥协与合作奠定了基础。随着政治层面谈判与对话的推进，军事方面的改革与重组也逐步展开。

2. 多党制宪谈判中的角逐

1991 年 12 月，非国大、国民党和因卡塔自由党等 19 个政治组织召开第一次"民主南非大会"（CODESA I），希望建立统一、自由和开放

---

① Nancy L. Clark, and William H. Worger, *South Africa*: *The Rise and Fall of Apartheid*, New York: Palgrave Macmillan, 2005, p. 165.

② William Beinart, *Twentieth-Century South Africa*, New York: Oxford University Press, 2001, p. 270.

③ Timothy D. Sisk, *Democratization in South Africa*: *The Elusive Social Contract*, New Jersey: Princeton University Press, 1995, p. 2.

的南非，使其远离种族隔离和任何形式的种族歧视。

非国大和国民党对大会提出的框架性意见并无异议，但对于如何将其付诸实践，却有很大的分歧。与此同时，国内暴力冲突不断升级，局势陷入混乱。国际社会也不断施压，希望南非各方加强合作，寻找化解困境之道。

在此背景下，曼德拉与德克勒克不得不调整立场，以更加务实和理性的态度解决分歧和冲突。非国大提出了分阶段过渡，在一定时间内同国民党分享权力，最终实现黑人多数统治的思想。国民党更加清楚地看到了非国大的政治影响，意识到制宪谈判中的拖延策略不仅难以奏效，而且会造成局势的愈发混乱。其实，双方都明白，"他们最好克服彼此冲突，实现共同合作。否则，它们连发生冲突的机会都将失去"。[①] 为防止被抛弃在未来权力的分配之外，黑人左翼和白人右翼也最终同意加入制宪谈判大会。

1993 年 4 月，中断了的制宪谈判重新恢复，并确定 1994 年 4 月 27 日为大选日期；1993 年 12 月 7 日，过渡行政委员会成立，举行第一次会议，正式开始履行过渡期间的政府职能；12 月 22 日，南非议会通过临时宪法，白人统治在法律意义上宣告结束，一个新时代即将开启。

3. 首次不分种族大选的举行

1994 年 4 月 26 日至 29 日，非国大、国民党和因卡塔自由党等 27 个政党参加了南非历史上首次不分种族的民主大选。对黑人而言，这次大选是他们人生中的第一次投票，意味着在南非延续了几百年的种族隔离制度走向瓦解。虽然这次选举在技术环节存有瑕疵，但整个过程都在和平有序与自由公正的状态下进行，并未出现暴力冲突事件，得到了南非各方和国际社会的认可。

1994 年 5 月 6 日，南非独立选举委员会公布选举结果，非国大以 62.6% 的选票赢得了压倒性的胜利。曼德拉在庆祝中高兴地说到，"我对这个国家普通而谦卑的人民充满了自豪——你们通过自己的冷静和耐

---

① Allister Sparks, "1993: South Africa's Year of Transformation", *The Washington Post*, Jan. 3, 1993, C7.

心重新成为这个国家的主人。我们可以站在屋顶上欢呼：我们终于自由了！"。① 随后，曼德拉出任南非首任黑人总统，并由非国大、国民党、因卡塔自由党组成民族团结政府，履行新政府的职能。

虽然这次大选开辟了南非政治发展的新时代，但必须指出，它带有明显的族群色彩，选民投票主要以种族界限为标准。黑人大多将票投给了非国大和因卡塔，几乎所有的白人、有色人和印度人都将选票投给了国民党或其他白人政党，选举的"种族人口调查"（Racial Census）②特点明显，基于公民身份的跨族群投票仍然任重道远。

五 发现与讨论：族群分裂社会走向平稳转型的路径选择

通过对南非族群分裂特点和转型过程的分析，本文发现，虽然族群分裂社会的平稳转型面临诸多挑战，但并非不可能。对于族群分裂社会的民主转型，政治精英的理性引导有助于转型的平稳有序进行；渐进的转型速度有助于增进族群互信，消除族群分歧；转型过程中各方的参与能够提升新生民主的合法性；对武装力量的整合与去族群化有助于文官政府的建立；谈判妥协有助于增进共同身份和共同利益，达成新的政治契约；转型正义有助于弥合族群分裂，培育宽容理性的族群文化；符合本国实际的制度设计则为新生民主的良性运行提供了制度保障。这既是南非实现平稳民主转型的内在逻辑，也是其他族群分裂社会实现平稳转型的经验借鉴。

1. 政治精英对民主转型的理性引导

成功的民主转型既受结构性因素的影响，也离不开政治精英的引导和推动。政治转型过程充满矛盾和机遇，具有不确定性，而"政治精英

① Keller Bill, "South African Vote Overview: Mandela Proclaims Victory South Africa Free at Last", *New York Times*, May 3, 1994, p. A4.

② Henry Alfred Kissinger, "South Africa's Strength: A Bias for Moderation", *Los Angeles Times*, May 15, 1994, M2.

的安排、谋略和协议将发挥重要作用"。①政治精英之所以能够成为政治转型的引导者和新制度的创造者，是因为其掌握着国家权力，拥有丰富的政治资源、强大的政治影响力和丰富的谈判技巧。政治精英的互动模式和战略选择很大程度上决定民主转型的方式与结果。

就南非而言，曼德拉领导的反种族主义斗争是种族隔离走向终结的根本原因，德克勒克的改革决心和政治胆识是南非民主转型平稳进行的催化剂。曼德拉并非狭隘的黑人民族主义者，他明确表示，"我既反对白人统治，也反对黑人统治，我希望建立一个民主自由的社会，所有人和谐相处，拥有平等的机会"。② 转型前他便与白人展开接触，转型过程中积极斡旋黑白双方极端势力加入多党制宪谈判进程。新南非第一届政府任期届满时，曼德拉不再谋求总统连任，为权力的顺利轮替树立了典范。德克勒克改变了往届白人政府象征性的改革，表示"我们的目标是要构建一个新南非，实现彻底的变革，消除过去的对抗，使南非成为一个没有任何专制和压迫的国家"。③转型启动后，为消除白人右翼势力的干扰，德克勒克不顾个人政治前途，在白人中举行公决。针对新宪法之争，德克勒克遵循民主政治的基本原则，并未采取暴力手段相威胁，确保了南非新生民主的稳定。

南非奇迹的原因就在于：人民相信政治家，而政治家表现了理智。曼德拉和德克勒克所表现出来的理性、妥协与和解精神更加难能可贵。在南非民主转型的奇迹中，像曼德兰和德克勒克那样具有理智与和解精神的政治家，有之诚幸莫大焉。④

---

① Guillermo A. O. Donnell and Philippe C. Schmitter, *Transition from Authoritarian Rule*：*Tentative Conclusions about Uncertain Democracies*，Baltimore：The Johns Hopkins University Press，1986，pp. 3，48.

② Nelson Mandela，*Long Walk to Freedom*：*The Autobiography of Nelson Mandela*，Boston：Little Brown，1994，p. 322.

③ F. W. de Klerk，"Debate Regarding the Address of the Acting State President as New leader of the National Party"，8 February，1989，http：//www. fwdeklerk. org/index. php/en/historically-significant-speeches？［下载日期：2015 - 11 - 25］.

④ 秦晖：《南非的启示》，第 392～395 页，江苏文艺出版社，2013 年版。

2. 以渐进速度实现转型有序进行

南非的民主转型是一个循序渐进，逐步完成的过程，阶段性和渐进性特点非常突出。

相关分析通常将 1990 年曼德拉的释放视作南非民主转型的起点，将 1994 年首次不分种族大选的举行视作南非民主转型的结束。实际上，在 20 世纪 80 年代，白人当局对种族隔离的改革已经开始。在罗伯特·普莱斯（Robert Price）看来，这个阶段可以视作转型（transition）启动前的变革（transformation）阶段。虽然这些改革并未触及种族主义统治的实质，但却推动了黑白双方在 20 世纪 80 年代末走向谈判和对话，为 90 年代民主转型的顺利启动奠定基础，"成为政治体系中的上层建筑发生改变的先兆和条件"。① 转型启动后，南非的转型也是逐步推进的，经历长达 4 年的多党制宪谈判后，才实现种族和解，最终确立多种族民主制度。

总体上看，在族群分裂社会，政治行为者众多，利益诉求复杂，族群冲突与政治矛盾相互交织，如能通过渐进性的转型过程不断消除分歧，增强互信，最终实现各方力量的妥协和让步，将有助于转型的平稳进行。

3. 各方参与和新生民主的合法性

在旧制度走向瓦解的过程中，政治行为者具有强烈的不安全感和不确定性。为在未来的权力分配中获取有利地位，它们会展开激烈争夺和角逐。实力强大者，可凭借优势地位主导转型过程和方向。但若实力较弱的政治角色完全被排除在转型之外，后果将是灾难性的。它们会铤而走险，诉诸暴力，干扰和阻挠转型顺利进行，也会对自己并未参与制定的民主新规则不断发起挑战，致使新生民主的动荡不安。

南非之所以能够避免大规模的政治动荡，实现和平转型，重要原因就是民主转型过程的开放性和包容性。各方力量，无论是主动参与，还是被动加入，都未被排除在民主转型过程之外。转型过程中的参与不仅

① Robert M. Price, *The Apartheid State in Crisis*: *Political Transformation in South Africa 1975 – 1990*, New York and Oxford: Oxford University Press, 1991, p. 4.

有助各方消除政治隔阂，促进彼此了解，也可使其形成一种强烈的认知，即他们是新的政治游戏规则的制定者，这种认知"赋予了制宪谈判过程和结果的合法性"，① 增强了各方力量对新制度的支持和认可，有利于转型过程的平稳进行和新生民主的稳固。

因此，对族群分裂社会而言，"为了在民主化过程中减少族群冲突，把所有政治力量都吸纳进去是必要的"，② "即便是一个影响非常有限的少数群体都不能被排除在未来的政治框架之外，否则将严重影响新生宪政制度的稳定，甚至可以致使其走向瓦解"。③

4. 武装力量的整合与去族群化

军队也是民主转型中的重要角色，尤其在族群高度分裂的社会，军队和武装力量的族群化色彩非常浓厚，"如果遭到威权政体武装力量的反对，民主化就很难成功"。④ 因此，通过对武装力量的重新整合，实现军队的政治中立，是民主转型平稳进行的重要前提。非洲国家如卢旺达和布隆迪在民主转型过程中之所以走向族际战争，很重要的原因就是武装力量的族群化问题没有得到有效处理。

南非的武装力量不仅包括白人政府领导的南非国防军（South Africa Defense Force），也包黑人民族解放组织领导下的武装力量如非国大的"民族之矛"（Umkhonto we Sizwe，MK），泛非大的"波戈"（Poqo）和阿扎尼亚人组织率领的"阿扎尼亚民族解放军"（Azanian National Liberation Army，AZANLA）。另外，已经宣布"独立"的四个黑人家园特兰斯凯（Transkei）、西斯凯（Ciskei）、文达（Venda）和博普塔茨瓦纳（Bophuthatswana），也都成立了自己的"国防部队"（defense force）。

1991 年，民主南非大会（Convention for a Democratic South Africa，

① Laurie Nathan，"Accounting for South Africa's Successful Transition to Democracy"，Development Research Centre，*LSE Discussion Paper*，No. 5. 2004，pp. 1 –8.

② Renee de Nevers，"Democratization and Ethnic Conflict"，in M. Brown（ed.），*Ethnic Conflict and International Security*，Princeton N. J.：Princeton University Press，1993，p. 65.

③ Nicholas Haysom，"Negotiating the Political Settlement in South Africa：Are There Lessons for Other Countries?" *Track Two*，Vol. 11，No. 3，2002，pp. 5 –80.

④ Philip H. Frankel，*Soldiers in a Storm：The Armed Forces in South Africa's Democratic Transition*，Boulder and Oxford：Westview Press，2000，p. vii.

CODESA）召开，与会各方达成共识，一致同意在过渡政府成立后，将所有武装力量置于其领导之下。但是，南非黑白双方的军事谈判明显滞后于政治谈判，长期对峙导致的信任缺失是其中重要原因。另外，在转型的初期，谈判和对话被认为是懦弱和让步的象征，也在很大程度上导致军事谈判的延迟。当然，黑白双方都希望保留武装力量，作为政治谈判的筹码。政治谈判失败的情况下，军队将是最后的力量保障。

过渡行政委员会成立后，其下属的防务委员会在南非国防军和"民族之矛"等武装力量的基础上组建了和平维持部队，一方面为民主大选创造和平环境，另一方面也是对武装力量进行重新整合的尝试。最终，南非国防军和"民族之矛"达成共识，决定在各个武装力量的基础上组建一支新的南非国防力量。

武装力量的重新整合消解了军队的政治倾向和族群特性，虽然过程艰难，但一支新的南非国防军初步形成，军队职能重新归位，从根本上改变了种族隔离时期的文武关系格局，避免了军队对转型的干预，也消除了民主转型对其根本利益带来的可能威胁，为民主转型的和平进行创造了条件。

5. 谈判妥协与新政治契约的确立

南非的平稳转型是白人统治集团与黑人民族解放力量相互妥协的结果，是统治精英和民主反对派通过谈判共同推动的民主转型，呈现出协议式转型（pact transition）或谈判式转型（negotiated transition）的特征。

白人政府在20世纪80年代对种族隔离制度进行了局部调整，试图通过自上而下的"变革"式转型将改革置于可控范围之内。但黑人已经高度政治化，白人当局根本无法阻挡这样的势头。另一方面，白人依旧掌控着国家权力和武装力量，黑人通过自下而上的"置换"式转型实现政权更替同样不大可能。采取联合行动推动政治转型，走向种族和解，成为国民党和非国大的唯一选择。

南非之所以能够实现协议式转型，是因为在旧政治秩序走向衰败的过程中，新的社会契约和政治规则也在不断确立。转型启动后，虽然各方力量展开了激烈争夺，冲突与暴力此起彼伏，但一系列双边协定的签署使各方的相互认知与利益诉求发生调整，不仅推动政治谈判继续向前，而且也确立了未来新一轮博弈的规则，使各方达成的共识能够以政治契约的形式确定下来，为化解日后的分歧和冲突提供了依据。共同命运和相互依赖意识的不断增强成为冲突各方从零和博弈转向双赢博弈的动力。由此，政治转型的过程成为相互了解，彼此包容，增强信任，化解冲突和达成合作的过程。在一个多方互动的过程中，各方最终确立了普遍接受的政治规则，实现了种族和解与平稳转型。

6. 转型正义与族群分裂的弥合

转型正义是新生民主实现稳固的前提。对经历了长期族群冲突的分裂社会而言，如何化解族群仇恨，弥合族群撕裂，纠正过去的错误，对受害者进行补偿，意义重大。

新南非成立后，成立了真相与和解委员会，其成员包括不同种族和职业，由诺贝尔和平奖的获得者、南非大主教德斯蒙德·图图任主席，主要任务是对种族主义政权侵犯人权的罪行进行调查，"超越过去的分裂和冲突，以一种谅解的精神推动民族团结与和解"。① 从调查的方式来看，真相与和解委员会并未采取类似纽伦堡法庭审判的形式，而是通过召开听证会，邀请相关事件的当事人和责任人亲自到现场，在不增加受害者痛苦或伤其自尊的情况下，全部对公众开放，并通过电视和收音机等向全国播报。

种族和解是一个系统的工程，涉及南非政治、经济、社会的诸多方面，真相与和解委员会只是弥合种族隔离创伤，推动种族和解的其中一环，但其成效得到了南非社会的高度认可。正如曼德拉所言，"镇压和反抗时期所造成的创伤是如此之深，单靠真相与和解委员会难以完全弥合种族裂痕，但是，它所做的工作对我们走向种族和解是个极大的鼓舞"。② 在转型正义问题上，南非采取相对温和的方式，较为成功地处

---

① Office of the President, "Promotion of National Unity and Reconciliation Act", 26 July, 1995, p. 1, http://www.justice.gov.za/legislation/acts/1995 – 034.pdf［下载日期：2015 – 11 – 25］.

② Dorothy C. Shea, *The South African Truth Commission: The Politics of Reconciliation*, Washington, D. C.: United States Institute of Peace Press, 2000, p. 3.

理了黑白之间长期以来的族群怨恨，推动了种族和解和多种族"彩虹之国"的构建。南非的经验表明，只有通过转型正义揭示真相，还原事实，让施暴者受到谴责，让受害者得到补偿，吸取历史教训，重建社会信任，弥合族群分裂，培育宽容理性的族群文化，才能推动族群分裂社会实现平稳民主转型。

7. 制度设计与转型成果的保证

"政治民主不仅依赖于经济和社会条件而且也依赖于政治制度的设计。具有自主性的政治机构和规范其行为的制度结构不只是社会力量的简单的反映，它们直接影响着政治活动的结局。"① 制度设计对分裂社会的民主转型尤为重要。在分裂社会中，不同群体缺乏共同的历史传统和身份认同，民主转型非常困难，而"宪法通常可以作为催生共同政治身份的主要工具，一致的政治认同反过来又可以推动立宪政体的良好运作"，② 是影响民主转型取得成功的重要因素。

南非结合本国族群多元的历史传统和文化背景，在政府体制上，融合了内阁制和总统制的要素；在选举制度中采用了比例代表制；在国家结构上，确立了"半联邦制"的形式，实现了中央集权和地方高度自治的结合。同时，为了转型的平稳进行，南非还保留了传统的部落酋长制，实现了传统威权与现代民主的调适与共存。

制度设计是一个动态过程，具有阶段性特点。从南非民主大会的召开到临时宪法的通过，从过渡政府的成立到新南非正式宪法的产生，南非的制度设计经历了一个缓慢渐进的过程。另外，制度设计并无固定模式，不能脱离特定的社会背景和历史传统。构建和设计出适合本国的制度模式，不仅能够推动政治转型的顺利进行，也是新生民主政体走向稳固的基础。南非和平转型的经验充分证实了这点。

① James G. March, and Johan P. Olsen, "The New Institutionalism: Organizational Factors in Political Life", *American Political Science Review*, Vol. 78, No. 3, 1984, pp. 734–749.
② Sujit Choudhry, "Bridging Comparative Politics and Comparative Constitutional Law", in *Constitutional Design for Divided Societies: Integration or Accommodation?* Oxford and New York: Oxford University Press, 2008, p. 6.

结　语

　　族群分裂社会能否实现平稳民主转型是民主化研究中的重要问题，学界似乎已经达成基本共识：相较于同质社会，族群分裂社会的平稳转型更难；即便完成转型，同质社会的民主质量也要高于族群分裂社会。从经验层面看，许多族群分裂社会民主转型的失败验证了这点。

　　的确，族群分裂社会的民主转型面临诸多难题，如族际信任与包容的缺失、国家权力的族群化、族群性政党的形成以及族群冲突的重新激活等。种族隔离时期，南非是一个高度分裂且严重不公的社会，一个曾经因种族冲突而走向内战边缘的国家，也面临这些转型挑战。然而，它最终避免大规模政治动荡与军事冲突，实现平稳政治转型，成为第三波民主化的奇迹。南非案例表明，族群分裂社会实现平稳转型并非不可能，虽然"多元社会中出现了太多民主失败和暴力泛滥的情况，这已经无法保证人们对民主政治成功率的乐观期许。然而，完全绝望同样也与事实不符"。①

　　南非的平稳转型是诸多因素合力推动的结果。政治精英的理性引导，渐进的转型速度，转型过程中各方的参与，武装力量的整合与去族群化，谈判妥协与新政治契约的达成，转型正义的实现，以及基于本国实际的制度设计是南非避免大规模族群冲突，实现平稳转型的内在逻辑，也是其他分裂社会走出转型困境，实现平稳转型的他山之石。南非转型的经验对分裂社会难以平稳民主转型的理论主张提出了挑战，拓展了民主化研究的理论视野，丰富了民主化研究的经验素材。

　　本文基于南非的特定案例对族群分裂社会平稳转型的可能路径进行了尝试性分析。单一个案研究有助于对特定案例展开深入和系统考察，"取得对政治现象的精细而深入的认识"，② 甚至"为某种更加宽泛的学

---

①〔美〕阿伦·利普哈特：《多元社会中的民主：一项比较研究》，刘伟译，第 2 页，上海人民出版社，2013 年版。

② 李路曲：《比较政治分析的逻辑》，《政治学研究》，2009 年第 4 期，第 114 页。

术兴趣主体提供极其详尽的显示，能够对政治学的一般知识做出贡献"，① 但是，如何超越基于特定案例之上形成的一般结论，提出更具普遍意义的理论命题，本文还有待深入研究，而多案例的比较分析将会是颇有价值的方法选择。

---

① 周忠丽：《比较政治学研究中的个案方法：特征、类型及应用》，《比较政治学研究》，2011 年第 1 期，第 101 页，中央编译出版社，2011 年版。

比较政治学研究　2018年第1辑　总第14辑

第244~260页

© SSAP，2018

"比较政治学的新发展"暨第七届
比较政治学论坛会议综述

杨端程[*]

内容摘要　在新时代下，中国比较政治学研究在价值取向上既要拥有世界视野，又要彰显中国关怀；在研究对象上既要深入研究西方发达国家的发展经验，又要注重对非西方发展中国家国情的研究；在资源汲取上既要善于认真总结中国自身改革开放40年来的成功经验，又要充分挖掘中国优秀的历史遗产和文化传统；在研究策略上既要注重理论阐述的精细化，又要注重研究方法的科学化。

关键词　新时代；比较政治学；价值取向；研究对象；资源汲取；研究策略

2017年12月16日~17日，由《比较政治学研究》（CSSCI来源集刊）编辑部和天津师范大学政治与行政学院共同主办的第七届比较政治学论坛在天津师范大学召开，本次会议是2017年全国范围内比较政治学学科领域专门召开的一次盛会，来自清华大学、北京大学、复旦大学、中国人民大学、吉林大学、南开大学以及中央编译局等国内著名高校和科研机构的近50名学者齐聚一堂。

---

[*]　杨端程，中国人民大学国际关系学院政治学系2018级博士研究生。笔者在写作本文过程中，得到李路曲教授、景跃进教授、马雪松教授、高春芽教授、谭融教授、程同顺教授、包刚升副教授、吕同舟讲师、陈玮讲师以及季程远博士等师长的帮助，笔者在此向上述学者表示感谢。

在此之前，比较政治学论坛曾分别以"比较政治学与中国政治发展研究""比较政治学与中国政治发展""比较政治与政治文化"①"比较政治学与世界民主化、城市化进程"②"比较政治学、民主化与政治秩序"③"比较政治学与政治发展"为主题举办六次研讨会，逐步走向制度化，受到国内学术界的高度关注，产生了一系列重要影响。

本届会议的主题则是聚焦于新时代下"比较政治学的新发展"，分为五大环节，涵盖"国家治理方式的比较研究""民主发展、政治秩序与国家建构""族际政治与国家建构""比较政治学学术史及理论"四大议题。

在开幕式上，教育部青年"长江学者"、天津师范大学政治与行政学院院长佟德志教授首先致欢迎词。他指出，这次会议正是在党的十九大胜利召开，中国特色社会主义进入新时代这一大背景下，国内从事比较政治学研究的学术共同体举行的一次重要会议，对推动新时代中国比较政治学的发展具有示范作用。

随后，《比较政治学研究》主编、上海师范大学哲学与法政学院李路曲教授介绍了举办这次会议的宗旨和这次会议投稿以及审核的情况。李路曲指出，这次受邀参会的嘉宾整体上呈现年轻化趋势；在研究内容上以国别研究为主，在注重发达国家治理经验的基础上更加关注发展中国家的现代化历程；在分析方法运用上更加多元，除却经典的历史分析外，新制度主义分析、现代计量研究以及大数据、机器学习等方法也相继被采用。

接下来，中国政治学会副会长、天津师范大学政治文化与政治文明建设研究院院长高建教授代表中国政治学会致辞。他指出，中国改革开放近40年来的成功经验值得系统梳理总结，如"中国经验""中国道

① 陈媛：《第四届比较政治学论坛暨第三届"比较研究工作坊"会议述评》，《学术界》，2012年第12期，第87~94页。

② 陈媛：《第四届比较政治学论坛暨第三届"比较研究工作坊"会议述评》，《比较政治学研究》，2013年第1辑，第258~266页，中央编译出版社，2013年版。

③ 李辛：《第五届比较政治学论坛暨"比较政治学、民主化与政治秩序"学术研讨会综述》，《比较政治学研究》，2016年第1辑，第224~249页，中央编译出版社，2016年版。

路""中国方案"等都是推动新时代中国比较政治学发展的直接经验源泉。

一　主旨发言

在开幕式结束后，是本届比较政治学论坛特别邀请到的八位嘉宾进行现场主旨发言的环节，这些发言或是立足于当今比较政治研究前沿中的具体问题，或是围绕当下比较政治学研究所面临的挑战，或是回顾了中国比较政治学的发展历程，或是展望中国比较政治研究未来可能突破的方向，既有世界视野，又有本土关怀，共分为两场。

第一场主旨发言的专家分别是清华大学政治学系景跃进教授、天津师范大学政治与行政学院常士闿教授、南开大学周恩来政府管理学院程同顺教授以及复旦大学国际关系与公共事务学院包刚升副教授，本场发言由天津师范大学政治与行政学院高春芽教授主持。

首先，景跃进教授做了"比较政治学面临的中国挑战——中国政治研究的问题、挑战与回应"为主题的报告。景跃进从当下比较政治学学术界关于中国政治的主要理论开始梳理，指出既有的结构—功能主义、极权主义、威权主义以及"威权韧性"（Authoritarian Resilience）等概念在分析中国政治时常常捉襟见肘，面临不同程度的困境。景跃进认为，西方以市场为龙头的转向机制和以选举为导向的因果机制在非西方国家的政治实践中出现了失灵。与此同时，国际学术界面对中国的崛起以及"中国模式"出现了两种分化，因而形成了对未来截然不同的两种预期。据此，景跃进指出，"中国模式"能否产生比较政治学的范式革命以及"二元（多元）现代性能否取代一元现代性"这两大问题将是未来比较政治学需要直接面对与重点论证的问题。[①]

其次，天津师范大学政治与行政学院的常士闿教授围绕中国比较政治学的"比较"、"战略"和"务实"三个维度进行阐述。常士闿指出，当下中国比较政治学的研究对象不仅要囊括传统的中国与发达国家比

---

① 引自景跃进教授在会上的主题发言。

较，还要进一步研究不同国家之间的比较，特别是发展中国家之间的异同比较。在战略上，中国比较政治学研究对内要服务于推进国家治理体系与治理能力现代化、"四个全面"战略布局的要求，对外要为"一带一路"倡议、打造人类命运共同体提供政策建议与信息咨询。此外，中国的比较政治学研究还要彰显现实关怀，既要有理论与学术层面的创新与突破，也要有解决实际问题的参考价值。①

接下来，程同顺教授做了"中国特色社会主义新时代对比较政治学的新要求"为主题的报告。他指出，新时代的战略目标从国内、国际两个方面都对比较政治学的发展产生了强烈的要求。国家应该把比较政治学的发展上升到战略高度，而不仅仅单纯依靠学者的理性选择。因此，今后中国比较政治学的研究，一方面要扩展研究的国家范围，需要在对传统西方大国研究的基础上，给予非西方大国以及更多中小国家以更多的关注；另一方面也要推动研究内容走向精细化，比如，在传统的政治制度研究之外，也要研究在全球化背景下各国的经济政策和粮食安全问题，包括环境、生态和教育等各个领域的公共政策问题，老龄社会对各国政府产生的影响和冲击，民粹主义的表现和起因等。②

包刚升副教授在题为"族群宗教多元主义与西方民主政体的挑战"的报告中指出，西方国家在最近几年内出现了选民政治分歧加大、右翼或极右翼政治力量崛起以及政党体制的稳定性下降等现象，主要是因为国内人口结构多样化的提高与族群宗教多元主义的崛起。他指出，人口族群宗教多样性的提高，可能导致西方国家内部政治分歧的提高和潜在政治冲突的增加。族群宗教多元主义与西方自由民主政体之间存在一种政治上的不对称结构。其悖论在于，西方自由民主政体秉承的自由原则与平等观念导致了文化多元主义的兴起，但如果部分少数族群、宗教群体和部分移民群体不能形成对西方世界的国家认同，不能对现有宪法体制与政治秩序提供政治支持，就可能反过来削弱西方自由民主政体。包刚升最后推测，为了有效应对族群宗教多元主义带来的挑战，西方国家

---

① 引自常士闉教授在会上的主题发言。
② 引自程同顺教授在会上的主题发言。

在移民、边境、族群、宗教的内外政策上很可能会转向更加具有保守主义、民族主义和现实主义色彩的立场。①

　　程同顺教授主持了第二场主旨发言。首先，来自南开大学周恩来政府管理学院的谭融教授梳理了二战后 70 年来西方学者关于发展中国家政治发展道路研究的情况。在她看来，这一研究历程共分为 5 个阶段。第一阶段主要是围绕发展中国家政治发展道路的研究，在 20 世纪五六十年代中期出现高峰，形成结构功能、社会过程、历史比较及政治文化等分析路径，强调传统和现代线性发展及经济发展与政治民主的正相关性。其后到了 20 世纪 70 年代，这一历程进入了第二阶段，政治发展研究主题转到维护政治稳定和政治秩序方面，强调政府维护公共秩序的基本功能和有效性，同时出现依附论、世界体系论、官僚威权主义、法团主义、政府经济学和国家与社会关系分析等替代性研究范式。第三阶段的开始时间是在 20 世纪 70 年代第三波民主化浪潮发生后，西方学界转向对后发国家民主转型进行研究。20 世纪 90 年代，新兴民主国家出现威权政治回潮，进而转向民主的巩固及对民主质量的评估研究，并关注发展中国家的政治发展模式问题，这是第四阶段。第五阶段则出现在 20 世纪 90 年代以后，随着"治理"概念及其话语体系的兴起，有关发展中国家政治发展的研究转向善治问题。谭融指出，在比较政治研究中，要避免陷入简单武断和以西方模式为中心的思维误区，应采用历史分析方法、客观公允地看待发展中国家的政治发展道路问题。②

　　其次，武汉大学政治与公共管理学院储建国教授围绕"何为政治有机体"做了主旨发言。他指出，当下中国的政治学研究呈现出与伊斯顿（David Easton）时期的美国比较类似的状况——学术界越来越专注于经验的、局部的、细微层面的问题，在研究手段上越来越热衷于采取定量研究等技术性手段，尽管在微观和中观的洞察方面取得了较大的进展，但总体上仍然给人一种支离破碎、缺乏宏观阐释的感觉。据此，他呼吁，中国比较政治需要建构一个以整体为对象的视角和宏大理论。但是

---

　　① 引自包刚升副教授在会上的主题发言。
　　② 引自谭融教授在会上的主题发言。

既有的政治系统理论和国家理论也囿于各种原因变得支离破碎，不能对其进行有效阐释。因此，他建议，用作为整体的"政治有机体"理论来破除"威权—民主"二分法，从而为中国崛起提供一个新的分析框架倒是更为合适。①

接下来，吉林大学行政学院马雪松教授介绍了《社会科学视野下新制度主义政治学的流派演进》。马雪松指出，发端于 20 世纪 80 年代的新制度主义政治学（New Institutionalism in Political Science）已然成为当下比较政治研究中的前沿领域与主要范式，其作为系统化的制度理论形式和分析方法，关注制度概念内涵界定、制度分析视角选取、制度研究路径确立、制度功能机制发挥，从而扩展了制度研究的空间。但是新制度主义政治学在不断发展的同时也引发了来自社会科学各领域的质疑及批判，这些批判集中于新制度主义政治学的起源、新旧分野以及流派划分三大问题上。对此，他从以上三个方面入手，梳理了理性选择制度主义（Rational Choice Institutionalism）、历史制度主义（Historical Institutionalism）、社会学制度主义（Sociological Institutionalism）以及建构制度主义（Constructive Institutionalism）各自的观点并对其做了述评。②

最后，来自上海师范大学比较政治研究中心的讲师吕同舟博士代表《比较政治学研究》集刊编辑部向现场来宾汇报了《改革开放以来中国比较政治学研究发展报告》的思路和框架。吕同舟从中国比较政治学学科发展概况、贯穿中国比较政治学发展的三大争论（"方法论与本体论""主义导向与问题导向""比较政治与政治比较"）以及中国比较政治学学科演进的历史脉络阶段这三个方面做了详细阐述。最后，他代表编辑部做出三点展望与建议，分别是超越西方研究的局限性，建立聚焦中国本土视野的概念、方法与范式；强化研究方法的训练与使用，以及提升理论的生产能力从而与西方形成对话。③

主办方在两场主旨演讲后都安排了主讲人与现场观众问答环节，场

---

① 引自储建国教授在会上的主题发言。
② 引自马雪松教授在会上的主题发言。
③ 引自吕同舟博士在会上的主题发言。

上交流互动氛围热烈。

二　国家治理方式的比较研究

16 日下午，在第一会场，与会学者围绕"国家治理方式的比较研究"这一主题进行了两场研讨，其中既有对理论的系统梳理与诠释，也有针对国别的具体案例研究。景跃进教授主持了第一场讨论，北京大学政府管理学院张长东副教授、华中师范大学中国农村研究院肖盼晴助理研究员以及南开大学周恩来政府管理学院博士生李畅先后汇报了各自的研究。

首先，张长东以"法制建设与国家治理"为题切入，他回顾了既有理论在阐述法制建设在国家治理中作用的不足。他认为，民主化的经典研究高度强调法制化与民主化的共生性，并一度认为法制与威权政体互不相容，但是这种理论却越来越无法解释拉美、中东和亚洲等非西式民主政体中的政治现象和政治实践。究其原因在于民主化范式仅仅关注独立的司法体制对于限制政府权力的作用，但是忽略了非西方国家中司法体制实现对社会控制与排挤政治对手、提供政权合法性、为投资提供可信承诺，便利投资以及使得决策去政治化等方面的作用。张长东进一步指出，目前学界对非西方国家法制建设多聚焦于拉美但是对中国的关注明显不足。事实上自改革开放以来，中国的法制建设取得了长足进步，在审判上越来越强调法律专业的素养与职业化，但是与此同时也面临来自中央政府、上级法院、同级行政机关以及普通民众的压力。最后，他提出，中国法制建设不仅需要自上而下的设计和倡导，也需要自下而上的参与和推动。特别需要普通个体公民能参与其中，提高普通公民的法律意识，提高普通公民对法律和法制建设的满意度以及保障法官审判的独立性。只有基于此，中国的法制建设才能更好地提升国家能力。①

---

① 张长东、冯维、惠波：《法制建设与国家治理》，《比较政治的新发展——第七届比较政治学论坛论文集》，第 2～13 页。

接下来，肖盼晴介绍了"乡村振兴背景下的日本町村改革"。她指出日本政府在乡村振兴运动的过程中经历了利用乡村共同体到对其否定再到重新认识的三个阶段。她介绍道，在二战后，日本的町村制度改革形成了自然村与行政村并存的二元治理结构。一方面，农户、当地的农协以及企业承担相应的经济建设职能，自然村承担日常生活的服务功能；另一方面，市町村则担负起行政功能。她进一步指出，日本町村制改革的成功经验在于充分利用了乡村共同体的内生性因子，打造出一种"协同共治"的模式。同时，这种模式对中国乡村振兴来说也具有借鉴意义。①

李畅同样是聚焦日本在现代化进程中的国家治理实践。他首先回顾了日本自明治维新以来的现代化历程，进而梳理了日本现代国家治理体系的构建脉络和提升国家治理能力的若干路径，最后指出日本在依法治国、多元共治、科学决策以及效能提升等四大方面取得的经验值得当代中国学习，但是归根结底需要贯彻"以民为本"的思想理念。②

之后，程同顺对以上三位作者的论文进行了一一点评，指出了上述研究内容的优点以及可能做进一步改进的方向。

中央编译局助理研究员、《当代世界与社会主义》杂志编辑古明明博士主持了第二场讨论。与第一场讨论相比，本场讨论更加聚焦具体问题，在研究手段上全部采取实证研究的方法。

首先，来自华南理工大学公共管理学院的叶贵仁副教授及其合作者江惠枝针对海内外当下共同关心的当代中国地方干部的晋升这一热点问题做了探索。他们认为，海内外关于中国省级领导干部的升迁研究较多，但是忽略了县级党政干部在国家治理中的重要作用。与此同时，他们指出，一方面，既有的"政绩决定论"、"派系决定论"以及"精英决定论"忽略了领导干部自身经历可能对其升迁造成的影响。另一方

---

① 肖盼晴：《乡村振兴背景下的日本町村制改革研究》，《比较政治的新发展——第七届比较政治学论坛论文集》，第 14~27 页。

② 李畅：《日本现代化进程中的国家治理实践》，《比较政治的新发展——第七届比较政治学论坛论文集》，第 28~44 页。

面，广东省是中国最早实行改革开放和经济最为发达的省份，其领导干部队伍的建设独具特色，在中国领导干部研究中具有独特性。为此，他们选取了 2015 年广东省 119 个县级单位的 223 位正职领导干部这一样本，通过多元线性回归与 Logistic 回归探讨了县级党政正职领导干部晋升的影响因素。他们认为，企业工作经验以及院校工作经历会影响到该官员的职级是否为正职，而年龄和是否曾经担任秘书这一经历会影响其晋升速度。①

随后，华中科技大学公共管理学院博士后朱成燕基于制度变迁理论探讨了当代中国纵向政治制度的变迁。在她看来，参考了"变异—选择—遗传"这一社会演化范式的制度变迁的广义理论将制度变迁分为"观念产生—政治动员—权力斗争—制定规则—制度稳定"5 大环节，虽然有利于展现制度变迁的内在动力和动态过程，但是忽略了权力彼此间的协调在推动改革开放后的中国纵向政治制度的变迁过程。②

最后，北京大学政府管理学院博士候选人季程远介绍了他和哥伦比亚大学政治学系博士候选人刘含章的合作研究。他们通过大数据分析介绍了国际商贸交往对于媒介偏差的作用。他们介绍道，近期哈佛大学加里·金（Gary King）教授关于互联网审查（censorship）的研究和加州大学默赛德分校黄海峰副教授关于宣教（propaganda）的研究都是基于广义的媒介偏差，但是当前学界对于国际背景的媒介偏差研究还凤毛麟角。据此，他们以中国为案例，探究国际新闻媒介偏差是否存在，以及服务于什么样的国家自主性动机。他们的数据来源于新闻联播的国际新闻报道文本，并利用有监督的机器学习方法进行情感编码，最终获得了 2003～2015 年国际新闻传达给公众的情感印象得分。据此结合其他面板数据，利用固定效应模型，分析了政治性因素和经济性因素对于公众情感得分的影响。结果表明，与中国经贸关系紧密的国家在同等条件下

---

① 叶贵仁、江惠枝：《县级党政正职领导晋升影响因素研究——基于广东省 119 个县的研究》，《比较政治的新发展——第七届比较政治学论坛论文集》，第 45～64 页。

② 朱成燕：《央地关系的协调性与当代中国纵向政治制度变迁——基于对制度变迁理论的反思》，《比较政治的新发展——第七届比较政治学论坛论文集》，第 65～78 页。

将被更加积极地报道，而政治性因素则没有这一影响。此外，他们还结合调查数据证实了媒介偏差对于公众的外国好感存在显著正向影响。这一结果表明，中国政府在形塑公众外国印象时会秉持实用主义的态度，以便保持与主要贸易伙伴的经贸关系以及避免潜在的冲突。①

在上述四位发言人汇报完后，张长东从主旨立意、理论阐述、方法运用等方面一一做了点评。此外，古明明也从期刊编辑的角度与在座师生交流了投稿与审稿的经验和心得。

三　民主发展、政治秩序与国家建构

与此同时，在第二会场内则分别展开两场不同主题的学术研讨。第一场研讨会的主题是"民主发展、政治秩序与国家建构"，由《党政研究》杂志社常务副主编刘彦武教授担任主持人，谭融教授担任论文评议人。本场会议的探讨对象主要是发展中国家，既有对土耳其、印度等较多借鉴西式经验的发展中国家现代化与政治发展道路的探寻，也有对当代中国社会治理实践的现实关怀。

厦门大学公共事务学院徐国冲副教授首先发言，他报告的主题是"比较视角下的军事政变与土耳其式民主"。他以2016年土耳其未遂的军事政变这一事件为切入点，通过纵向和横向比较，梳理了土耳其政治中的军政关系。他指出，土耳其民主模式是伊斯兰文明与西方现代化模式相容的典范，以往土耳其国内的军事政变并不是对民主的遏制，反而是遏制宗教极端主义、捍卫世俗主义从而达到对民主政体巩固的手段。但这次军事政变的失败可能标志着军队对世俗化监护的历史任务已经完成，使得土耳其民主的未来走上了不确定的道路。②

随后，南开大学周恩来政府管理学院博士研究生王子涵则将目光聚焦到印度的政治发展。她认为，印度虽然在脱离英国殖民统治，取得独

---

① Chengyuan Ji & Hanzhang Liu，"Authoritarian Media Bias in International Context：A Tale of Commercial Peace"，https：∥papers. ssrn. com/sol3/papers. cfm？abstract_ id = 2956129.

② 徐国冲、霍龙霞：《军事政变与土耳其式民主：一个比较的视角》，《比较政治的新发展——第七届比较政治学论坛论文集》，第 79～93 页。

立后建立了代议制民主，但是这种选择既不完全是仿效西方模式，也非建立社会主义模式，而是在自身的民主政治和社会文化中不断推进社会平权运动。她指出，印度的探索历程揭示了后发国家与早发国家在政治、经济以及社会结构方面的差异决定了其发展序列的不同，也是后发国家作符合国情探索的经验。[①]

最后，来自复旦大学国际关系与公共事务学院的博士候选人詹轶则比较了当代中国与发达国家社团治理模式。詹轶认为，西方国家因为具有发达的公民社会，使得社团治理呈现出"立交桥模式"，但是这种治理模式并不符合中国的国情。中国的社会组织都被系统纳入官方的监管范围内，形成了"同心圆"模式下的"委托—代理"机制。对此，詹轶评述到，这种模式和机制是中国对西方治理经验的选择性借鉴。尽管在实践过程中还存在一系列张力，但是在权威转嫁、职能分割以及社会代言机制下，有效化解了潜伏已久的矛盾，给社团治理创新带来了新的转机。[②]

四　族际政治与国家建构

马雪松教授主持了第二场研讨会，与会者围绕"族际政治与国家建构"进行充分讨论，其议题涵盖内容广、跨历史时段长。

首先，郑州大学马克思主义学院讲师臧豪杰博士及其合作者从信任与寻租的视角比较了中国与西方区域的制度文明。在他们看来，一方面，制度、信任与寻租三者相互影响，他们之间不同的组合取决于不同的社会面貌。另一方面，西方与中国的信任文化具有高度的融合性与共通性，对于中国的文化国际化具有重要意义。[③]

---

① 谭融、王子涵：《论印度政治发展道路的探寻》，《比较政治的新发展——第七届比较政治学论坛论文集》，第 105 ~ 114 页。
② 詹轶：《从"立交桥"到"同心圆"：当代中国与发达家社团治理模式的比较》，《比较政治的新发展——第七届比较政治学论坛论文集》，第 115 ~ 136 页。
③ 臧豪杰、任国征：《中国与西方区域制度文明的比较：基于信任和寻租的视角》，见《比较政治的新发展——第七届比较政治学论坛论文集》，第 137 ~ 155 页。

接下来，河北师范大学马克思主义学院赵海英副教授梳理了东南亚现代化进程中国家建构与族际整合的经验。她指出，经验主义的方法论和政治现实主义的理性态度是东南亚国家在战后推进国家建构和族际整合的优势，对中国而言有一定参考价值，但是其本身也面临权威与民主之间的张力。[①]

随后，河南师范大学政治与公共管理学院李京桦副教授聚焦新加坡"一族一国"的实践方式，分析了新加坡"国族一致性"理论提出的内涵、缘由以及理论基石。据此，她提出，对当代中国而言，需要突破传统文化的束缚，建构出一条从政治认同到新文化认同的国家认同路径。[②]

第四位发言的是来自中国海洋大学法政学院的王泉伟讲师，他借助北美学术界关于"新清史"的研究成果，探讨了清王朝的支配结构以及从多元帝国转向民族国家的近代转型过程。他认为清朝具有明显的"辐射式帝国"特征。同时，它采用"隔离"的手段行使统治。但随着国内、国际双重危机的加重以及汉人地位的提高，清廷曾做出将异质化的多元帝国整合为同质化的民族国家这一尝试，但是最终失败。王泉伟最后提出，对"新清史"的观点应该客观对待，放下意气之争，取其精华，为己所用。[③]

该场最后，来自清华大学国际关系学系的博士候选人刘力达以"自治、政党竞争与民族主义"为题与现场学者交流了苏格兰民族主义政党的兴起与英国地方自治权力伸张的过程。她利用案例内历时比较和过程追踪两种方法对于挖掘小样本中因果机制的优势，着重分析了英国中央政府与苏格兰地方在分权与冲突、政党政治与民族冲突等政治博弈中的

---

① 赵海英：《东南亚现代化进程中国家建构与族际整合的评价启示》，见《比较政治的新发展——第七届比较政治学论坛论文集》，第 156~172 页。

② 李京桦：《国族一致性建构的价值、实践与启示——以新加坡"一族一国"构想为例》，见《比较政治的新发展——第七届比较政治学论坛论文集》，第 174~189 页。

③ 王泉伟：《从多元帝国到民族国家：清帝国的支配结构及其近代转型》，见《比较政治的新发展——第七届比较政治学论坛论文集》，第 190~218 页。

过程。她认为，苏格兰民族党的兴起促使英国传统政治中的两大力量——工党和保守党面对选举被迫支持在民族地区实行地方自治。具而言之，当苏格兰民族主义政党没有威胁到工党或保守党在议会中的地位时，两党对其地方自治的诉求不作回应。反之，当苏格兰民族党影响到传统两大党在议会中的地位时，会迫使两党同意其权力下放和扩大自治的诉求。①

五　比较政治学学术史及理论

17 日上午的研讨主题是"比较政治学学术史及理论"，以理论阐释为主，涵盖发展理论、政党理论、治理理论等，但也包括对当代中国具体问题的定量研究，共分为两场。叶贵仁副教授和马雪松教授分别担任主持人与点评专家。

首先，天津师范大学政治与行政学院讲师孙宏伟汇报的题目是"霍华德·威亚尔达的非西方国家政治发展道路的理论研究"。孙宏伟介绍了威亚尔达（Howard Wiarda）本身从发展主义的信奉者到批判者的学术转向过程，进而揭示了西方学界阐述的发展主义在本质上是从自身演化的历史抽象出的发展经验，具有傲慢和种族主义的倾向，不符合非西方国家的发展道路。孙宏伟认为，威亚尔达提出的"非西方国家应该基于自身的政治、历史、文化传统来建构符合自身的发展模式"这一观点值得中国学界参考。②

其次，来自清华大学政治学系的博士生徐明强从比较政治学学科发展史和知识论的角度汇报了他的研究——"比较视野下的中国政治学概念供给"。他表示，中国比较政治学研究已经从"概念移植"逐步迈向"概念的本土化"。但是随着中国在全球治理中发挥越来越重要的作用，在"中国方案"日益受到世界瞩目的情况下，中国比较政治学界不能

---

① 刘力达：《自治、政党竞争与民族主义——以苏格兰权力下放进程为例》，《比较政治的新发展——第七届比较政治学论坛论文集》，第 219 ~ 238 页。

② 孙宏伟：《威亚尔达的非西方国家政治发展道路理论研究》，《比较政治的新发展——第七届比较政治学论坛论文集》，第 395 ~ 410 页。

仅仅满足甚至止步于"概念的本土化",而是需要将其进一步可比较化,从而才能与西方的政治学概念在国际上形成竞争。徐明强借用萨托利(Giovanni Sartori)"概念抽象阶梯"这一分析工具,回溯了中国比较政治学概念供给的渊源和原则,阐述了"概念本土化"的局限,提出了"概念供给"的基本策略。①

接下来,山西大学政治与公共管理学院刘清江副教授介绍了他对"政治理论研究中的传统文化入场问题"的思考。他指出,在中国比较政治学研究中,不仅需要汲取外来的概念,还要高度重视自身的文化传统。这一传统不仅包括了人们耳熟能详的儒家文化,也包括了被忽视的道家文化等,这些传统文化将是丰富中国比较政治学概念的供给资源。②

最后,来自中国人民大学政治学系的博士研究生杨端程与大家分享了主题为"当代中国政体合法性与政治支持来源"的研究。他首先回顾了海内外对中国政体合法性的研究,指出无论是海外以"威权韧性"为代表的论断还是国内立足文化传统的思考,或是自外向内的视角,或是采取旁观者的角度,以客观视角为主,但是从公众的政治支持这一主观角度加以探讨可弥补制度与文化分析上的不足。他进而运用2015年全国城乡社会治理调查(China Social Governance Survey,CSGS)数据进行分析,指出中国公众的政治支持与政治信任是中国政体合法性的根本所在。他指出,建设公正的社会制度以及包括集体主义与民族自豪感在内的政治文化会给予中国政体合法性以更加显著的支持。据此,他提出,正是在这个意义上,中央提出推进国家治理体系与治理能力现代化以及复兴优秀传统文化正当其时。③

上海师范大学哲学与法政学院王礼鑫副教授主持了第二场讨论,刘清江副教授担任评议人。

---

① 徐明强:《比较视野下的中国政治学概念供给——从本土化到可比较化》,《比较政治的新发展——第七届比较政治学论坛论文集》,第 239~250 页。
② 引自刘清江副教授在分论坛上的发言。
③ 杨端程:《经济发展、政治绩效还是文化传承——当代中国政治支持来源再探》,《比较政治的新发展——第七届比较政治学论坛论文集》,第 251~278 页。

　　首先，华东理工大学社会与公共管理学院讲师陈玮博士回顾了古典发展理论和现代理论的核心观点，她聚焦于"发展型国家"的"社会背景"和"政治基础"，运用比较—历史分析方法详细比较了英国、美国、日本和苏联等世界主要经济体的发展历程。她在全文中不仅在拒绝了现代理论的同时回归到古典发展主义理论，而且对"古典发展型国家"理论做了补充。她指出，在发展阶段中特别是在"甄别产业"、"监督落实"以及"资源集中"三个环节中，更能解释政府介入前后经济发展水平的差异。①

　　其次，山东师范大学马克思主义学院讲师李新廷以"政党体制的制度化水平与民主转型"为切入点，评析了梅因沃林（Scott Mainwaring）的政党体制学理论。在他看来，第三波民主化国家中的政党体制制度化的水平决定了其民主巩固和民主质量。作为著名政党研究专家，梅因沃林提出的政党间选举竞争模式的稳定性、政党渗入社会的强度、政党与选举的合法性以及政党的组织结构这四个衡量维度对衡量民主转型及巩固的质量具有重要意义，对评估后发国家的政党体制也具有重要启示。②

　　随后，来自南开大学周恩来政府管理学院的博士生吕文增阐述了"治理模式的多样性与发展序列"。他认为，政治学中的治理理论存在多样性，但其实质都无法回避国家与社会间的关系。西方治理理论兴起的根源在于新自由主义的助推，由此发展出了包括参与治理、协同治理、多层次治理以及元治理等一系列理论，具有浓厚的"社会中心主义"色彩。相比西方的治理理论，中国的"国家治理"则强调国家本位与自上而下的政治逻辑。他们据此提出，对后发国家而言，应当注重先有国家治理再有社会治理这一发展路径。③

———————————

①　陈玮、耿曙：《回归古典发展型国家理论：国家发展策略的比较历史分析》，《比较政治的新发展——第七届比较政治学论坛论文集》，第 279～308 页。

②　李新廷：《政党体制的制度化水平与民主转型的关联——梅因沃林的政党体制学评析》，见《比较政治的新发展——第七届比较政治学论坛论文集》，第 309～325 页。

③　吕文增、季乃礼：《治理模式的多样性与发展序列》，《比较政治的新发展——第七届比较政治学论坛论文集》，第 326～350 页。

本场最后一位汇报人是来自南京农业大学公共管理学院的博士生徐亚清，他立足当代政治思想的角度，介绍了从福柯（Michel Foucault）到埃斯波西托（Roberto Esposito）两位政治哲学家国家观的转换。他认为，在对待启蒙话语这一问题上，福柯和埃斯波西托分化明显。福柯依照生物技术解构了国家的规范性词汇，而埃斯波西托则是进一步利用生物技术统合了对国家的解构与直接回应两个维度。因此，他总结道，从福柯到埃斯波西托，国家观念基于"生命政治"（biopolitics），完成了从拆解到统合的过程。①

六 总结

在四场主题研讨全部结束后，高春芽教授主持了闭幕式，常士闾教授做总结发言。常士闾指出，这次会议虽然时间短，安排紧凑，但是学术性强，"火药味"浓。与会学者唇枪舌剑，砥砺学术，对自身论文的改进、研究视域的拓展、学术水平的提升都大有裨益。同时，他也认为，这次会议也使大家拓宽了合作研究的渠道，对未来中国比较政治学的发展有重要影响。

李路曲教授则代表《比较政治学研究》编辑部致闭幕词，他再次感谢天津师范大学政治与行政学院提供的大力支持，指出这次会议扎扎实实地围绕比较视域下的现代国家建设与国家治理，做出了一系列有意义的探讨。但同时他也特别指出，这次会议也反映了当下中国比较政治学在研究、建设、发展过程中依然面临的不少瓶颈，比如，借用性概念较多而原创性概念相对不足；侧重对事件的纯粹阐述而轻视对因果机制的挖掘；在强调事实时而忽视政治科学理论与方法的规范化表达；一些比较研究还浮在表面、不够深入等。对此，他希望青年学者能集思广益，围绕这些困境与值得突破的路径认真研究，努力攻关，为新时代中

① 徐亚清、姜凯宜：《福柯"治理技艺"与"共同体"的"免疫"——从福柯到埃斯波西托的国家观转换》，《比较政治的新发展——第七届比较政治学论坛论文集》，第352~362页。

国比较政治学的发展做出贡献。

最后，李路曲代表本次会议组的论文评委会宣读了"优秀论文"名单并向《比较政治学研究》推荐发表。

至此，第七届比较政治学论坛到此落下帷幕，会议取得了圆满成功！

Contents

Abstract: New institutionalism in political science should not only be investigated from the perspective of the paradigm shift and the changing characters inside its discipline, its origin and development are within the evolution courses of social science and the interdisciplinary coupling. The multiple disciplines and headstreams contributes to understand the achievement of new institutionalism on advancing frontier, extending range, and updating method. The realist oriented division of reason and experience, the positivist division of explanation and interpretation, and the individualist oriented division of structure and agency constitute the background in social science, which also shape and provide impetus on the configuration of new institutionalism. Through investigating the transformation of old and new institutionalism of economy, sociology and political science, and the establishment of new institutionalism in political science, it can track and assess issue deepening, theory construction, and methodological renew of this approach, and grasp integrally on alliance building and agenda setting.

Key Words: New Institutionalism; Social Science; Political Science; Disciplinary History

The Macro and Micro Synthesis: Logical Accommodation and Evolution of Comparative Politics Approaches

Xing RuiLei / 037

Abstract: Modern comparative political research takes the establishments of modernity as the hard core of research program. By comparing the equilibrium results of "synchronic" causal analysis and "diachronic" sequential combinations, modern comparative studies try to find out the proper paths of development which consistent with specific social values. This logic helps the theoretical approaches of comparative politics possess the common research question and strengthen linkage among the previous Macro approaches and the Micro ones. In a word, the synthesis of approaches emerges in modern comparative political research. Obviously, identifying the core questions and realizing the synthesis of approaches may provide theoretical indications to Chinese comparative political research on which the Chinese modern development experience as the empirical foundation.

Key Words: Modernity; Macro structure; Micro choice

The Empirical Reflection on a Tale of Two Cultures: A Study of the Rise of European Radical-right Parties

Shi Qipeng　Lu Yizhou / 056

Abstract: There has been a constant debate over "a tale of two cultures" of social science methodology, but it is not common to find the two methods based on the same issue. In recent years, the rise of the radical-right political parties in Europe has drawn more and more attention from the scholars, which providing a good platform for the comparison of two methods. The results show that csQCA gives four causal paths, and logistic regression does not play its advantages. Therefore, qualitative comparative analysis has unique advantages in identifying sufficient / necessary conditions and configurational combinations in small and medium sample studies. At the same time, different logic and principles, they have no distinction between merits and demerits, issues and subjects tell us which to choose.

Key Words: Radical-Right Parties; csQCA; Logistic Regression; A Tale of Two Cultures

State Autonomy: From "Differentiated Restriction" to "Embedded Synergy"
——Theoretical Changes and Practical Value

Cao Sheng / 080

Abstract: On the basic of state-society relationship, state-centered paradigm claimed that state was an organizational entity with independent will, instead of a stage of social conflict or a tool of class domination. State autonomy theory changed from "differentiated" to "embedded", and the differentiated state autonomy theory asserted that the state, "above the society", was different from society in the organizational structure, which was evidence-based the contests between state and leading forces in the society and in the policy process, meanwhile the embedded state autonomy theory advocated that the state, "State in Society", was differentiated but embedded the society, which can effectively promote economic and social development. The change of state autonomy theory opened the new paths for understanding the social political practice. The differentiated autonomy theory had the research consensus with the democratic activities of restricting power through society. However, state and society synergy, which was evolved from the embedded autonomy theory, provided the knowledge for understanding the governance practices.

Key Words: State Autonomy; Differentiated; Embedded; Synergy

New Study on Procedural Democracy of Robert Dahl

Mu Shuo / 098

Abstracts: Robert Dahl advanced a system of theory on procedural democracy, which contains five standards: equal elections, effective participation, enlightened understanding, control of the agenda and inclusive. On the basis of 5 standards, Dahl advanced 7 assumptions: collective decision-making requirements, decision-making is divided into two stages of agenda-setting and decision-making, people who make decisions obey decisions; equally legitimate demands should deserve equal share; preferences equally legitimate, the perfect state of equal qualifications exist, the individual is his own the best interests of the judge. According to the 5 standards and 7 assumptions, Dahl defines four models of democracy: democratic process that is a narrow procedural democracy, about people, about people and taking into account the full program agenda for democracy and democratic procedures. Dahl's procedural democracy is of great value for the practice, and includes ideal content.

Key Words: Dahl; Procedural Democracy; Democratic Theory

Research on Political Development in India

Tan Rong　Wang Zihan / 115

Abstract: In 1950s, India gained independence from British colonial rule, and established its representative institutions. However, Political development in India did not develop into western model nor socialist model over decades. In fact, India includes social equality movement inexisting liberal democracy system and local political culture. On account of different political, economic and social structure conditions between developed countries and backward countries, along with diverse development period and development stage, political development present a different development sequence. Political practice in India demonstrate that a suitable development path in accordance with national conditions is the fundamental way out for backward countries.

Key Words: India; Political Development; Liberalism; Socialism; Native Mode

Regional Integration, Constitutionalism and Myanmar's Political Development

Zhao Yinliang　Yue Xiaolu / 132

Abstract: Study on the relations between regional integration, constitutionalism and domestic political development has become one of the most important issue within the current academic research. With the development of regional integration, great changes in external market access will generate significance for political development. The development of regional integration will bring changes of market access, which will change the distribution of wealth, political structures and individual rights through the impacts of political and economic alliances. All these changes will ultimately promote political development. Regional integration of Myanmar provides an example for study on its political development. Regional integration reconstructed its elite-mass relations and decision-making system, and also gives a profound impact on the formation and evolution of the elite political consensus. Growth of public coalition are strongly alter the power structure in Myanmar,

Key Words: Regional Integration, Constitutionalism, Elite and Mass, Political Development

Study on Asymmetric Consultation of Malaysia's Ruling Coalition

Li Jiang   Chu Jianguo / 153

Abstract: Asymmetric negotiation refers to that during the negotiation of participants, the participants in the dominant position of resources can have a greater impact on the negotiation results. The ruling coalition of Malaysia mainly refers to the Wu-hua-yin coalition and the Barisan National coalition. The ruling coalition of the country in order to properly resolve the political differences of the coalition members and realize the common interests of the coalition, therefore, the ruling coalition conducts asymmetric consultation in the aspects of country's public policy, parliamentary election and cabinet position allocation. The characteristics of asymmetric consultation in the ruling coalition are that there are a large number of parties involved in the consultation, and UMNO plays the leading role in the negotiation. The cabinet position assignment of the coalition is gradually based on the results of the election, and the negotiation of the coalition turns to safeguard the interests of the public. Asymmetric consultation of the ruling coalition has expanded the scope of the coalition's political unity, promoted the coalition to obtain a majority of seats in the parliament, and promoted the member parties of the coalition to share the country's ruling power and improve the alliance's operational efficiency.

Key Words: Malaysia; Ruling Coalition; Asymmetric Consultation; Common Interests

Between Ethnic Nationalism and Civic Nationalism： The Nationhood-Building and Rebuilding in Kazakhstan

Peng Qingjun / 174

Abstract： National community crisis is most serious for any national state. Constructing the state from the primordial ethnic nationalism or building the nation from the constructive civic nationalism state or both is not only a complex theoretical but also a complicated political practice issue for any nation-building. After the independence of Kazakhstan, its nation-building is a reconstructing process based on the "nation" construction and deconstruction for Kazakhs by the Pre-soviet, which including constructing the Republic of Kazakhstan from primordial ethnic nationalism by Kazakhization on the one hand and constructing a civic Kazakhstani nation by Kazakhstanization on the otherhand. However, there are so many theoretical dilemmas, practical challenges and path-dependence from the Pre-soviet. So it is still very uncertain whether the Kazakhstan can make success in the future.

Key Words： Kazakhstan； Ethnic Nationalism； Civic Nationalism； Nationhood-building

A Comparative Study of the Turkish Presidentialism

Xu Guochong　Huo Longxia / 194

Abstract： Turkey's controversial referendum showed that Turkish regime would changed to presidentialism, leading to a lot of criticism. In the context of AKP's dominance, this paper, based on the new constitution of Turkey, assesses and the Turkish president's power using the quantitative methods put forward by Shugart, which were revised. In addition, it is compared with other typical presidential systems' presidents such as United States, Russia, France and South Korea. The results show that the Turkish president enjoys extensive legislative power and non-legislative power, which is similar to the Russian hyper-presidentialism. Besides, the new constitution lacks effective checks and balances for the president, overshadowing democracy consolidation.

Key Words： Presidential Power； Hyper-presidentialism； Turkey； Comparative Politics

Peaceful Democratic Transition in Ethnically Divided Societies: The Case of South Africa

Ma Zhengyi / 221

Abstract: Peaceful democratic transition in ethnically divided societies will be challenged by a numbers of factors which include the lack of trust among ethnic groups, the monopoly of state power by a single ethnic group, ethnical political parties and possible ethnical conflicts precipitated by the breakdown of authoritarian regimes. However, the peaceful transition from apartheid to democracy of South Africa shows that, even though it is rather demanding, peaceful democratic transition in divided societies is not impossible. If all political actors have access for bargaining for new political rules which determines the allocation of power in the future during an open and gradual transition, a democracy agreed by all will take shape. The miracle of South Africa transition has valuable lessons for other countries suffering from ethnic conflict on one hand, and broadens the theoretical horizon of democratization study on the other.

Key Words: Ethnical Division; Transition Dilemmas; South Africa; Lessons and Implications

The Review of the Seventh Comparative Politics Forum and "The New Development of Comparative Politics"

Yang Duancheng / 244

Abstract: In the New Era, The Comparative Politics Studies in China should not only have a global vision in terms of value but also should demonstrate the concern for China; On research object, we must study the national conditions of developing countries as well as the development experience of western countries. In terms of resource assimilation, it is necessary to sum up the successful experience of China's 40 years of Reform and Opening up, and to fully explore Chinese outstanding historical heritage and cultural traditions. In the research strategy, we must not only focus on the refinement of the theory but also pay attention to the scientific method of research.

Key Words: New Era; Comparative Politics; Value Orientation; Research Object; Resource Assimilation; Research Strategy

《比较政治学研究》投稿须知

本刊是研究"比较政治学"的专业学术集刊［中国社会科学引文索引（CSSCI）来源集刊］，欢迎学界同人积极投稿，支持本刊的发展，同时本刊也愿意为学界同人提供一个学术交流的平台，为中国比较政治学的发展尽自己的绵薄之力。

本刊特别欢迎对比较政治学的理论与方法进行研究、对政治议题进行比较研究的研究成果。本刊强调政治研究的"比较性"，包括国别或案例比较和统计分析，尤其欢迎对中国与他国进行规范性比较研究的文章。本刊通常不收录仅对一国进行描述性、阐释性探讨而缺乏比较性的稿件。本刊热诚欢迎海内外作者投寄稿件。为保证学术研究成果的原创性和严谨性，倡导良好的学术风气，推进学术规范建设，请作者赐稿时务必遵照本刊如下规定。

第一，所投稿件须系作者独立研究完成之作品，对他人知识产权有充分尊重，无任何违法、违纪和违反学术道德等内容。

第二，凡向本刊投稿，须同时承诺该文未一稿两投或多投，包括未局部改动后投寄其他报刊，并保证不会将该文主要观点或基本内容先于《比较政治学研究》在其他公开或内部出版物（包括期刊、报纸、专著、论文集、学生网站等）上发表。如未注明非专有许可，视为专有许可。

第三，所投稿件应遵守国家相关标准和出版物法规，如关于标点符号和数字使用的规范等。

第四，本刊整体版权属《比较政治学研究》编辑部所有，未经许可，不得以任何方式复制、选编。经许可需在其他出版物上发表或转载的，须特别注明"本文首发于《比较政治学研究》"字样。

第五，本刊实施编辑三级审稿与社外专家匿名审稿相结合的审稿制度。编辑部接到来稿后，对稿件进行初审，并经学术不端论文检测系统检测，重复率不超过 5% ，即进入专家评审程序，编辑部在尊重专家审稿意见基础上，结合本刊的定位和特色确定稿件采用与否。

第六，来稿论文要求格式规范、项目齐全，包括：标题、摘要、关键词、正文；作者简介（含姓名、学位、工作单位、职称、研究方向）置于首页页脚，标题及摘要英译附于文后。文章字数以 1.5 万 ~ 2 万字为宜。

第七，按学术研究规范和《比较政治学研究》编辑部的有关规定，认真核对引文、注释和文中使用的其他资料，确保引文、注释和相关资料准确无误。如使用转引资料，应实事求是注明转引出处。

第八，编辑部有权对来稿做文字修改。稿件一经采用，即付稿酬并寄样刊 2 册。

第九，本刊采用电子邮件形式投稿，投稿邮箱：sinocps@ 163. com。如投稿一个月后未收到回复，可自行处理。

如违背上述规定造成任何不良影响，由作者自行承担全责。

图书在版编目（CIP）数据

比较政治学研究. 2018 年. 第 1 辑：总第 14 辑 / 李
路曲主编. -- 北京：社会科学文献出版社，2018.9
ISBN 978 - 7 - 5201 - 3612 - 9

Ⅰ.①比…　Ⅱ.①李…　Ⅲ.①比较政治学 - 研究
Ⅳ.①D0

中国版本图书馆 CIP 数据核字（2018）第 227166 号

比较政治学研究　2018 年第 1 辑　总第 14 辑

主　　编 / 李路曲
主　　办 / 上海师范大学《比较政治学研究》编辑部

出 版 人 / 谢寿光
项目统筹 / 宋浩敏
责任编辑 / 宋浩敏　陈素梅

出　　版 / 社会科学文献出版社·独立编辑工作室（010）59367150
　　　　　　地址：北京市北三环中路甲 29 号院华龙大厦　邮编：100029
　　　　　　网址：www. ssap. com. cn
发　　行 / 市场营销中心（010）59367081　59367018
印　　装 / 三河市尚艺印装有限公司

规　　格 / 开　本：787mm × 1092mm　1/16
　　　　　　印　张：17.25　字　数：266 千字
版　　次 / 2018 年 9 月第 1 版　2018 年 9 月第 1 次印刷
书　　号 / ISBN 978 - 7 - 5201 - 3612 - 9
定　　价 / 89.00 元